韓國史研究叢書 ④

韓國近代海運業史研究

羅愛子

國學資料院

서 문

　예로부터 산이 많고 험한 우리나라에서 강과 바다는 중요한 교통로로 활용되어 왔다. 뱃길을 이용하여 사람들은 먼 곳에 사는 사람들과 교류하고 필요한 물자를 구하였다. 상호교류가 활발해지고 상품의 유통이 대량화되면서 많은 물자를 실을 수 있는 배가 무엇보다도 중요한 운송수단이 되었다. 19세기 초부터 조선의 앞바다에 자주 나타난 '異樣船', 서양선박은 서양침략의 상징으로서 두려움의 대상이었다. 그러나 기선이 신속하고 안전하게 대량의 화물을 수송할 수 있는 이점이 있다는 것을 알게 되면서 기선은 운송수단으로 도입되어 교통운수분야에서 획기적인 변화를 가져왔다.

　이러한 해운업에 관하여 관심을 갖게 된 지 어느덧 10년이 넘었다. 박사과정의 학과목 중 '한청관계사'에 대한 과제물을 준비하는 가운데 기선의 정기적 운항에 의한 화물수송이 상품유통의 발달을 촉진하여 근대화를 앞당기고, 해운권이 상권을 수호하는 중요한 이권의 하나라는 사실을 알게 되었다.

　그 후 조선후기 이래 상업의 발전을 주도해온 사상층의 활동 중 배를 이용하여 상품을 직접 먼거리로 운송, 판매함으로써 높은 이윤을 남기거나 운임을 목적으로 운송업에 종사하는 선상활동에 관심을 갖게 되면서 수년 동안 관계자료를 두루 수집하는 데 진력하였다. 그 가운데 20세기 초에 늘어서서야 철도부설이 이루어져 그 이전에는 육로수송이 미비했던 개항기에 해로를 통한 운송이 대단히 중요하고 큰 비중을 차지하고 있었다는 사실에 다시 눈을 뜨게 되어 해운업을 학위논문의 주제로 삼게 되었다. 그러나 배나 뱃사람들에 대한 전문적 지식이 없는 필자로서는 관련자료를 분석, 정리하는 데만도 많은 시간과 노력이 들었다. 주어진 박사과정 이수기간을 꽉 채우며 간신히 학위논문을 탈고하였지만, 여전히 부족함이 많은 '미완성'으로서 좀더 천착하지 못한 자신의 게으름을 탓하게 되었다.

그럼에도 불구하고 필자가 부족한 학위논문을 수정, 보완하여 작은 성과나마 이 책을 내는 것은 우리나라 근대해운업의 발달과정을 상품화폐경제의 발달과 민족자본의 형성, 근대적 기업경영의 발전 등 자본주의 발달사의 측면에서 살펴본 연구시각이 해운업사연구의 진전에 조금이나마 보탬이 될 수 있을 것이라고 생각하기 때문이다. 종래에는 기선도입에 의한 근대해운업의 발전 자체를 실증적으로 검토하는 데 그쳐 그것이 지니는 국민경제적 측면의 중요성을 지나쳐 버린 경향이 있었다.

필자가 역사학을 공부하기로 마음먹은 지 20년이 넘는 긴 세월이 흘렀지만 여러 선생님들의 가르침이 없었더라면 이나마의 성과도 낼 수 없었을 것이다. 먼저 지도교수이신 이배용선생님은 학문은 물론 일상생활에서 여성의 한계를 뛰어넘어 최선을 다하도록 세심한 지도와 따뜻한 격려를 아끼지 않으셨다. 선생님의 채찍질이 있었기에 중도의 좌절을 이기고 논문의 결실을 맺을 수 있었다. 선생님의 은혜에 깊이 감사드린다. 신형식·강만길·원유한·최완기선생님은 학위논문 심사를 맡아 꼼꼼하게 읽어주시면서 체제에서부터 문장에 이르기까지 논문이 짜임새를 갖출 수 있도록 지적해주셨다. 특히 강만길선생님은 석사논문을 작성하는 과정에서 글쓰는 방법까지 자상하게 일러

주신 바 있다. 이 자리를 빌어 감사드린다. 지친 필자에게 늘 용기를 불어넣어주신 이은순선생님께도 감사의 말씀을 전하고 싶다. 또 필자가 학문의 길을 택할 수 있도록 기회를 마련해주신 함홍근선생님의 은혜를 잊을 수 없고 역사발전의 토대가 되는 경제사에 관심을 가지고 겸허한 마음으로 학문에 정진하도록 일깨워주신 고 김경태선생님 영전에 고개 숙여 감사드린다. 세계사 속에서 한국사를 바라볼 수 있도록 시야를 넓혀주신 이춘란·김영정·최소자·김엽자선생님께도 감사드린다. 이 밖에 여러 선배·동학과 직장 동료의 격려도 큰 힘이 되었다.

졸고를 책으로 내는 데 주저하는 필자에게 자신감을 주시며 출판을 주선해주신 오성선생님과 출판사정이 가장 어려운 이 시기에 20여 년 전의 인연 하나만으로 선뜻 출판을 맡아주신 국학자료원의 정찬용사장님, 책을 예쁘게 만들어주신 출판부 여러분께도 진심으로 감사드린다.

끝으로 출가한 딸의 공부 뒷바라지를 위하여 10년을 하루 같이 손주들을 돌봐주신 친정 부모님께 이 책을 바친다. 그리고 멀리서 말없이 지켜봐주신 어머님과 가족들, 고단한 삶의 동반자로서 포기하지 않고 격려해준 남편, 밝고 건강하게 잘 자라준 아이들과 이 기쁨을 나누고 싶다.

1998년 3월
필자 적음

목 차

서 문

제 1 장 序論 ··· 9

제 2 장 開港前後 船運業의 실태와 외국상인의 침투 ··············· 19
  1. 朝鮮後期 船商의 활동 ··· 19
    1) 稅穀賃運活動 ··· 19
    2) 船商活動 ·· 26
  2. 開港初期 淸·日商의 海路를 통한 침투 ··················· 37
    1) 淸·日本의 海運權 침탈 ··································· 37
    2) 淸·日商의 해로를 통한 商權 침탈 ···················· 51

제 3 장 海運政策과 官營海運業의 운영 ······························· 59
  1. 해운정책의 수립 ··· 59
    1) 해운정책의 수립 배경 ····································· 59
    2) 해운업 육성책 ··· 65
    3) 외국해운업의 침투에 대한 대응책 ···················· 73
  2. 외국기선에 의한 稅穀運送 ···································· 78
  3. 轉運局에 의한 기선해운업의 운영과 한계 ··············· 86
    1) 정부기선 및 賃船에 의한 세곡운송 ··················· 86
    2) 漕運制度의 폐단 ·· 95
  4. 利運社의 설립과 경영 ·· 99
    1) 이운사의 설립과 운영 ···································· 99
    2) 외국기선회사에 의한 기선의 위탁 운항 ············ 105

제 4 장 外國海運業 침투의 심화 115

1. 淸·日本의 海運權 각축 115
   1) 淸의 航路 再開設 115
   2) 日本의 항로확장 126
   3) 한강 江運業에서의 淸·日本의 경쟁 131
2. 開港場 增設과 日本 海運業의 침투확대 133
   1) 개항장 증설과 항로확장 133
   2) 강운업 확장 142

제 5 장 民間海運業의 발전과 船商의 활동 149

1. 재래선박을 이용한 선상의 활동 149
   1) 선상 경영형태의 변화 149
   2) 선상의 지역별 상품유통 실태 159
   3) 雜稅 징수의 강화로 인한 이윤침탈 189
2. 商會社의 설립과 무역활동 196
   1) 상회사의 설립과 그 성격 196
   2) 상회사의 무역활동 209
   3) 상회사의 유통구조상의 위치와 경영 217
3. 民間海運業의 발전과 선박운항 실태 225
   1) 민간해운업의 태동 225
   2) 강운업의 발전 228
   3) 開港場을 중심으로 한 해운업의 발전 236
   4) 해운업발전에 대한 일본측의 방해 263

제 6 장 結論 271

□ 附錄·附圖 281
□ 參考文獻 289
□ 索引 301

제1장 序論

　조선후기에 내재적으로 형성되어 가던 자본주의적 생산관계의 발전은 開港 후 외세의 압력에 의하여 왜곡, 저지되었고 조선은 결국 植民地社會로 전락하였다. 세계사적으로 자본주의열강의 침략은 불평등한 통상관계의 강요에 의해 유통부문에서 시작하여 생산부문으로 확대되었고 조선사회도 같은 과정을 거쳤다. 개항 후 유통구조는 외국상인의 침투와 조선상인의 대응이라는 商權 경쟁과정을 거치면서 변동되었다.
　19세기까지 우리 나라는 철도가 부설되지 않아 稅穀과 지주가 소작료로 걷는 쌀을 비롯한 곡물·魚鹽·재목·柴炭 등 부피와 중량이 많이 나가는 화물의 대량 운송은 모두 船運에 의존하였다. 遠隔地 간의 대규모 유통은 주로 船人 즉 船商이 담당하여 자기 상품을 운송해 판매하는 것이 일반적이었으나, 18세기 말 생산력의 발전과 상품유통량의 증대에 따라 상업과 운송업의 분리가 서서히 진행되어 專業的인 운송업자가 나타났다. 또 조선후기 이래 漕船과 京江船 등 재래선박은 造船術이 발달하고 규모가 확대되어 경강선 중에는 미곡적재량이 1,500석에서 2,000석에 달하는 것도 많았다. 그러나 재래선박은 板船으로서 구조가 취약하여 험한 海路에서 침몰하는 경우가 빈번하였다.

그 가운데 개항으로 통상관계를 갖게 된 일본·청과 서구 자본주의열강의 해운업이 침투하였다. 鋼鐵로 된 蒸氣船과 서양형 帆船은 개항장을 출입하면서 상품을 안전하고 신속하게 대량 운송하여 재래선박을 압도하였다. 조선은 재래선박을 근대적인 선박으로 대체하여 海運權을 회복하고 아울러 기선 등을 이용한 외국상인의 상권침탈에 대응해야 하는 과제에 당면하였다.

이같은 외국해운업의 침투와 외국상인의 침탈에 대응한 조선상인의 활동 가운데 주목되는 것은 자본이 있는 상인이나 관료를 중심으로 合資形態의 商會社를 조직하여 자본을 집중하고 기선을 도입하여 해운업에 종사한 점이다. 즉 1880년대 후반 이후 무역의 증대에 의해 상품유통량이 급증하는 가운데 기선해운의 이점 및 수익성에 대한 인식이 확산되어 선상층은 물론 客主나 양반관료 등이 기선을 도입하여 江運을 시도하거나 개항장을 중심으로 沿岸 諸浦口를 연결하는 항로를 열어 해운업이 발전하였다.

상품(완성된 상품이나 원료·기계 등)은 판매 즉, 소비를 위해 생산되는 것으로서 생산지에서 소비지로 장소를 이동해야 가치가 실현된다. 해운업은 선박을 이용하여 상품을 한 지역에서 다른 지역으로 이동하여 상품의 가치를 부가하는 생산과정의 하나이다. 따라서 해운업에 투입되는 자본은 산업자본이고 증기력과 철강을 사용하는 기선이 풍력을 이용한 범선을 대체하여 근대해운업이[1] 발전하는 과정은

---

1) 근대해운의 특징은 기술적으로 機關을 갖춘 鋼船을 사용하고 경영면에서 타인의 화물운송을 목적으로 한 기업의 일반화에 있다. 선진자본주의 국가에서 船主가 자기 자본으로 구입한 상품을 판매하기 위해 운송하는 '자기

곧 산업혁명의 한 부분을 이루었다. 기선으로 화물과 여객을 대량 수송하는 해운업이 발전하려면 우선 상품생산이 발달하고 상품의 집산력이 강력한 시장이 연안에 다수 존재하여 계절적 변동에 관계없이 화물운송량이 지속적으로 보장되어야 하기 때문이다.

그러나 선진자본주의 국가와 달리 산업혁명을 거치지 못한 후발자본주의 국가의 경우에는 외부로부터 기선과 서양형 범선을 한꺼번에 도입해야 했으며 이를 위한 자본의 축적이 충분하지 않았기 때문에 국가의 직극적인 자금지원과 육성책이 뒷받침되어야 했다. 또 외국 해운업자가 보다 많은 이윤을 추구하기 위해 활동영역을 규제하는 조약을 무시하고 국내의 해운업자와 결탁하여 침투함으로써 국내 해운업의 발전을 저지하는 경우가 많았으므로 외래자본과 買辦資本의 결탁을 막아 民族資本을 형성해야 하는 과제가 있었다.

이처럼 해운업은 생산력 발전에 의한 상품유통의 확대, 대규모 자본이 축저, 국가권력의 정책적 뒷받침 등의 조건 위에서 발전힌다. 그러므로 開港期 해운업의 발전에 대한 연구를 통해 상품생산 및 상업발달의 수준을 파악하고 민족자본의 형성문제에 접근하여 우리 나라의 자본주의적 발전과정의 한 측면을 해명할 수 있다.

이러한 연구의의에 비추어 볼 때 교통·운수기구의 변화와 해운업에 대한 연구는 활발하지 않은 편이다.[2] 해운업에 대한 연구는 주로

운송'에서 타인의 화물을 운송하는 '타인 운송'으로 이행한 것은 산업혁명으로 인한 상품유통의 확대에 따르는 필연적인 과정이었고 기술적으로는 蒸氣力과 철강을 사용한 船型의 대형화를 기초로 하였다(古島敏雄·安藤良雄 編, 『流通史』II, 東京, 山川出版社, 1975, p.319).

2) 개항기~일제 식민지시기 교통운수의 개관에 대해서는 村上勝彦 外, 「植民地期朝鮮社會經濟の統計的研究」, 『東京經大學會誌』 136, 1984 참조. 한국선박의 구조와 조선술, 선박의 발달사에 대한 연구로는 다음의 글이 있다.
金在瑾, 『韓國船舶史硏究』, 서울大 出版部, 1984.
─────, 『우리 배의 歷史』, 서울大 出版部, 1984.

운영주체별로 官營海運業과 民間海運業으로 나누어 진행되었고 외국해운업의 침투와 그에 대한 대응이라는 관점에서 고찰되었다. 정부가 주도적으로 기선을 도입하고 해운기업을 경영한 것은 상업진흥보다는 稅穀運送에 목적이 있었으므로 재래선운업자의 몰락과 민중부담의 가중 등 폐단만을 가져왔다는 부정적인 평가가 일반적이었다.3) 그런데 조선정부의 관영 기선해운의 변천과정을 통해 볼 때 1880년대까지는 그 목적이 세곡운송에 치중되어 외국기선의 침투를 초래하였으나, 1893년 利運社의 설립 이후에는 화물 및 여객수송의 기능까지 겸함으로써 '자기 운송'에서 '타인 운송'으로 이행하여 근대적인 해운기업의 육성방향으로 나아갔다고 보는 관점이 제기되었다.4)

민간해운업에 대해서는 조선후기 이래 상품유통과 세곡 賃運活動을 통해 발전해오던 선운업이 일본을 비롯한 외국해운업의 침투에 대응하여 자본주의적 경영형태로 전환하면서 경쟁하였으나, 정부의 해운정책의 결여로 좌절되었고 러일전쟁을 계기로 일제 지배하에서 압살되었다고 하는 연구가 대체적인 경향을 이루었다.5) 이러한 연구

―――,『續韓國船舶史研究』, 서울大 出版部, 1994.
姜萬吉,「造船業과 造船術의 發展」, 1968,『朝鮮時代商工業史研究』, 한길사, 1984.
3) 韓㳓劤,「船運과 轉運使의 문제」, 1964,『韓國開港期의 商業研究』, 一潮閣, 1970.
金正起,「朝鮮政府의 獨逸借款導入(1883~1894)」,『韓國史研究』39, 1982.
李培鎔,「開港以後 獨逸의 資本浸透와 世昌洋行」, 1986,『韓國近代鑛業侵奪史研究』, 一潮閣, 1989.
4) 孫兌鉉,「舊韓末의 官營汽船海運에 關한 研究」,『東亞論叢』7, 東亞大, 1970.
5) 安秉珆,「李朝時代の海運業」, 1966,『朝鮮社會の構造と日本帝國主義』, 東京, 龍溪書舍, 1977.
李宇榮,「韓末 海運의 實態와 日本海運業의 浸透」,『法大論叢』8, 慶北大, 1970.
高秉雲, 「海運・遞信の近代化と日本帝國主義」,『近代經濟史の研究』, 東京,

는 내재적 발전론에 입각하여 문제에 접근하면서도 외세의 침략에 대한 대응이라는 점에 초점이 있어 조선 해운업의 실태가 구체적으로 밝혀지지 않았다.

그 후 회사형태로 설립, 운영된 해운기업이나 개인이 외국선박을 이용해 강운 및 해운업에 종사하고 선상활동을 한 사례를 발굴하여 대체적인 흐름을 정리한 연구가 진행되어 개항기 민간해운업의 발전상을 전반적으로 파악할 수 있게 되었다. 그러나 기선의 정기 운항이 필요하게 된 당시의 사회적 요건 즉, 상품화폐경제의 발전에 대한 고려가 전혀 없어 현상적인 기술에 그치고 있다.6) 개항기에 설립된 회사에 대한 사례연구로서 부산의 汽船會社에 대한 연구에서는 기선회사의 특권성과 일본에 대한 예속성 등 문제점이 규명되었다.7)

근대해운업은 상품의 대량생산과 유통에 따라 등장하였으므로 외국해운업의 침투나 민간해운업의 발전에 대한 연구는 상품유통구조를 고찰하는 가운데서 이루어져야 할 것이다. 이러한 관점에서 개항장을 출입하는 외국기선의 증대에 따라 대외무역이 확대되고 개항장을 중심으로 유통권이 새롭게 형성되었다고 하여 외국해운업의 침투가 시장구조를 재편하고 외국상인이 상권을 장악하는 주요 요인이었다고 보는 연구가 나와 해운업연구에 새로운 시각을 제공하였다.8) 같은 관점에서 조선의 대외무역을 주도한 청국상인과 일본상인의 상권쟁탈의 한 기반으로서 청·일본의 해운업 진출과 그에 따른 해운

雄山閣, 1978.
조선후기에 稅穀賃運業으로서 발전한 선운업의 실태에 대한 연구로는 崔完基, 『朝鮮後期船運業史硏究』, 一潮閣, 1989가 있다.
6) 孫兌鉉, 「舊韓末 民間海運」, 『韓國海運港灣史』, 海運港灣廳, 1980.
7) 藤永壯, 「開港後の「會社」設立問題をめぐって」, 『朝鮮學報』 140, 1991.
8) 李憲昶, 『開港期 市場構造와 그 變化에 대한 연구』, 서울대 경제학과 박사학위논문, 1990.

권 경쟁을 살펴보고 이에 대응한 민간해운업의 동향과 조선정부의 해운정책을 고찰하여 상인에 대한 정부의 지원체계의 일단을 규명하고자 한 연구가 진행되었다.9) 그러나 이것도 조선 해운업의 실태를 충분히 밝히지 못하여 기존연구의 한계를 벗어나지 못하였다.

이 밖에 江運의 지역사례 연구가 점차 활성화되어 금강·남한강 水運의 변천과정을 지리학적으로 고찰하여 水路, 운항가능한 선박, 교통량, 수송화물, 강 유역에 위치한 시장 등을 밝힌 연구가 진행되었다.10) 그리고 철도개통을 전후한 시기의 낙동강 선운의 실정이 구명되어 개항 후 발전했던 낙동강의 강운업이 철도의 영향을 받아 급격히 쇠퇴했음이 밝혀졌다. 일본상인에게 밀려 낙동강에서 소량의 화물수송을 담당하던 조선선상은 철도개통으로 낙동강 선운이 철도운송을 보완하는 위치로 떨어지고 일본선박의 浦口 항행이 허용된 이후에 활동이 더욱 위축되어 일본상인 및 일본인 운송업자에게 상품유통의 주도권을 빼앗겼다는 것이다.11) 철도부설에 따른 교통운수체계의 근대화가 오히려 일상의 상권침탈의 기반이 되었음을 실증한 것이다.12)

---

9) 羅愛子,「開港後 淸·日의 海運業 浸透와 朝鮮의 對應」,『梨花史學硏究』 17·18, 이화여대, 1988.
10) 羅燾承,「開港期 錦江內陸水路 河岸聚落의 地理的 硏究(1899~1910)」,『公州敎大論文集』 15, 1979.
   ———,「錦江水運의 變遷에 關한 地理學的 硏究」,『公州敎大論文集』 16, 1980.
   ———,「開港 前後期 錦江水運 吞吐港 群山과 그 背後地 形成에 關한 硏究」,『公州敎大論文集』 20, 1984.
   崔永俊,「南漢江水運硏究」,『地理學』 35, 1987.
11) 新納豊,「鐵道開通前後의 洛東江船運」,『秋堰權丙卓博士華甲紀念論叢 2-韓國近代 經濟史硏究의 成果-』, 螢雪出版社, 1989.
12) 철도는 해운업·강운업과 운임경쟁을 하면서 철도고유의 신속·안정·고정성을 이용해 沿線의 상품유통을 흡수하여 유통구조를 개편하였다. 鄭在貞,「韓末·日帝初期(1905~1916) 鐵道運輸의 植民地的 性格-京釜·京義

이상의 연구를 통하여 개항기에 정부와 민간인에 의해 전개된 해운업의 실태가 어느 정도 밝혀졌다. 그러나 해운업의 발전단계와 상업발달에 미친 영향, 민간해운업에 투입된 자본의 성격, 해운정책의 변천과정과 성격, 외국해운업의 구체적인 침투과정이나 그 의미, 재래선박에 의한 선상의 상업활동과 임운활동 실태 등이 아직 해명되고 있지 않다.

본 연구에서는 이러한 문제들을 규명하고 상품유통 발달과정에서 발전해간 해운업의 실태를 보다 잘 이해하기 위하여 조선후기 이래 船運業을 발전시켜 나간 선상의 동향을 함께 살펴보고자 한다. 종래의 상업사연구에서 조선후기의 선상층의 동향과 자본축적과정에 대해서는 어느 정도 연구가 진전되었으나,13) 개항 이후에 대해서는 최근에서야 관심이 기울여지고 있다.14) 주로 상인에 대한 국가의 收稅政策과 18세기 말 이래 유통지배권을 행사해온 객주와 개항 후 새로 등장한 개항장 객주의 동향이 주된 관심사였던 것이다. 선상은 개항

鐵道를 中心으로-(上·下)」,『韓國學報』28·29, 1982 참조.
13) 조선후기의 京江商人과 外方浦口에서의 地土船商의 활동에 대한 연구로는 다음의 글이 있다.
姜萬吉,『朝鮮後期 商業資本의 發達』, 고려대 출판부, 1973.
高東煥,「18, 19세기 外方浦口의 商品流通發達」,『韓國史論』13, 서울대 국사학과, 1985.
吳 星,『朝鮮後期 商人研究』, 一潮閣, 1989.
高東煥,『18·19세기 서울 京江地域의 商業發達』, 서울대 국사학과 박사학위논문, 1993.
―――,「朝鮮後期 船商活動과 浦口間 商品流通의 양상-漂流關係記錄을 중심으로-」,『韓國文化』14, 서울대, 1993.
조선중기의 貿穀船商에 대한 연구로는 崔完基,「朝鮮中期의 貿穀船商」,『韓國學報』30, 1983이 있다.
14) 李憲昶,『開港期 市場構造와 그 變化에 대한 연구』, 서울대 경제학과 박사학위논문, 1990.
―――,「開港期 忠淸南道의 流通構造」,『近代朝鮮工業化의 研究』, 安秉直·中村哲 編, 一潮閣, 1993.

징과 개항장 간, 개항장과 포구 간, 포구와 포구 간을 왕래하면서 연안무역에 종사하여 상품유통을 직접 담당하던 상인으로서 전통시장과 무역시장에서 중요한 역할을 하였을 뿐 아니라 외국상인의 상권침탈에 적극적으로 대항한 상업세력이었다. 선상의 상업활동은 선운업의 발전단계에 규정되고 역으로 선상의 활발한 활동이 선운업의 발달을 가져오기도 하므로, 선상과 선운업의 관계는 함께 고찰되어야 한다.

이같은 문제의식을 바탕으로 본 연구에서는 개항 후 해운업의[15] 발전과정을 다음과 같이 살펴보려고 한다.

먼저 제2장에서는 조선후기 선상의 활동양상을 稅穀賃運과 船商活動으로 나누어 선상의 자본집적과정과 상품유통구조를 살펴보고, 전통시장의 유통구조가 개항 후 외국상인이 들어와 기선 등 외국선박을 이용하여 개항장의 외국무역을 거의 독점하고 개항장 밖으로 침투함에 따라 어떻게 재편되는지 고찰하고자 한다.

제3장에서는 기선도입이 정부주도로 시작되어 관영해운업이 일정한 해운정책 아래 성장해갔으나 결국 쇠퇴하고 해운업이 민간주도로 바뀌는 과정과 원인을 살펴보고 국내 해운업의 발전을 저해하는 외국해운업의 침투에 대한 정책을 검토하고자 한다. 특히 개항 전에 조선과 경제발전 단계에 큰 차이가 없어 재래선박에 의한 부정기적 해운업만 존재하던 일본과 청이 정책적으로 해운기업을 육성하여 해외진출까지 시도한 사실에 주목하여 조선·청·일본의 동아시아 삼국이 똑같이 외압을 받았으면서도 植民地, 半植民地, 帝國主義國家로 각각 갈라지는 한 요인으로 지적되고 있는 殖産興業政策의 일면을 고찰하고자 한다.

---

15) 수로를 이용한 운송업에는 연안해로를 이용한 海運과 내륙하천을 이용한 江運이 있는데, 본 연구에서 사용하는 '해운업'은 양자를 포함한 개념이다.

제4장에서는 외래자본 침투의 한 양상으로서 외국상인의 상권침탈의 중요한 기반이기도 하였던 외국해운업의 침투과정을 살펴봄으로써 외래자본과 매판적 운송업자의 결합에 의해 자본주의적 경영을 지향하는 민족적 해운기업의 성장이 저지되는 원인을 규명하고자 한다. 이를 통해 조선사회 내부의 자본주의적 발전이 좌절되는 한 측면을 살필 수 있을 것이다.

제5장에서는 외국해운업의 침투와 유통구조의 변동에 대응하여 선상의 존재형태와 활동이 어떻게 변화하였으며 그 가운데 민간해운업이 어떻게 성장하였는지 살펴보고자 한다. 먼저 외국선박의 포구 항행이 금지되어 있는 조건에서 재래선박으로 개항장과 포구 간이나 포구와 포구 간을 다니며 임운 및 선상활동에 종사한 선상층의 동향을 지역별 상품유통 실태와 관련하여 검토하고 이들의 성장을 제약한 雜稅濫徵 등 봉건적 수탈에 대해 살펴보고자 한다. 그리고 자본집중형태의 商會社를 설립하고 취약한 구조의 재래선박을 기선이나 서양형 범선으로 대체하여 연안무역이나 해운업에 종사한 선상층의 활동양상을 살펴보고자 한다. 자료부족으로 해운회사의 구체적인 경영형태나 자본규모 등은 정확히 알 수 없지만 단편적인 기록을 통해서도 관료와 객주·선상 등에 의해 대규모 자본이 민간해운업에 투입되었다는 사실을 파악할 수 있으므로 해운업분야에서 상업자본의 산업자본으로의 轉化가 얼마나 활발하였는지를 규명할 수 있을 것이다. 개항 후 선상층의 활동양태가 구체적으로 밝혀진다면 18세기 말 이래 상업발달을 주도해온 私商의 활약상이 유통구조의 변동 속에서 어떻게 변화, 발전되는가를 파악할 수 있을 것이다.

이와 같이 관영해운업과 민간해운업, 근대 해운업의 영역과 재래선운업계의 동향을 종합적으로 검토하고 외국해운업의 침략양태를 밝힐 때 개항 후 상품화폐경제의 발달과 상업자본의 축적을 토대로 발전해가던 해상운수 분야에서의 자본주의적 경영이 조선의 근대화 과정에서 지니는 의의를 해명할 수 있을 것이다.

　본 연구에서 다루는 대상시기는 1876~1904년으로 한정하기로 한다. 러일전쟁에서 승리하여 조선을 보호국화한 일제의 강요에 의해 연해와 내륙하천에서의 일본선박의 자유로운 항행을 허용함에 따라 조선의 해운업이 발전할 수 있는 기반이 무너졌기 때문이다.

제2장 開港前後 船運業의 실태와 외국상인의 침투

1. 朝鮮後期 船商의 활동

1) 稅穀貰運活動

　19세기까지 조선은 철도가 부설되지 않고 도로의 정비가 미흡하여 육상운수가 발달하지 않았다. 따라서 稅穀과 지주가 소작료로 걷는 미곡을 비롯한 곡물·어염·재목·柴炭 등 부피와 중량이 많이 나가는 화물의 대량 운송은 모두 船運에 의존하였다.[1] 船運業은 선박을 소유한 船主가 항해책임자인 沙工과 노를 젓는 格軍을 고용하고 자기 자본으로 상품을 구매, 운송하여 판매하는 '자기 운송'의 형태가

---

1) 丁若鏞,『經世遺表』권 14, 均役事目追議 2, 總論 "凡穀粟魚鹽材木柴炭之等 咸以船運 而國且無車無游牝騰駒之俗 凡日用百物之轉運 非船則擔 二法已矣 其需於船 若是其專且切矣…".
　徐有榘,『林園經濟志』倪圭志 권 3, 治生湏貿遷 "凡貿遷之道 舟利爲最".

지배적이었다.2) 船人(船主)이 物主를 겸하여 상품유통을 담당하였으므로 선인이 곧 船商이었다. 선인은 선상활동을 하는 한편 타인이 위탁한 화물을 운송하면서 자본을 축적해 나갔다. 18세기 후반 이후에는 상품유통량이 증대하면서 점차 선상층 내부에서 선주와 물주가 분리되어 상품운송을 전업적으로 담당하는 운송업자가 증가하였다.3)

선인의 자본집적의 토대가 된 것은 세곡과 지주의 地代穀 등 곡물의 賃運活動이었다. 이 중 세곡의 임운활동은 壬辰倭亂 이후 時起結數가 급속히 늘어나 전쟁 전의 수준을 회복하면서 田稅 운송량이 증대하고 官船에 의한 漕運制度의 폐단이 노출됨에 따라 17세기에 보편화하였다.4) 세곡임운을 담당한 것은 地土船과 京江船이었다.

원래 세곡의 운송은 漕船에 의하였고 漕倉에 속하지 않는 고을의 田稅穀은 원칙적으로 본읍이나 인근 고을의 지토선을 이용하여 운송하되 지토선이 없는 고을에 한하여 경강선의 동원이 용인되었다.5) 그러나 大同法의 시행 후 중앙으로 운송되는 大同米의 물량이 20여만 석이나 되어6) 지토선만으로는 감당하기 어려웠다. 더욱이 船材의

---

2) 예를 들면 1719년(숙종 45)에 西江에 사는 金世萬이 황해도에서 100여 石의 미곡을 구입해오던 중 황해도 龍媒鎭에서 선박이 침몰하였으나 다행히 지방민의 구조로 자신의 목숨과 미곡을 함께 구하자 마침 흉년으로 곤란을 당하고 있던 그 지방에 미곡을 회사하였고 이 사실이 조정에 알려져 정3품 堂上官職에 해당하는 折衝將軍職을 제수받은 바 있다(『肅宗實錄』 권 64, 숙종 45년 7월 壬子). 또 1753년(영조 29) 남산의 烽燧軍 출신의 선상들은 수십 척의 大船으로 소금 생산지에서 소금을 구입해 한강변에서 판매하여 麻浦鹽廛의 商權을 위협하였다(『市弊』 권 3, 麻浦鹽廛).
3) 高東煥, 「18, 19세기 外方浦口의 商品流通發達」, 『韓國史論』 13, 서울대 국사학과, 1985, p.295.
4) 崔完基, 『朝鮮後期船運業史硏究』, 一潮閣, 1989, pp.8~65 및 p.245.
   高東煥, 『18·19세기 서울 京江地域의 商業發達』, 서울대 국사학과 박사학위논문, 1993, pp.235~238.
5) 『受敎輯錄』(奎 1159) 戶典 漕轉 ; 『新補受敎輯錄』(奎 1158) 戶典 漕轉.
6) 18세기 중엽 대동미의 중앙상납분은 19만여 석에 달하였다고 한다(韓榮國,

부족으로 선박을 확보하기 어려웠고 지토선인의 농간이 심하였다.7) 이에 정부에서는 1702년(숙종 28)에 경강선을 조사하여 200~300석 이상을 실을 수 있는 300여 척 중 적재량 400~500석 이상이 되는 선박을 선발하여 船案을 작성하고 선안에 등록된 선주들이 매년 돌아가면서 대동미를 운송하게 하였다.8)

한편 이미 15세기 중엽부터 나타나기 시작한 관선 조운제의 문제점이 漕役의 폐단으로 심각해지고 있었으므로 조운제 혁파론이 제기되었고9) 1704년 마침내 조역을 폐지하고 경강선을 임차하기로 결정하였다.10) 이후 경강선인은 전라·충청도의 賃船 상납지역의 전세와 대동미의 운송을 주도하였다. 이는 지토선이 수가 부족한데다 규모가 작아 원양항해에 적당하지 못한 반면 경강선은 수로에 익숙한 사공과 격군을 보유하여 뛰어난 항해술과 造船術의 우월성을 인정받았기 때문이다. 그런데 1727년(영조 3) 당시 대동미 운송용역에 참여하고 있던 경강선이 90여 척이었으므로11) 대동미임운에 참여한 경강선은 전체의 1/3 정도였다.

세곡운송의 대가로 지급받는 船價는 경강에서 떨어진 거리에 따라 차등이 있어 충청도는 10석에 1석씩, 전라도는 2석, 경상도는 3석으로 규정되어 있었는데12) 사적인 선운에서 받는 삯보다 고율이었

「大同法의 실시」,『한국사』13, 국사편찬위원회, 1978, p.174).
7)『承政院日記』제408책, 숙종 28년 12월 18일.
8) 위와 같음.
9) 崔完基, 앞의 책, pp.14~59.
10) 위의 책, pp.214~215.
  『度支志』권 7, 版籍司 漕轉部 漕船節目 ;『肅宗實錄』권 9, 숙종 3년 정월 丁巳.
11)『備邊司謄錄』제82책, 영조 3년 12월 13일 "右議政沈壽賢曰 專廳以京江有根着九十餘隻 抄錄成冊分送 輸運大同 故船人受其船價 無弊上送 其法便好".
12) 崔完基, 앞의 책, pp.224~226.

다.13) 그리하여 18세기 후반에 경강선인에게 지급된 선가는 수만 석에 달하였다.14)

그러나 경강선인은 보다 많은 선가를 취득하기 위해 대개 **法定積載** 한도인 600~700석을 넘어서 1,500석을 실었고 2천 석을 싣는 **大船**을 **建造**하기도 하였다.15) "**兩江**은 물이 얕고 여울이 있어 **小艇** 뿐이지만 京江에 이르면 江水가 깊고 넓어 **富商大賈**의 **巨艦**이 아님이 없다"16) 라고 한 기록에서도 경강선의 규모가 매우 컸음을 엿볼 수 있다. 정부에서는 1척의 적재량을 1천 석으로 상향 조종하였고 관행상으로 1,500석의 적재를 용인하였다.17) 그런데도 경강선인은 곡물운반과정에서 교묘하고 다양한 부정을 저질러 치부하였다. 그 방법은 지주 소작미 등의 '**私卜**'을 추가로 싣는다든가 운반하는 곡물에 물을 붓는 '**和水**' 행위, 세곡을 '**偸食**'하고 도망가는 것, 미리 횡령한 후 고의로 선박을 침몰시키는 '**故敗**' 등을 저지르는 것이었다.18) 이 때문에 조세상납이 지체되고 세수입이 감소하였으며, 침몰되었다가 건진 **拯劣米**는 연해 邑民들에게 지급하고 대신 정상미를 강제로 걷었으므로 **還穀**을 **白徵**하는 것과 다를 바 없는 폐단을 야기하였다.19)

경상도소속의 지토선운항을 위임받은 경강선인 중에는 먼저 전라도와 충청도의 대동미를 임운하여 선가를 받은 후 경상도 세곡을 운송하다가 **臭載**하는 경우가 많았다.20) 이에 정부는 1760년(영조 36)

---

13) 조운을 담당하는 사선에 지급된 선가는 15斗당 3升 5升인데 사적인 선운의 삯은 10두당 2두였다(『經世遺表』 권 7, 地官修制 田制 7).
14) 崔完基, 앞의 책, p.225.
15) 『備邊司謄錄』 제112책, 영조 19년 6월 22일.
16) 『各廛記事』 人卷, 乾隆 54년 己酉(1789) 12월 일.
17) 高東煥, 앞의 책, p.243.
18) 姜萬吉, 「京江商人研究」, 『亞細亞研究』 14-2, 1971, pp.26~27.
    崔完基, 앞의 책, pp.103~111.
19) 『備邊司謄錄』 제174책, 정조 13년 5월 27일.

우선 조선 60척을 새로 건조하여 경상도의 세곡을 운송하게 하였다.[21] 5년 후 영조는 조운제를 호남지방으로도 확대하려고 하였으나 대신들의 반대에 부딪혔다. 그것은 단시일 내에 조선을 건조할 수 없고 선가를 받아 생계를 이어가는 경강선인을 배려하지 않을 수 없다는 이유에서였다.[22] 그 대신 경강선 중 건실한 선박을 선발해 船隊를 이루어 세곡을 운송토록 하는 作隊制를 실시하였으나 지정된 경강선에 세곡을 실어야 하고 선가를 더 부담해야 하는 호남민의 반대로 1년 만에 중단하였다.[23]

그러나 경강선인들은 전문적인 운송업자로서 그 존재를 부정할 수 없을 만큼 성장하고 있었다. 이후 작대제는 세곡운송의 원활화와 함께 경강선인의 생업안정을 도모하는 방안으로서 계속 논의되었고[24] 마침내 1785년(정조 9) 호남과 호서지방에서 시행되었다.[25] 이 때 새로 제정된 규정에 의하면, 작대제는 경강선인이 船契를 조직하여 각 선계가 윤번제로 조운을 담당하는 점, 경강선의 충분한 확보가 어려

---

20) 『備邊司謄錄』제137책, 영조 35년 9월 12일 "左議政申所啓 此慶尙監司趙 曮狀啓也…本道地土船之弊 難一二言 當初事目 非不詳嚴 自該邑造舡隻 給京江所居舡漢載運時 下去卽爲載來 卽可免晩發濫載之患 而近來船漢輩 奸弊百出 先運兩湖大同 受食其舡價 䟱後始爲下去本邑 故每致過時 息載相續 拯劣之弊 又不可勝言".
21) 『備邊司謄錄』제173책, 정조 12년 8월 18일.
22) 『備邊司謄錄』제147책, 영조 41년 4월 13일.
23) 작대제에 관한 논의의 진행과정에 대해서는 崔完基, 앞의 책, pp.125~128 참조.
24) 1781년 전라도 관찰사가 경강선의 作弊시정을 위해 漕船을 건조할 것을 건의한 데 대하여 정조는 경강선인의 생업이 세곡운송에 있으며 양반지주 관료층의 소작료운송이 경강선에 의존하므로 경강선인의 세곡임운권을 빼앗을 수 없다고 하였다(『日省錄』 정조 5년 9월 24일 "予曰…許多江民之籍 爲生利者 惟在舟楫 而今若新造漕船 自本道卽爲載運 則在朝家 雖有所得 在江民 大有所失 民情亦不可不念 寧失數千包穀物 豈可使累萬江民失其利乎 船利旣絶 勢將無船 京中士大夫家 亦將無庄穀船運之路矣").
25) 작대제의 시행과정에 대해서는 崔完基, 앞의 책, pp.129~160 참조.

위 再運制를 실시하는 점, 初運이나 재운을 막론하고 執籌制를 채택하여 제비뽑기로써 고을을 지정하는 점 등에 그 특징이 있었다.26) 이처럼 작대제가 집주제를 핵심으로 운영되었으므로 작대에 의해 동원된 세곡선을 執籌船이라고 불렀다.

작대제는 1790년 舟橋司의 설치 이후 본격적으로 실시되었는데 이때 동원된 경강선이 80척이고 격군이 1천여 명에 달하였으므로 軍制를 응용하여 통제하였다.27) 이들 경강선은 호남·호서지방의 세곡운송권을 보장받는 대신 정조의 思悼世子 陵行을 위해 한강에 가설하는 舟橋에 동원되었고, 선박의 여유가 있을 때는 경기·海西지방의 세곡도 운송할 수 있었다.28) 정부에서는 京外의 침탈로 집주선이 줄어드는 폐단을 막기 위해 만기가 된 조선을 경강민에게 和賣하고 선가를 넉넉히 지급하는 등의 배려를 하였다.29) 그래서 선계에 가입한 경강선인은 몇 년 지나지 않아 모두 치부하였다고 한다.30)

그러나 경강선인은 선가의 취득에 만족하지 않고 재운제를 악용하여 海上에 머무르며 장마철을 기다렸다가 和水·故敗 등의 부정행위를 저지르고31) 吏胥와 결탁하여 각 읍의 세미를 防納해 이득을 취하기도 하였다.32) 그래서 조정에서는 작대제를 존속시킬지 여부를 놓

---

26) 『正祖實錄』 권 9, 정조 9년 정월 辛未 "備邊司以兩湖作隊船節目".
27) 『備邊司謄錄』 제178책, 정조 15년 정월 4일.
28) 『萬機要覽』 財用編 5, 舟橋 兩湖稅穀運輸 및 財用編 2, 漕轉 漕倉屬邑外載運.
    崔完基, 앞의 책, pp.125~144 및 p.221.
29) 『備邊司謄錄』 제174책, 정조 13년 5월 27일 및 제177책, 정조 14년 12월 28일.
30) 『正祖實錄』 권 30, 정조 14년 7월 己卯 "節目曰 私船之入於船契者 不可不別設聊賴之資 以啓樂赴之路 三南漕船 各道戰兵船之限滿舊退者 一幷捧價 出給於船契人處…辨曰 此是江民輩行貨所圖者也 旣專漕稅之利 又專退船之利 則入於船契 皆將不數年 人人致富矣".
31) 崔完基, 앞의 책, pp.148~149.

고 여러 차례 논의하였으나, 뾰족한 대안이 없어 계속 시행하다가 1882년(고종 19)에 가서야 철폐하였다.33) 여러 폐단에도 불구하고 경강선에 의한 세곡임운방식이 백여 년간이나 시행된 것이다.

19세기 이후 租稅金納化 경향에 따른 세곡운송량의 감소로 세곡임운업은 다소 위축되었다. 그러나 지주 소작료의 총량이 조세수취량보다 많았으므로34) 경강선인들은 지주층의 소작료운송을 통해서도 자본을 집적할 수 있었다. 지주 중에는 자기 소유의 선박을 이용하거나 세곡선을 은밀하게 이용하는 경우도 있었으나 주로 경강선과 같은 私船을 빌려 사용하였다.35)

한편 경강선인은 곡물임운에 필요한 대형선박의 건조기술 개발에도 힘써 조선술을 발전시켰다. 볏가마를 싣는 경강선은 '唐刀里船'이라고 불렸다.36) 경강선인들은 사용기간이 경과한 兵船을 구입, 개조해 사용하기도 하고37) 파도가 거센 바다에서 운항하기에 적합한 조신의 구조를 표본으로 삼아 尖底型의 水下船을 건조하였다.38) 과다한 적재량에도 배가 침몰되지 않도록 적재능력을 높이면서 운항의 안전성까지 고려한 것이다.

이러한 조선술을 인정받아 경강선인들은 정부로부터 船材와 造船費를 지급받아 조선·站船·津船 등 정부의 선박건조 용역까지 청부받아 造船都賈로 성장하였다.39) 조선도고의 경영주는 세곡임운 외에

---

32) 『備邊司謄錄』 제181책, 정조 17년 2월 20일.
33) 崔完基, 앞의 책, pp.148~158.
34) 安秉珆, 『朝鮮近代經濟史研究』, 東京, 日本平論社, 1975, p.114.
35) 崔完基, 앞의 책, pp.80~81. 세곡선의 '私物添載'는 엄금 되었다.
36) 高東煥, 앞의 책, p.273.
37) 『備邊司謄錄』 제99책, 영조 12년 6월 17일 "近來各鎭舊退船 每自京司 劃給於京江船人處 故京江船人 則以其材改造".
38) 崔完基, 앞의 책, pp.211~212.
39) 姜萬吉, 앞의 논문, p.46.

도 선상활동과 경강연변에서의 도고싱업을 통하여 치부한 旅客主人의40) 일부로서, 이들은 船材都庫를 경영하다가 경강연변 특히 栗島 등지를 중심으로 산재하던 船匠 등을 고용하여 조선업을 영위하였다.41) 경강선인은 세곡임운과 상업활동으로 축적한 자본을 생산부문인 조선업에 투자하여 상업자본의 산업자본으로의 전화를 꾀하였던 것이다.

2) 船商活動

17세기 말 이래 농업생산력을 비롯한 사회적 생산력의 현저한 발전은 사회적 분업과 상품화폐경제의 발전을 가져와 18세기 중엽에는 京江 및 外方浦口가 상업의 중심지가 되어 대포구 간의 遠隔地 유통이 활발해졌다. 18세기 말에서 19세기에 들어오면 소포구 간의 지역 내 유통도 활발해져 포구와 장시가 연결된 유통망이 전국적으로 형성되었다.

선상은 지토선이나 경강선을 이용하여 주로 곡물과 魚·鹽·목재를 대상으로 상업활동을 하였다. 이 중에서도 미곡은 18세기 이후 곡물시장이 서울·평양 등의 대도시를 중심으로 형성됨에 따라 지역

『備邊司謄錄』 제102책, 영조 13년 12월 25일 "宣惠廳啓曰…募得京江船人 三十三名 題給湖南風落松 又貸曳運粮 造船三十三隻 仍爲案付於本廳 分排於 各邑 以爲大同運來之地矣".

40) '旅客主人'이라는 명칭은 旅客 즉 船商·褓負商과 같은 행상의 주인이라는 의미로서, 사료상으로 旅客主人·旅閣主人·客商主人·旅主·船主人·江主人·浦口主人·客主·旅閣 등 다양하게 나타나고 있다. 일반적으로 조선후기에는 '여객주인'으로, 개항 후에는 '객주'로 통칭하고 있으므로 본고에서도 이를 따르기로 한다. 여객주인의 종류와 기능에 대해서는 朴元善, 『客主』, 연세대 출판부, 1968 참조.

41) 姜萬吉, 앞의 논문, p.46.

적인 가격차를 이용한 이윤축적의 여지가 가장 많았다. 선상의 貿穀活動은 세곡과 소작료의 금납화 경향에 따라 곡물의 거래량이 증대되면서 더욱 활발해졌고, 이들에 의해 전국 각처에 미곡이 공급되었다.42) 무곡선상의 곡물유통방식은 대개 곡가가 헐한 지역으로 내려가 여객주인에게 미리 곡가를 주어 곡물을 수집하거나 장시를 열어 貿取한 후 곡가가 비싼 지역으로 선운하여 파는 것이었다.43) 이들의 활동을 지역별로 살펴보면, 관동지역의 미곡공급은 주로 영남지방 선상에 의해 이루어지고 서울의 곡물시장은 경강선상이 호남·호서·해서·관서의 서해안지방을 두루 다니며 米價가 헐한 지역에서 미곡을 구입하여 경강에 판매함으로써 형성되었다.44) 지방도시 중 곡물유통이 활발했던 평양을 중심으로 한 무곡활동은 주로 평양·해주·의주상인에 의하여 이루어졌다.45) 함경남도 상인 北商은 함경북도에 흉년이 들자 삼남지방으로 내려가 각 읍의 지토선을 임대하여 무곡하였는데46) 흉년시 무곡활동에 대한 세금은 면제되기도 하였다.47)

이 중 경강선상은 그 활동폭이 제주도까지 미쳐 전국의 미곡시세를 광범위하게 파악하고 있었으므로 지역적 가격차를 이용한 부의 축적이 가장 활발하였다. 무곡활동 등을 통해 부를 축적한 선상 중에는 경강연변에서 主人權을 획득하여 경강주인이 되는 경우도 있었다. 이를테면, 1719년(숙종 45)에 무곡선상이던 金世萬은 16년 후인 1735

---

42) 吳 星, 『朝鮮後期 商人硏究』, 一潮閣, 1989, pp.124~128. 조선중기의 무곡선상의 활동에 대해서는 崔完基,「朝鮮中期의 貿穀船商」,『韓國學報』30, 1983 참조.
43) 李世永,「18, 9세기 穀物市場의 형성과 流通構造의 변동」,『韓國史論』9, 서울대 국사학과, 1983, pp.232~233.
44) 高東煥, 앞의 책, p.273.
45) 李世永, 앞의 논문, pp.241~242.
46)『備邊司謄錄』제173책, 정조 12년 11월 1일.
47)『備邊司謄錄』제124책, 영조 28년 정월 6일.

년(영조 11)에 折衝 鄭大命에게 80냥을 지불하고 충청도 泰安 旅客
主人權을 취득한 이래 마포에서 경강주인업을 하면서 1736년부터
1740년까지 모두 225냥을 주고 태안의 어염선상 11명에 대해 경강
주인권을 매득하였다.48) 자료의 한계로 1719년부터 1735년까지의
김세만의 행적을 알 수 없어 그가 당초부터 선상과 경강주인을 겸하
였는지, 선상활동만 하였는지 단언할 수 없으나 위의 기록으로 미루
어 김세만은 무곡활동을 통해 집적한 자본으로 경강주인권을 획득하
고 영세한 선상에게 자금을 빌려주면서 여객주인권을 확장하였음을
알 수 있다.

서울시민의 양곡 중 가장 중요한 공급원은 경강선상이 무곡하여
江上으로 실어오는 쌀로, 江上米 또는 江米라고 불렸다. 18세기 후반
당시 서울인구를 20만 명으로 추산할 때 연간 미곡 소비량이 100만
석에 달하였는데 그 중 정부방출미와 지주의 추수곡이 각각 20만 석
미만이고49) 나머지 60만 석은 貢人이 貢價로 받는 貢米와 무곡상이
선운해오는 미곡이었다.50) 호남지방으로부터 선운해오는 미곡량이
서울소비량의 7/10~8/10이나 되는 경우도 있었다.51) 따라서 강상미
의 공급은 서울의 곡가시세와 직결되었고, 경강선상의 무곡활동은 정
부의 보호를 받았다. 즉 경강선상이 지방에서 무곡활동을 하다가 지

---

48) 李世永, 앞의 논문, p.249.
   李炳天,「朝鮮後期 商品流通과 旅客主人」,『經濟史學』 6, 1983, pp.106~
   107.
49)『承政院日記』제1540책, 정조 9년 9월 9일 "左承旨柳義養曰 都下人民 今
   爲二十萬餘口 而日計二升 則一年當食百萬石米 而目今地都 所管諸倉及他餘
   公家所出米穀 零零注合 終不滿二十萬石 私家穀物 則士大夫 富少貧多 家家
   所謂秋收之輸入城中者 都不滿二十萬餘石米矣".
50)『備邊司謄錄』제141책, 영조 38년 6월 27일.
51)『備邊司謄錄』제83책, 영조 4년 정월 23일 "領議政李匡佐 又所啓…藩城人
   所賴者 十之七八在湖南 沿江居民 亦以此聊生貿穀爲業…".

방관의 防穀令으로 선운을 금지당할 경우 정부는 이를 해제하도록 지시하기도 하였다.52) 또 都賈行爲를 금한다는 구실로 경강선상에 대한 刑曹나 漢城府·左右捕廳 校卒輩 등의 침학이 심하여 경강선상이 경강에 到泊하기를 꺼리자 정부에서는 도고는 엄금해야 하지만 도고금단을 구실로 상인들이 貿積하지 못하게 하면 서울의 곡물공급에 차질이 있다고 하면서 米商의 무곡행위 단속을 금지하였다.53)

18세기 전반 경강선상은 주로 삼남지방에서 무곡하여 경강으로 싣고 가 팔았으나 18세기 후반 미곡시장이 전국적으로 형성된 후에는 이미 경강에 쌓아둔 미곡을 서울보다 미가가 높은 지방으로 반출함으로써 보다 많은 이득을 꾀하였다. 그들은 단속을 피하여 밤을 타서 강 밖의 먼 곳으로 옮겨 놓았다가 배에 실어 곡가가 등귀한 곳으로 몰래 수송하였는데, 그 양이 강상미의 1/3이나 되고 수삼 일 동안 수천 包에 달하였으므로 서울의 곡물수급에 차질을 가져와 都民의 호구지책이 우려될 정도였다.54)

---

52) 1832년에 畿內의 商船이 무곡하기 위하여 모두 영·호남지방으로 내려갔는데 兩道에서 防穀을 실시하여 무곡을 금지함으로써 곡가가 치솟아 민심이 흉흉하였으므로 영·호남지방의 방곡령을 해제하고 아울러 관서지방에서도 그런 폐단이 없도록 지시하였다(『純祖實錄』 권 32, 순조 32년 10월 甲午). 헌종 때에도 관서와 해서지방에서 방곡이 심하여 상선이 빈 배로 돌아오는 사태가 일어나자 방곡령의 금단을 엄칙하였다(『憲宗實錄』 권 4, 헌종 3년 3월 丁亥).

53) 『備邊司謄錄』 제187책, 정조 22년 6월 1일 ; 『左捕廳謄錄』 丙寅(1866) 3월 일 傳令.

54) 『備邊司謄錄』 제141책, 영조 38년 6월 27일 "吏曹參議趙曔曰…今春則自南上來之穀物 爲米商潛自賣送于外方者 幾居三分之一云 如此而都民顧安所繼糧乎".
   『備邊司謄錄』 제199책, 순조 9년 6월 12일 "司啓曰…至於都下 則近聞江上貿穀積儲之類 近見亢旱如此 謂此時莫失 一齊收藏 各相乘勢 而又恐法司之知機阻搪 必於暮夜無知之時 移峙於江外遠處 仍爲舡載潛發 分送於兩湖價騰之處 數三日之間 已不知爲幾千包云".

그런데 무곡선상과 연계하여 미곡買占과 潛賣를 실질적으로 주도한 것은 "江上富民之貿穀匿置者"55) 즉 경강주인이었다. 이들은 선박을 소유하여 직접 무곡활동을 하는 경우도 있었으나 衙門이나 宮房 등에 浦口稅를 내는 대가로 획득한 '有文券主人權'을 담보로 이들의 중개를 통하지 않고는 상품매매를 할 수 없는 유통독점권을 확보하여 무곡상의 판매업무를 대신하면서 곡물을 매점하였다.56) 즉 경강주인은 주인권을 매개로 선상을 예하에 두고 도고상업을 전개함으로써 19세기 전반에는 市廛의 수세체계에서 벗어나 서울 및 서울주변 상권의 주도자로 성장하였다.57)

1833년(순조 33)에 발생한 '쌀폭동'은 바로 도고상업을 전개하는 경강주인과 이에 결탁한 시전상인의 농간으로 미가의 등귀와 미곡의 품귀가 초래되어 서울의 미곡구매자층이 폭동을 일으킨 것이었다.58)

---

55) 『備邊司謄錄』제182책, 정조 18년 10월 5일.
56) 18·19세기에는 外方浦口에서도 주인권이 성립되었다. 그 성립과정은 유형에 따라 차이가 있지만 주인권이 선상이나 행상에 대한 유통지배권으로 행사된 점은 마찬가지이다.
   李炳天, 앞의 논문.
   李世永, 앞의 논문.
   高東煥, 「18, 19세기 外方浦口의 商品流通發達」, 『韓國史論』 13, 서울대, 1985.
   李榮昊, 「19세기 浦口收稅의 類型과 浦口流通의 性格」, 『韓國學報』 41, 1985 참고.
57) 姜萬吉, 앞의 논문, p.38.
   李世永, 위의 논문, p.235.
   李炳天, 위의 논문, p.123.
58) 江商의 孤注로 지목된 東幕旅客主人 金在純이 곡물을 감추고 和水행위를 한 죄목으로 처형되고, 폐점하고 미곡을 팔지 않은 米廛人 鄭宗根과 李東顯 등이 처형 또는 유배되었다(『純祖實錄』 권 33, 순조 33년 4월 庚戌·壬子). 이 사건의 원인 및 처리방식에 대한 논의에 대해서는 『純祖實錄』 권 33, 순조 33년 3월 辛巳·癸未·甲申 ; 姜萬吉, 위의 논문, pp.39~43 참고.

그런데 이 사건의 원인분석과 처리를 둘러싼 정부대신 간의 논의에서 大司諫 洪永觀의 상소가 주목된다. 홍영관은 폭동의 근본원인이 경강주인의 조종을 받은 시전상인이 미가를 올려 대중의 분노를 불러일으킨 데 있다고 보고 무곡선상의 활동은 오히려 보호해야 한다고 생각하였다. 즉 그는 형조의 조사가 있은 후 貿商輩가 貿米가 禍를 가져오고 藏穀이 죄가 된다고 생각하여 매점해둔 곡물을 방출하지 않고 운반하던 곡물도 경강으로 실어나르지 않고 지방으로 분산시키고 있는데, 그 양이 며칠 동안 수천 包에 달하여 서울의 곡물공급에 심각한 차질이 우려되므로 무곡이 죄가 되지 않는다는 사실을 米商에게 알리고 法隸의 誅求를 엄히 단속해야 한다고 주장하였다.59) '江商의 壅穀'은 엄징해야 하지만 미상의 무곡활동은 서울의 곡물수급에 직결되므로 보호해야 한다는 입장으로, 곧 서울 곡물시장 안정을 최우선으로 하는 중앙정부의 곡물수급책을 그대로 반영한 것이다.

정부에서 강경하게 금지한 경강주인의 도고상업 전개에는 시전상인뿐 아니라 곡물을 구매, 운송하는 무곡선상이 틀림없이 관련되었을 것이나 선상의 무곡활동은 서울의 곡물공급을 위해 오히려 보호받고 있었음을 알 수 있다.

다음으로 『各廛記事』에 기록된 경강에서의 魚物船商의 사례를 통하여 어물유통구조의 변천과정을 살펴보고 어물선상이 시전상인·객주와의 관계 속에서 과연 자본을 축적할 수 있었는지 고찰하기로 한다.60) 시전체제를 무너뜨리고 사상이 상업을 주도하는 체제로 전환시킨 주체는 여객주인이지만 이 과정에는 시전상인의 횡포와 이윤침

---

59) 『純祖實錄』 권 33, 순조 33년 3월 甲申.
60) 조선후기 어물유통에 대해서는 高東煥, 「18세기 서울에서의 魚物流通構造」, 『韓國史論』 28, 서울대, 1992를 참조.

탈에 대항하여 자기 몫을 찾으려는 선상의 활동이 연관되어 있었다. 시전상인에게만 고기를 팔아야 했던 어물선상이 상품을 헐값으로 강제 구매하려는 시전상인의 횡포와 과중한 수세에 대항하여 亂廛에 潛賣하는 추세가 발전하면서 서울시장권의 정보에 밝은 경강주인과의 결탁과 의존이 강화되었던 것이다.

원래 魚船이 경강에 도착하면 여객주인은 어물전에 알려야 했고 어물전은 國役을 담당한다는 명분으로 어물을 전부 매수하였다.[61] 어물전은 독점수매권을 악용하여 어염을 절반의 가격으로 강제 매입하려고 하고 이에 따르지 않으면 매매를 방해하여 고기를 썩어 버리게 하는 등의 작폐를 일삼아 선상을 실업상태에 빠뜨렸다.[62] 이에 정부는 1744년(영조 20)에 「節目」을 만들어 어물전은 선박 한 척에서 1/10만 買取하고 9/10은 선상이 임의로 팔 수 있도록 하였다.[63] 그러나 어물전은 이를 준행하지 않았고 이후 「甲戌節目」(1753)에 의거하여 어선이 싣고 온 어물의 20~30%를 현물로 수세하는 권리를 획득하여 다시 독점권을 행사하면서 어물의 수를 늘려 남징하는 등의 횡포를 저질렀다.[64] 어물선상은 이 폐단의 시정을 外方沿江 徇問

---

61) 『各廛記事』 人卷, 乾隆 54년 己酉(1789) 12월 일 "外廛市民等狀內 冤痛情由事段 矣徒等廛 卽國初設市 而所管魚物 只是乾鹽魚各種而已 所謂鹽魚船 來泊京江 則自法府禁其亂賣 使市民全數買取者 專出於朝家敎是奉國役 保市民之德意 而如是遵行者 已成三百餘年矣".
『各廛記事』 人卷, 嘉慶 18년 癸酉(1813) 4월 일 "內外廛等狀內…各處魚物 載到京江 則同主人等通奇於矣廛人 使矣廛散賣各處 自是定式之例".

62) 『備邊司謄錄』 제127책, 영조 30년 8월 27일.

63) 『各廛記事』 人卷, 乾隆 54년(1789) 12월 일 "外廛市民等狀內…今甲子年分 船商輩不有朝令 粧撰誣訴 更定什一付利 折價和買之規 令市民一船中買取十分之一 使船商任賣十分之九 則於渠至幸萬萬".

64) 어물의 세금은 각각 경계가 있어 生魚는 生鮮廛에, 鹽魚(生魚가 강에 도착한 후 부패방지를 위하여 江上에서 소금을 뿌린 和鹽之魚)는 鹽廛에, 乾鹽魚(海口에서 소금을 뿌린 것으로 煮鹽之魚라고도 함)는 魚廛에 속하였다. 『各廛記事』 地卷, 乾隆 48년 癸卯(1783) 7월 일 참고.

御使에게 호소하였고 이에 정부에서는 1786년(정조 10)에 露梁과 銅雀의 예에 의하여 배에 실은 생선의 양에 따라 錢으로 대신 징수하기로 정하였다.65)

이리하여 分稅의 代錢納에 따라 어물을 임의로 판매할 수 있게 되었고 관례상 어물의 다소에 따라 많으면 廛人을 청하여 팔고 적으면 임의 판매할 수 있었으므로,66) 선상들은 여객주인과 체결하여 난전에 임의 판매하기 시작하였다. 시전상인의 수세형태가 현물에서 현금으로 전환함에 따라 어물의 유통단계에서 시전상인이 배제되고 여객주인을 중심으로 하는 새로운 유통구조가 형성되고 있었던 것이다.

여객주인 중심의 유통체계가 성립됨에 따라 원격지 간의 유통과정은 대체로 다음과 같은 단계를 밟았다. 즉 선상은 산지에서 상품을 구입하여 소비지로 수송, 판매할 때 반드시 여객주인의 중개를 거쳐야 했으며 이 구조는 개항 후에도 전통시장에서 그대로 유지되었다.

　　생산자·행상(주로 陸商, 즉 보부상) → 산지 여객주인 → 선상
　　→ 소비지 여객주인 → 행상(주로 육상)·시전상인 → 소비자

이후 口文收取를 매개로 여객주인의 旅客, 즉 선상과 보부상에 대한 侵漁가 강화되었다.67) 경강에서의 旅客主人權은 이미 17세기 중

---

65) 『各廛記事』 天卷, 乾隆 55년 庚戌(1790) 정월 일 "庚戌正月日俘音內 矣徒等本以京江居民 生涯無路鹽魚船爲業 而與魚物廛人凡於鹽魚收稅 計其數與束數以魚給稅之時 廛人輩或有增衍之弊 故矣徒等呼訴於外方沿江徇問御史 則以此 啓達使本署依露梁銅雀例 以錢代給爲乎矣 京江則有異外邑 故隨其載魚之多少 石魚一同分稅爲五錢 眞魚一丹則三戔 麻魚一束 則七分式 矣徒等與廛人爛熳相議定式遵行矣".

66) 『各廛記事』 人卷, 乾隆 56년 辛亥(1791) 8월 일 "矣等俱以魚商生業 而隨其魚物之多小 多則請來廛人而賣之 小則發賣各處 自是流來之規矣".

67) 『龍洞宮屬德隱浦節目』(奎 18343) "浦民船民之猶或觀望而趑趄者 一以畏京江客主之侵漁 一以畏京廛市民之懲索".

엽에 성립되었는데 이는 대개 경강에 왕래하는 선상이 선박구입비나 소송비 등을 마련하기 위해 자신을 '여객'으로서 주인에게 '放賣'함으로써 비롯되었다.68) 18세기 중엽에 들어오면 각 읍 선척에 '原定主人'이 존재하여 무슨 物種이든지 경강에 선박이 도착하면 여객주인이 상품매매의 중개를 담당하는 것이 八江에서 통행하는 규칙이 되었다.69) 18세기 말에는 外方의 읍별로 소속 지방의 상인을 주관하는 專管地域主人權이 성립되었고 제한적이지만 "各種之物 各出主人"이라고 하여 柴穀主人權, 魚物主人權 등 물종별 주인권의 분화도 나타나고 있었다.70)

이제 경강과 외방의 여객주인은 상품매상고의 1/10이나 되는 구문을 취득할 뿐 아니라 선상이 지방 각처에서 구매, 수송한 상품에 대해 판매권을 독점하여 가격을 자의적으로 조종함으로써 이익의 절반을 확보하는 경우도 있었다.71) 선상은 本主人이 없는 다른 곳으로 상품을 싣고 가 임의로 판매하거나 구문지불을 거부하기도 하였으나,

---

68) 富平 각 포의 선인 李京童 등 11명은 원래 경강을 왕래할 때 소속된 主人이 없었는데 1661년에 "故依前規"하여 여객주인에게 錢文 80냥을 받는 대가로 "自己放賣"함으로써 주인에게 소속되었다(奎章閣古文書 86896). 이 "자기 방매"란 행상이 특정한 여객주인에게 소속되어 상품을 거래할 때 반드시 그 주인의 주선을 거쳐야 하는 것인데, 그 관계는 계약 당사자뿐 아니라 同姓이든 異姓이든 자손 대대로 지속되었다. 이 밖에도 『忠淸道庄土文績』 34(奎 19300)에 다수의 사례가 발견됨.

69) 奎古文 86928 "所志 黑石里居黃福徵 所謂接客之道 毋論某某物種 載到京江者 則原定主人 利害間看檢 乃是八江通行之規是白去乙".

70) 李炳天, 앞의 논문, pp.121~122.

71) 『備邊司謄錄』 제205책, 순조 16년 10월 4일 "司啓曰…京江各邑主人之口文 多少 是豈朝家之所知 而欲聚京商散買之穀 獨專其利 則少無嚴畏之心 肆然呼領".
丁若鏞, 『牧民心書』 戶典 六條 平賦 下 "浦口船舶之處 摠有豪民 立爲邸店 凡商船到泊 主其貨物 勿敢移動 自作牙儈 操縱翕張 上下其價…船去之日 打算勘簿 則商人之利 半歸邸店 以其餘半 三分五裂".

'橫叛主人之罪'로 엄벌을 받고 회피한 구문도 일일이 추급당하였다.72) 특히 宮房에 의하여 差定된 포구주인은 折受地에서의 導掌과 같이 수세청부를 맡아 商船으로부터 세금을 남징함으로써 선상의 실업을 초래하기도 하였다.73)

한편 여객주인은 주인권을 보장하는 봉건권력기구·궁방·세력가에 그 대가로 포구세 등을 상납해야 했으므로 여객으로부터 흡수한 이득의 상당부분을 탈취당하였다.74) 선상은 봉건권력과 여객주인의 이중적인 수탈구조 속에서 이윤을 빼앗겨 자본축적의 기회가 제한되어 있었던 것이다.

船稅를 비롯한 각종 雜稅의 수탈도 선상의 성장을 저해하였다. 조선 초 잡세의 하나로 배의 크기에 따라 징수되던 선세는 1750년(영조 26) 均役法의 실시로 인한 중앙재정의 부족분을 보충하기 위해 漁·鹽稅와 함께 海稅의 명목으로 징수되었다.75) 정부는 경강민과 각 지방민이 소유한 선박을 船案에 등록시켜 소속지빙과 배의 종류·크기에 따라 일종의 재산세인 地土稅를 징수하고 대부분의 선박이 상업활동을 하는 것으로 간주하여 영업세로서 行商稅를 거두었다.76) 선상은 선세와 행상세를 均役廳에 납부하고 掌標를 받아야 영업을 할 수 있었고 매년 말 그 해의 세를 납부한 후 새로운 표를 발급받

---

72) 奎古文 87023 「所志 黑石居黃秀聖」 庚午(1810) 2월 일 "矣身以金浦船主人隨行 而矣身次知金浦船人趙士寬沙格等…今又穀物載 欺隱本主人 橫走他處 故不勝痛切 敢此仰訴爲白去乎 上項趙士寬船人沙工捉來 橫叛主人之罪 各別嚴治後 前後口文 一一推給爲白只爲 行下向教是事 漢城府處分".
73) 『開城留營關牒』 1(奎 15118), 癸未(1863) 정월 15일.
74) 李炳天, 앞의 논문, pp.151~152.
75) 車文燮, 「均役法의 實施」, 『한국사』 13, 국사편찬위원회, 1978, pp.245~247.
76) 崔完基, 앞의 책, pp.173~176.
『萬機要覽』 財用編 3, 海稅.

고 이전의 표는 반납해야 했다.77)

그러나 실제로는 선세라는 명목으로 걷는 잡세가 많았고 선박의 총수가 줄어들어도 납부액은 변하지 않았기 때문에 연해민의 부담은 가중되었다.78) 더욱이 지토선이나 포구를 출입하는 선박 등은 세곡운송 등 지방관이나 국가의 필요에 의해 강제 징발당하였으므로 선상의 자유로운 상품유통이 저지되었다.79)

그런데 19세기 이후 대포구 주변에 소포구가 늘어나면서 **浦口主人**들 간에 지나가는 상선을 서로 자신의 포구로 유치하려는 상선 **執捉**경쟁이 발생하였다. 선상은 대포구에서의 과중한 수세와 **船主人層**의 횡포를 피해 수세량이 가벼운 주위의 소포구로 거래처를 **옮겨** 이윤획득의 길을 모색하기도 하였다.80)

이상과 같이 조선후기의 선운업은 일반적으로 선상이 상품유통을 담당하는 한편으로 세곡이나 개인의 화물을 운송하는 임운활동을 겸하였으므로 상업과 운송업이 분리되지 않는 단계에 있었다. **私船**의 선주로서 항해술과 조선술을 발전시켜 나간 경강선상은 18세기 이후 세곡과 지주의 지대곡 등 곡물의 임운활동을 통해 점차 전문적인 운송업자로 성장하였고, 18세기 후반 전국적인 곡물시장의 형성을 배경으로 하여 적극적으로 무곡활동을 함으로써 자본을 집적해 나갔다. 선상의 이윤축적을 제약하는 봉건적인 수탈이 강화되었지만 경강선상 중에는 여객주인업을 겸하여 **都賈商業**을 전개함으로써 경강의 대

---

77) 『萬機要覽』財用編 3, 海稅 掌標.
78) 『備邊司謄錄』제201책, 순조 11년 3월 18일 慶尙道陳弊冊子.
79) 『純祖實錄』권 32, 순조 32년 2월 丙午 "公忠監司 洪義瑾疏略曰 本道稅穀之以再運之弊 昨冬因大僚筵白 使各其邑 依元定限賃船裝發矣…沿邑之今所執捉 不過道內之地土船 及浦口之過去船 而地土船 則拘留不放 漁鹽失逐利之業 過去船 則勒卸私卜 商賈阻貿遷之路".
80) 高東煥, 앞의 논문, 1985, p.298.

표적인 상업세력으로 성장한 상인들도 있었다.

2. 開港初期 淸·日商의 海路를 통한 침투

1) 淸·日本의 海運權 침탈

1876년(고종 13) 조선은 일본의 강요로「丙子修好條約」을 체결하여 부산을 비롯한 3항구를 개항장으로 개방하였고 이에 따라 對日貿易을 매개로 세계자본주의체제 속에 편입되었다.81) 1882년 이후 조선은 청국 및 미국·영국 등 구미열강과 불평등조약을 체결하여 서울을 開市場으로 개방하고 개항장 밖으로의 通商權을 허용하였으며,82) 청일전쟁 후에는 개항장을 鎭南浦(1897)·木浦(1897)·馬山(1899)·群山(1899)·城津(1899)·평양(1899)·義州(1904)·龍岩浦(1904) 등으로 확대, 개방하였다.

대외무역량의 연간총액은 1880년 이전에는 수십만 원~200여만 원에 불과했으나, 1880년대 말에는 400만여 원 이상으로 증가하였고 1890년대 말에는 1,000여만 원~2,000여만 원으로 급증하였다.83) 무

---

81) 姜德相,「李氏朝鮮開港直後における朝日貿易の展開」,『歷史學硏究』265, 1962.
  金敬泰,「對日不平等條約 改正問題發生의 一前提」,『梨大史苑』10, 이화여대 사학과, 1972 참조.
82) 內地通商權·연안무역권·연안해운권 등의 허용을 핵심으로 하는「朝英修好通商條約」(1883)을 전형으로 성립된 불평등조약체제에 대해서는 李炳天,『開港期 外國商人의 侵入과 韓國商人의 對應』, 서울대 경제학과 박사학위논문, 1985 참고.
83) 梶村秀樹,「李朝末期綿業の流通および生産構造」, 1968,『朝鮮における資本

역구조는 주로 쌀·콩 등의 곡물 및 금·牛皮의 수출과 金巾(카네킨, 玉洋木)·寒冷紗 등 자본제 면제품 수입을 주축으로 이루어졌다. 곡물의 對日流出은 일본자본주의의 구조적 취약성에서 비롯된 쌀부족 때문에 확대되었는데, 곡물수출을 위한 유통기구를 개항장 중심으로 새로이 형성하고 곡물유통권도 개항장 중심으로 재편하였으며,84) 조선경제의 單作化를 가져왔다. 반면 단순하던 수입품의 구성은 점차 麻布·絹布·석유·성냥·소금 등으로 다양해져 외국자본주의의 경제적 침투가 심화되었다.85)

조선의 대외무역은 일본과 청국이 거의 독점하였다. 일본은 영국산 자본제 면제품인 금건·한냉사 등을 조선에 중계 수출하고 조선의 쌀·콩 등의 곡물과 금·우피 등을 수입하여 일부는 재수출까지 하였다.86) 1894년 이후에는 일본목면·쉬팅(sheeting, 粗布 또는 廣木)·紡績絲 및 소금 등 자국산품의 수출량이 증대되지만 일본의 주된 수출품은 여전히 금건류·석유 등 서양제품이었다.87) 청은 홍삼·해삼·韓紙·五倍子 등 외에는 조선으로부터 수입할 것이 없어 수

　　　　主義の形成と展開』, 東京, 龍溪書舍, 1977, pp.22~23.
　　吳斗煥, 『韓國開港期의 貨幣制度 및 流通에 관한 硏究』, 서울대 경제학과 박사학위논문, 1984, p.33.
　　李憲昶, 『開港期 市場構造와 그 變化에 관한 硏究』, 서울대 경제학과 박사학위논문, 1990, p.100의 표 참조.
84) 吉野誠, 「朝鮮開港後の穀物輸出について」, 『朝鮮史硏究會論文集』 12, 東京, 朝鮮史硏究會, 1975, pp.36~53.
85) 李憲昶, 앞의 책, pp.93~116.
86) 1885년의 경우 재수출액은 거의 절반에 가까웠고 재수출품 중 가장 비중이 큰 것은 우피였는데 91%가 중국으로, 나머지 9%가 영국으로 재수출되었다(『通商彙編』 "明治15年度朝鮮國釜山港商況報告", p.227 ; 村上勝彦, 「植民地」, 『日本産業革命の硏究』 下, 東京大出版會, 1975, 정문종 역, 『식민지』, 한울, 1984, p.15). 미곡은 일본쌀과 섞여서 구미로 수출되었다(金敬泰, 앞의 논문, p.52).
87) 李憲昶, 앞의 책, pp.93~116.

출초과분에 대해 砂金·금괴 등을 수입하였고 주된 수출품은 견직물과 금건 등의 영국제 면제품이었다.

이처럼 구미 산업자본주의에 종속된 가운데 자본의 原始的 축적단계에 있던 일본과 청의 대조선 수출무역은 주로 영국산 자본제 면제품을 중계 수출하여 상업이윤을 취하는 무역형태였다. 그러므로 청국상인과 일본상인은 수입품의 중계무역 이익을 서로 다투며 상권경쟁을 치열하게 전개하였다. 조선에 진출한 청상은 청일전쟁 이전까지는 막강한 청국의 세력을 배경에 두고 있기도 하였지만 풍부한 자금력과 저렴한 금리, 자본제 면제품의 집산지인 上海와의 直貿易에 의한 상품 原價의 저렴, 신용을 중시하는 상거래방식, 청국상인 특유의 조직적 단결력과 근검, 전신에 의한 신속한 정보망 등을 바탕으로 점차 상권을 장악해 나갔다.88)

이에 반해 조선에 진출한 일본상인은 대부분 자금을 은행의 융자에 의존할 정도로 영세하였다.89) 그러므로 유통비용의 절감이 상권유지에 있어 없어서는 안될 요건이었다. 수입품의 판매가격은 구매력과 직결되어 판로를 좌우하는데 유통과정의 단축과 운임의 절감, 즉 유통비용의 절약에 따라 어느 정도 하락시킬 수 있었다.90) 주로 일본으로 수출되는 쌀 등의 수출품의 경우에도 유통비용의 절감은 원가의 하락과 직결되었다. 그러므로 생산지나 집산지에서 直送하는 직

---

88) 『通商彙纂』 제8호 부록 "明治26年中仁川港商況年報"(1894년 8월).
89) 高嶋雅明, 『朝鮮における植民地金融史の研究』, 東京, 大原新生社, 1978, p.15.
   일본상인은 海關稅 취급특권을 가진 第一銀行으로부터 조선정부의 해관세 예금을 상업자본으로 대부받는 것 외에도 조선에 진출한 제18·58·102 국립은행으로부터 자본을 융통받을 수 있었다.
90) 荷物의 原價는 하물의 산출지나 제조지에서의 가격에 揚陸항구까지의 운송비·보험료·口錢을 더하여 정하였다(國會圖書館立法調査局 編, 『舊韓末條約彙纂』 上, 1964, p.141 "朝·日通商章程" 제9관).

무역이 절대적으로 유리하였다.

　수출입품을 직접 수송하여 거래하는 직무역체제를 構築하는 데서 가장 중요한 기반은 상품의 유통거점을 연결하는 直通定期航路 개설이었다. 항로개설을 통한 해운권의 장악은 경제적 이권신장의 발판일 뿐 아니라 정치·군사적 세력확장의 초석이었다.[91] 기선은 특히 유사시 군사우편물 및 군대·군수품 등의 신속한 수송을 맡아 전쟁을 승리로 이끄는 데 중요한 역할을 하였다. 이같은 해운권의 중요성을 인식하여 열강은 조선과 체결한 조약에서 자국 선박에 의해 개항장 간을 왕래할 수 있는 沿岸海運權을 규정하였다. 그런데 청·일본과 같이 민간자본의 축적이 빈약한 나라에서는 막대한 자본과 고도의 기술이 필요한 해운업이 민간의 힘만으로는 성장하기 어려웠다. 그래서 양국은 해운업의 육성과 해외진출을 위해서 재정지원을 아끼지 않았다. 양국은 조선과 통상관계를 맺자마자 對朝鮮航路를 결정하고 자국의 기선회사에 보조금을 지급하여 기선을 정기적으로 운항시켜 무역품의 대량수송 체제를 갖추었다.

　청국과 일본 외에도 영국·독일·미국·러시아 등 서구열강에 의해 해운업의 침투가 시도되었지만[92] 서구열강의 해운업은 상인의 진출이 미미하여 통상확대와는 별로 관계가 없었다.[93] 그러면 조선의

---

91) 海運經濟論에 입각해 볼 때 근대사회에서 국제적 항로는 국가적 航權의 신장을 목표로 한다. 따라서 항로를 개설할 때에는 정치, 경제적 현황 및 장래의 개발가능성을 충분히 고려하여 국민경제적 요구와 국가통치상 필요성에 따라 결정해야 한다(金孝錄, 『海運經濟論』, 章旺社, 1955, p.104).
92) 孫兌鉉, 「舊韓末의 官營汽船海運에 關한 硏究」, 『東亞論叢』 7, 동아대, 1970, pp.183~195.
93) 영국의 怡和洋行과 독일의 世昌洋行이 청의 상해를 거점으로 하여 대조선 항로를 개설하고, 러시아의 東洋汽船會社는 블라디보스토크를 거점으로 상해와 조선을 연결하는 항로를 개설하였지만, 이들 서구열강과 조선과의 무역은 활발하지 않았고 그 기선을 주로 청국상인이 이용하였으므로 본고에서는 서구열강의 해운업침투에 대해 본격적으로 다루지 않겠다.

대외무역을 거의 독점한 일본과 청국의 해운업이 개항 초 조선에 어떻게 침투하였고 이를 토대로 청국상인과 일본상인은 어떻게 상권을 확장하였는지 주로 海路를 통한 침투양상을 중심으로 살펴보기로 한다. 뒤의 <부록>에서 알 수 있듯이 조선의 개항장에 출입한 선박의 수나 톤수에서 일본선박이 늘 압도적인 비중을 차지하고 있었지만 상권장악에 유리한 직무역체제와 관련시켜 볼 때 청의 해운업진출은 일본에 대단히 위협적이었다. 청·일의 해운업침투와 경쟁은 양국 정부의 해운정책과 자금지원 아래 정기항로가 개설되는 경위와 기선운항 실태를 통하여 알 수 있다. 청의 정크선과 일본 범선의 출입도 빈번하고 밀무역에 종사하여 보고되지 않은 것을 합하면 수송화물도 상당량에 달하였겠지만, 해관에서 파악한 범선의 총 톤수는 기선에 비하여 1/10 정도에 지나지 않았고 부정기적으로 왕래하였으므로 연구대상에서 제외하였다.

(1) 日本의 航路開設

일본은 해로를 통한 통상의 기본 조건으로서 조선 연안에서의 자국 선박의 자유로운 항행을 인정하는 조항을 설정하였다. 즉 일본선박은 조난을 당하거나 薪糧을 구할 때 조선의 항만에 寄泊하여 위험을 피하고 필요한 물품을 구입할 수 있었으며 해안을 자유롭게 측량할 수 있었다.[94] 그리고 日本商船은 港稅를 납부하면 개항장에 출입할 수 있고 조선정부나 조선정부의 免狀을 받은 조선인에게 고용되었을 때에는 물품을 싣고 不開港場도[95] 항행할 수 있었다.[96]

---
94) 『舊韓末條約彙纂』 上, pp.10~15 "朝日修好條規" 제6·7관. 두 조항은 1876년 8월에 조인된 "朝日修好條規 附錄"의 제9·10관에서 각각 내용이 보충되었다(『舊韓末條約彙纂』 上, pp.19~23).
95) 사료에 통상을 허용하는 연안의 항구는 대체로 '通商口岸'이라고 표현되고 있고 아직 개방되지 않은 연안 및 하안의 포구를 가리키는 용어로는

<표 1> 1876~1881년 조선의 개항장에 출입한 일본선박

선박＼연도	기선		총척수	서양형 범선		총척수	합계		일본형 범선(和船)
	일본기선			일본범선			척수	배수량	척 수
	척수	배수량		척수	배수량				
1876									100
1877			6				6		318
1878			13				13		236
1879			30	11		11	41		644
1880			39	118		118	157		495
1881			51	135		135	186		232
합계	137	39,168	139	264	21,424	264	403	60,590	2,025

전거: 러시아 大藏省, 1900, 韓國精神文化硏究院 편역, 『國譯韓國誌』, 1984, p.538.

 이러한 연안해운권과 연안무역권을 토대로 일본선박은 위의 <표 1>과 같이 개항장에 빈번하게 출입하면서 무역을 독점하였다. 이 표에 의하면 1876~1881년 조선의 개항장에 출입한 일본선박은 초기에는 일본형 범선(和船)이 대부분을 차지하였으나 1880년부터 그 수가 급격히 감소하는 대신 서양형 범선의 출입이 현저하게 늘어났으며 기선도 1877년 6척에서 1881년 51척으로 늘어나 톤수에서는 서양형 범선을 능가하였다.

'不通商口岸'이나 '未通商口岸'이 사용되고 있다. '通商口岸'은 '開港場'으로 통칭되고 있으므로 '不通商口岸'은 '不開港場'으로 통일하여 부르기로 한다.
96) 『舊韓末條約彙纂』 上, pp.112~117 "朝日貿易規則" 제1~8則. 이 중 제8칙의 원문은 다음과 같다.
 "朝鮮國政府 或其人民 除指定貿易口之外 欲運輸各物件 於他口岸 得雇日本國商船 雇主如係人民 照朝鮮國政府准單 而後雇役".

제2장 開港前後 船運業의 실태와 외국상인의 침투 43

　　그러면 개항 초기 일본기선의 운항실태에 대해 살펴보기로 하자. 일본은 「朝日修好條規」 제4관에서 倭館貿易이 이루어지고 있던 釜山의 草梁을 개항장으로 지정하고, 개항 직후인 1876년 11월부터 나가사키(長崎)에서 고토(五島)·쓰시마섬(對馬島)을 거쳐 부산항으로 통하는 郵便線路를 개설하여 郵便汽船 미쓰비시(三菱)會社의97) 기선 浪華號를 다달이 정기 운항시켰다.98) 이 나가사키-부산선은 일본정부의 민간해운 보호정책에 따라 미쓰비시가 15년 간 지급받기로 한 연간 25만 엔의 해운업 助成金 중 1/5이 배당된 명령항로였다.99) 쌀·콩·우피·해삼·金巾·銅 등 상품의 적하량이 점차 증가하여 荷客을 다 싣지 못할 정도가 되자 미쓰비시회사는 1880년 3월부터 항해정박일수를 단축하여 1개월에 2~3회의 비율로 운항하고 發船地를 나가사키에서 코오베(神戶)로 바꾸었다.100)

---

97) 三菱會社는 1870년 10월 岩崎彌太郞이 세운 土佐의 99商會에서 출발하였고 廢藩置縣에 즈음하여 기선을 불하받아 1873년 三菱商會로서 해운업을 시작하였다. 1874년 일본의 臺灣 정벌 때 정부소유의 외국선 13척을 위탁받아 군사수송에 참여한 이래 1875년 1월 미국의 해운업진출에 대항하기 위해 정부로부터 上海航路開設 명령을 받아 일본 최초로 해외 정기항로를 개시하면서 해운기업으로 성장하였다. 1875년 8월에는 일본정부의 민간해운 보호정책에 따라 官船 13척을 무상으로 불하받고 연 25만 엔의 助成金을 15년 간 지불받는 등 특혜를 받았다. 1876년 1월 운요호사건 때에는 이 회사소속의 기선 11척이 징용되었다.
日本郵船株式會社, 『日本郵船株式會社五十年社』, 1935, pp.5~10 및 p.16 참고.
98) 日本外務省 編, 『日本外交文書』 1877년 8월 20일.
大阪商船株式會社, 『大阪商船株式會社五十年史』, 1934, p.189.
이하 항로는 <附圖 1>과 <附圖 2>를 참조.
99) 『日本郵船株式會社五十年社』, pp.11~16.
100) 『日本外交文書』 1880년 3월 1일.
1881년 3월부터는 일본 大城府의 住友家에서도 大阪-神戶-馬關-博多-長崎-對馬島-釜山 간을 매달 2회씩 기선을 운항시켰다고 하는데, 이 노선이 언제까지 계속되었는지는 확인할 수 없다(日本外務省 編, 『通商彙編』 제23호, p.131).

코오베는 오사카(大阪)와 더불어 일본의 대표적인 공업지대로서 조선산 쌀의 주요 수요지였다.101) 일본으로부터 수입되는 방적사와 잡화 등 수입화물의 절반 이상은 오사카에서 매입되었고 生金巾은 나가사키 居留 청국상인을 통하거나 코오베에서 매입되었으며 일본목면은 오사카와 尾州・三州에서 매입되었으므로,102) 이후 조선과 일본 간의 정기항로는 대개 오사카와 코오베・나가사키를 기점으로 하였다.

이와 같이 일본은 미쓰비시회사에 지원하는 해운업 조성금의 1/5을 부산항로 유지에 배당함으로써 무역의 진흥을 꾀하여 대조선 수출품의 9/10에 가까운 서양제품의 중계무역에서 폭리를 취하는 한편103) 값싼 조선 쌀을 공업지대의 노동자에게 공급하여 자본의 원시적 축적을 촉진할 수 있었다.

일본은 부산에 이어 함경도와 강원・황해・평안도 및 한성을 연결하는 조선 굴지의 대시장으로서 생선・소금・미역・細布・蔘 등이 대량으로 거래되던 元山津을104) 개항장으로 요구하고 개항되기 전부터 원산과의 직통항로 개설을 논의하였다. 부산항로를 원산까지 연장하자는 주장도 있었으나, 코오베-원산 간의 항로를 새로 개설하기로 정하여 1880년 3월부터 격월 1회로 기선을 운항하였다.105) 이 항로에는 해운업 조성금과 별도로 항해보조금이 연간 1만 엔씩 지급되었다.106) 그런데 이 때 운항하던 秋津洲丸으로는 관용화물만 실어도 가

---

101) 吉野誠, 앞의 논문, pp.37~38.
102) 『通商彙纂』제167호 "釜山32年貿易年報"(1900년 4월 21일).
103) 『國譯韓國誌』, p.537.
104) 李重煥, 『擇里志』 八道總論 咸鏡道.
　　　高尾新右衛門 編, 『元山發展史』, 大阪, 啓文社, 1916, p.3.
105) 『日本外交文書』 1880년 2월 2・18일.
106) 『日本外交文書』 1880년 3월 19일.

득차서 무역품을 제대로 수송할 수 없었으므로 원산과 부산거류 일본상인은 원산과 부산주재 영사에게 각각 탄원서를 제출하여 增航을 요청하였다.107)

일본상인의 기선증항 요구는 당시의 조·일무역의 발전상과 함께 자본이 빈약한 일본상인의 처지를 반영한 것이었다. 일본상인은 기선이 입항하기 전에 금건·한냉사·동·염료 등의 수입품을 모두 팔고 쌀·콩·우피·금 등 수출품을 매수해 놓았을 경우 하는 일 없이 기선이 돌아오기만을 기다려야 했으므로 매입화물의 자연소모가 컸다.108) 더욱이 당시 일본상인들은 영세하여 은행에서 하루에 1.5% 정도의 높은 금리로 자금을 융자받았기 때문에109) 다음 기선이 올 때까지 2개월 동안이나 물건을 쌓아두었다가 팔 여유가 없었다. 따라서 일본상인은 4, 5일 간 기선이 정박하는 동안에 매매를 끝내야 했으며, 때로는 손해를 보면서 일본시세보다 싼 값으로 수입품을 판매하기도 하였다.110)

한편 1880년부터 한반도를 둘러싼 정세가 변화하고 있었다. 청의 주선으로 조선과 미국 간의 수교교섭이 진행되고 있었고, 조선에 관심을 가지게 된 서구열강이 신문지상에서 조선에 관한 정보기사를 싣거나 군함을 조선 각처에 파견하여 정세를 살피고 있었다.111) 이 때 일본정부는 구미열강이 진출하기 전에 조선에서 확고한 지위를 차지해야 하는데 이 목적을 달성할 수 있는 가장 긴요한 방법은 조선 각 지방으로의 왕복항로편을 마련하는 것이라고 보았다.112) 무역

---

107) 『日本外交文書』 1880년 5월 18·25·28일자 부속서.
108) 『日本外交文書』 1880년 10월 5일.
109) 『通商彙編』 "明治18年仁川港商況報告", p.358.
110) 『通商彙編』 "明治14年朝鮮國元山港輸出入商況槪略", p.119.
111) 『日本外交文書』 1880년 12월 11일.
112) 위와 같음.

확장을 위해서뿐 아니라 정치적 세력확대를 위하여 해운권의 장악이 중요하다고 인식한 것이다.

그리하여 일본정부는 1881년 2월 나가사키에서 부산-원산을 경유하여 露領 블라디보스토크(海蔘威)항을 왕복하는 항로를 신설하고 기선을 월 1회 정기 운항하기로 하였다.113) 그리고 기선 구입자금으로 미쓰비시회사에 은화 8만 엔을 무이자로 10년 동안 빌려주었다.114) 이 항로는 나가사키에서 요코하마(橫濱)-上海線 및 나가사키-天津線과 연결하여 청-일본-조선의 중계무역이 원활해지도록 배려하였고 그 해 5월에 기존의 나가사키-원산선은 폐지되었다.115)

그런데 인천의 개항 후 원산에서 주로 거래하던 평안도·경기도의 조선상인들이 교통이 편리해 교역조건이 좋은 인천으로 商路를 바꾸고 일본상인도 인천항으로 진출하고 있었다. 원산항은 이러한 영향으로 1883년의 무역액이 급격히 감소하여 1882년의 절반에도 미치지 못하였다.116) 원산항의 무역부진은 이후에도 크게 호전되지 않았으므로 1889년 봄 나가사키-부산-원산-블라디보스토크 간의 항로를 코오베까지 연장하되 4주에 1회로 횟수를 줄여 운항하였다.117)

한편 일본은 조선 초에 軍港이었으나 임진왜란 후에는 작은 어촌에 불과하게 된 인천을118) 개항장으로 정하고 개항을 앞둔 1882년 10월에 항로개설을 논의하였다. 그러나 항해할 때마다 800엔씩, 즉

---

113) 『日本外交文書』 1881년 2월 28일.
114) 위와 같음. 井上馨 일본 外務卿은 이 해운업이 소자본으로 막대한 국익을 올리는 사업이라고 높이 평가하였다.
115) 『日本郵船株式會社五十年史』, pp.85~86.
116) 『通商彙編』 "明治16年下半季朝鮮國元山港商況報告", p.211 및 "明治17年下半季元山港之部", p.224.
117) 『日本郵船株式會社五十年史』, p.86.
118) British Diplomatic and Consular Reports on Trade and Finance, Corea, 1883년도, p.4.

연간 8,800엔의 항해보조금이 필요하다는 문제점에 부딪혀 곧 실행하지 못하였다.119) 그런 가운데 영국의 怡和洋行이 상해-부산-인천-나가사키 간의 정기항로를 개설하여 1883년 8월부터 기선 南陞號(Nanzing)를 월 2회로 운항하면서 무역품을 수송하고 조선정부로부터 稅穀輸送 특권까지 얻었으므로120) 조선의 연안항로를 독점하고 있던 일본에 커다란 위협으로 등장하였다.

이에 다급해진 일본은 인천항로 개설문제를 다시 논의하여 종래 부산항까지 운항하던 우편선을 인천까지 연장하여 매달 1회 운항하기로 하였다. 그리하여 1883년 10월에 코오베-시모노세키(下關)-나가사키-고토-쓰시마섬-부산-인천 간을 미쓰비시의 瓊浦丸이 정기 운항하였고 1885년 6월부터는 발항지를 나가사키로 바꾸어 매달 2회 운항하였다.121) 이 항로의 경영을 위하여 일본정부에서는 연간 8,800엔의 보조금을 지급하였다.

이상 일본의 대조선항로 개설과 유지과정을 살펴본 결과 일본의 해운정책은 민영해운기업을 보호 육성하여 무역확장을 위한 토대를 마련하고 유사시 군사수송에 동원하려는 데 목적이 있었음을 알 수 있다. 또 일본정부가 대조선항로의 개설과 유지를 위해 막대한 지원을 아끼지 않은 것은 구미열강이 진출하기 전에 조선에서 확고한 지위를 차지하려면, 무엇보다도 조선 각 지방으로의 왕복항로편을 마련하는 것이 긴요하다는 인식이 바탕에 깔려 있었다. 연안해운권의 장

---

119) 『仁川府史』, p.764 ; 『日本外交文書』 1882년 10월 31일, 1883년 7월 30일.
120) 『英案』 1, 고종 21년 8월 13일.
　　高柄翊, 「穆麟德의 手記」, 『震檀學報』 24, 1963, p.162.
　　孫兌鉉, 앞의 논문, pp.183~195.
121) 『日本外交文書』 1883년 8월 15일, 9월 21일자의 附記二(1883년 7월 30일), 1886년 4월 22일.

악을 통해 정치·경제적 세력을 확장하려는 일본의 의도는 1882년 이후 영향력이 확대된 청 및 조선과 통상조약을 체결한 구미열강의 해운업이 진출해옴에 따라 견제를 당하게 되었다.

(2) 淸의 航路開設

조선과 청국 간에는 義州·會寧·慶源에서 開市라는 官貿易이 시행되고 있었으나 여러 폐단이 야기되고 있었다. 개시가 열리는 변경의 지방민에게 과중한 供饋費를 부담시켜 流民을 낳는가 하면 1년에 1, 2번 20여 일 동안만 열리는 제한된 무역에 만족하지 못하는 양국 상인들간에 밀무역이 성행하고 있었다.122) 조선정부는 1881년 말부터 이러한 폐단을 시정하기 위하여 朝貢을 폐지하고 근대적인 통상관계를 수립할 것을 청에 제의하였다.123) 그러나 청은 종속관계를 유지한다는 전제 위에서 통상문제를 다루었고 이 교섭은 壬午軍亂의 발생으로 중단되었다. 청은 임오군란을 진압한 후 조선에 대한 영향력을 강화하여 對日 견제책으로서 서구열강과의 통상조약 체결을 알선하는 등 정치적 간섭을 꾀하였을 뿐 아니라 재정위기에 직면한 조선에 차관을 제공함으로써 적극적으로 경제적 침투를 추진하였다.124) 청이 조선의 해운권을 획득한 것은 통상조약을 체결하기 이전 차관을 제공하는 대가로서 이루어졌다.

1882년 9월 임오군란의 평정에 대한 감사표시와 대원군의 조속한 환국요구를 위하여 청에 파견된 陳奏正史 趙寧夏와 副使 金弘集은

---

122) 金鍾圓,「朝淸商民水陸貿易章程의 締結과 그 影響」,『한국사』 16, 국사편찬위원회, 1975, pp.142~143.
123) 金鍾圓,『朝淸交涉史研究-貿易關係를 中心으로-』, 서강대 사학과 박사학위논문, 1983, pp.123~128.
124) 金正起,「朝鮮政府의 淸借款導入(1882~1894)」,『韓國史論』 3, 서울대, 1976, pp.409~489 참고.

'善後事宜六條'를 제시한 후 세관업무를 담당할 외국인 고빙과 차관 제공을 정식으로 요청하였다.125) 청측은 이를 받아들여 10월 1일 招商局과 鑛務局이 조선에 50만 냥을 제공한다는 차관합동을 맺었고 이 때 초상국은126) 그 대가로 조선 개항장의 租借權을 획득하였다.127) 그리고 사흘 뒤인 음력 8월 23일에 체결된「朝淸商民水陸貿易章程」제7조에서 海路通商을 위하여 초상국 輪船의 정기 운항과 청 兵船의 조선연해 왕래 및 정박을 규정하였다.128) 그런데 초상국 윤선의 정기 운항은 곧 실시되지 않았다. 임오군란 때 출병한 청군 3,000명이 南陽灣 馬山浦·한성·수원 등에 주둔하여 군함이 계속 왕래하였고 청상도 이 군함편을 이용하여 한성까지 진출하였으므로 초상국 윤선의 운항이 시급하지 않았기 때문이다.129)

청의 정기항로 개설은 1883년 11월 조선의 統理各國事務衙門과 청국 上海輪船招商總局 간에 체결된「輪船往來上海朝鮮公道合約章程」에 의하여 비로소 실현되었다.130) 청은 조·청 간의 公翰輸送을 주목적으로 하여 종주국으로서의 권위를 내세우고자 하였지만, 조선은 교섭의 실무진이었던 독일인 總稅務司 묄렌도르프(P. G. Möllendorf,

---

125) 中國近代史資料彙 編,『淸季中日韓關係史料』3, 臺北, 中央硏究所, 1972, pp.910~917.
126) 초상국은 李鴻章의 건의로 1872년 上海에서 창립된 官督商辦의 해운회사로, 그 설립목적은 군사공업에 필요한 원료와 연료의 수송, 海防, 외국에 의한 해운독점 타파에 있었다. 이 회사는 기선을 구입할 때 청정부의 보조를 받고 官糧 및 官物 수송의 특권을 얻어 크게 발전할 수 있었다. 宮崎市定,「招商局の略事」,『東洋史硏究』11-2, 1952 ; 芝原拓自,「明治維新と洋務運動」,『日本近代化の世界史的位置-その方法論的研究-』, 東京, 岩波書店, 1981, pp.329~455 참고.
127)『淸季中日韓關係史料』3, pp.967~970.
128)『舊韓末條約彙纂』下, pp.397~398.
129)『通商彙編』"在韓支那人の商況", pp.327~329.
130)『淸案』1, 고종 20년 10월 2일.

穆麟德)가 피력한 견해에서 나타나듯이 무역진흥과 세금증대를 위하여 조·청 간에 정기항로를 개설해야 한다는 입장이었다.131) 초상국은 필요에 따라 언제든지 운항비를 조선으로부터 지급받을 수 있고 결손이 생기면 인천 해관세에서 塡補받을 수 있다는 유리한 조건 위에서 그 달부터 매달 1회 富有號를 파견하여 상해-인천 간을 정기 운항시켰다.

그리고 그 해 12월에 청은 결손방지와 조선측의 관세수입 증대라는 명분을 내세워 조선과 續約을 체결하였다. 그 내용은 항로를 상해-인천 간에서 상해-烟臺-나가사키-부산-인천 간으로 우회하여 청과 일본·조선의 주요 항구를 연결한다는 것이었다.132) 당시 나가사키는 대조선무역의 중계 거점으로서 많은 청국상인이 진출하여 金巾 등의 수입품을 일본상인에게 판매하고 있었으므로,133) 청은 중계무역의 이익을 보다 많이 취하려고 항로를 변경한 것이다. 이제 청은 정치적 목적에서 나아가 실리를 추구하여 경제적 침략의 초석을 마련하려고 하였고, 이 점은 그 해 10월에 파견된 總辦 朝鮮商務委員 陳樹棠이 서울에 公署를 설치하고 인천·부산·원산의 3개항장에 分署를 두는 등 청상을 위해 商務 진흥책을 마련한134) 사실과 보조를 같이하는 것이었다.

그러나 초상국 윤선 부유호는 1883년 11월과 12월, 1884년 1월의 3차례 운항에 그치고 말았다. 부유호가 다른 초상국 윤선과 같이 淸佛戰爭의 발발로 南洋大臣의 특명을 받아 臺灣의 海防廳에 징용되었기 때문이다.135) 그 후 초상국은 조선 개항장의 무역부진으로 기선운

---

131) 『淸案』 1, 고종 20년 12월 14일.
132) 위와 같음.
133) 『日本外交文書』 1889년 5월 28일.
134) 金敬泰, 「甲申·甲午期의 商權回復問題」, 『韓國史研究』 50·51, 1985, p.194.

항에 결손이 많다고 하면서 운항의 중단을 제의하였고 이에 조선정부가 합의하여 기선운항이 중단되었다.136) 그러나 불과 3개월 만에 기선운항이 중지된 데에는 조·청무역의 부진보다는 초상국측의 내부사정이 더 근본적인 원인이 되었으리라고 생각한다. 초상국은 1883년부터 上海 금융공황의 여파로 심각한 운영난에 허덕이다가 1884년 7월에 일시적으로 영국의 旗昌洋行에 매도되었다.137)

2) 淸·日商의 해로를 통한 商權 침탈

조선후기에 板船인 재래선박에 의해 상품을 유통하던 선상의 활동영역은 제한되어 있었다. 동해에 바람이 높고 물살이 급하여 경상도 동해 연변의 諸邑은 강원도 嶺東 제읍 및 함경도와는 서로 선박이 통하나 남쪽 지방의 선박은 거의 왕래하지 않았으며 황해도의 長山串은 암초가 있고 풍랑이 심하여 선인이 왕래하기를 두려워하였다.138) 그래서 상품유통권이 동해안과 서해안으로 나뉘고 서해안은 장산곶을 경계로 그 이북과 이남으로 나뉘어 있었다.

그런데 개항 후 견고한 일본기선이 개항장을 빈번하게 출입하면서 조난의 위험이 많은 재래선박을 대체해 海路의 장애를 극복하고 있었다. 이를테면 종래 육로를 통해 松隅를 거쳐 서울로 수송되던 함경

---

135) 『淸案』 1, 고종 21년 2월 26일.
　　朴赫淳, 「1883년 上海金融恐慌과 官督商辦企業」, 『東洋史學研究』 20, 서울대 동양사학과, 1984, p.26.
136) 『淸案』 1, 고종 21년 윤 5월 7일.
137) 朴赫淳, 앞의 논문, pp.26~27.
138) 徐有榘, 『林園經濟志』 倪圭志 권 2, 貨殖 貿遷 船利. 동해는 특히 봄과 여름에 바람이 심한 날이 많아 북관지방으로 선운하던 영남지방의 세곡이 영동에서 치패되는 사고가 자주 발생하였다(『備邊司謄錄』 제22책, 영조 27년 3월 16일).

도의 명태·삼베 등은 기선에 의해 원산과 부산을 거쳐 수송되었다.139) 교통의 편의와 함께 개항장은 금융기관이나 전신시설 등 근대적인 유통수단이 정비되어 대외무역의 중심지가 되었고 개항장 간 및 개항장과 불개항장 간의 무역을 통하여 국내의 원격지 간 유통의 중심지로도 성장하였다. 각 개항장은 연해와 내륙지방에서 이입된 쌀·콩·우피·한지 등의 국산품을 외국으로 수출하거나 다른 개항장에서 실려온 수입품을 각 지방으로 散布하여 외국무역을 위한 국내무역의 역할을 하는가 하면 개항장에 이입된 면포·명태·모시·베 등의 국산품을 각처로 산포하는 기능을 하였다.140)

개항 초 일본상인의 활동범위는 조계로부터 사방 10리로 한정되었다가 1882년 7월에 50리로 확대되었으나141) 1883년 이전까지는 개항장이 아닌 포구나 내륙지방으로 들어가 직접 수출입품을 거래할 수 없었다. 그래서 수출입무역에 종사하는 내외국상인을 상대로 매매를 주선하는 새로운 유통조직으로서 개항장을 기반으로 하는 객주가 출현하였다. 선상은 집산지의 포구에서 객주를 통해 구입한 상품을 개항장으로 수송해 외국상인에게 팔거나 수입품을 외국상인에게 구입할 때 다시 개항장 객주의142) 주선을 거쳐야 했다. 따라서 개항장

---

139) 『各廛記事』 天卷, 戊申(1788) 4·5월 ; 『通商彙編』 1883年 上半季 "元山港之部", p.109.
140) 李憲昶, 「韓國開港期의 商品流通과 市場圈」, 『經濟史學』 9, 1985, pp.165~174.
141) 『舊韓末條約彙纂』 中, pp.47~49 "韓國間行里程協定約書". 제물포조약과 함께 체결된 「朝日修好條規續約」 제1관을 근거로 함.
142) 개항장 객주는 산지나 소비지의 객주와 마찬가지로 위탁매매, 외국상인과 조선상인이 발행한 어음의 인수 및 할인 등 금융주선을 하였고 독자적으로 상업활동을 전개하는 경우도 있었다(李炳天, 『開港期 外國商人의 侵入과 韓國商人의 對應』, 서울대 경제학과 박사학위논문, 1985, p.72 ; 나애자, 「개항후 외국상인의 침투와 조선상인의 대응」, 한국역사연구회 편, 『1894년 농민전쟁연구』 1, 역사비평사, 1991, pp.181~182).

에서의 거래는 다음의 단계를 거쳐 이루어졌다.

생산자(소비자) ↔ 행상·중매 ↔ 포구·산지객주 ↔ 행상·선상 ↔ 개항장 객주 ↔ 거류지 외국상인(→ 국산품, ← 수입품)

그런데 「조청상민수륙무역장정」에서 청국이 획득한 '漢城開棧權'과 「朝英修好通商條約」에서 영국이 획득한 '內地通商權'을 열강이 균점하게 되자 일본상인과 청국상인은 개항장 밖으로 들어가 행상을 하였다. 청국상인과 일본상인은 1884년 11월에 100리로 확장된 間行里程에서 자유롭게 행상을 하고[143] 그 밖의 지역에서는 護照, 즉 여행권을 자국 영사로부터 발급받아 '土貨' 즉, 국산품을 구입하거나 수입품을 운송, 판매할 수 있었다.[144] 일본상인은 1887년부터 콩과 우피 買集을 위해 행상을 시작하여 쌀의 수출이 비약적으로 증대하는 1889년 이후 쌀과 콩을 매집하기 위하여 본격적으로 개항장 밖으로 침투하였다.[145] 일본상인은 엽전이나 면제품·잡화류 등의 수입품을 가지고 행상을 하였는데 수입품은 그 판매에 목적이 있다기보다는 대개 판매대가로 엽전을 마련하여 곡물·우피·해산물 등을 매집 수출하려는 데 그 목적이 있었다.[146] 일본상인이 곡물 수출무역에 주력한 반면 청국상인은 금과 홍삼 이외에는 별로 수출할 것이 없었으므로 자본제 면제품의 수입무역에 역점을 두고 그 판로확장을 위하여 1889년경부터 행상을 확대하였다.[147]

---

143) 『舊韓末條約彙纂』 中, pp.52~53 "韓國間行里程協定約書附錄".
144) 「朝英修好通商條約」 제4관 6조에 의거함(『舊韓末條約彙纂』 中, p.328).
145) 『通商彙纂』 제8호 부록 "明治26年中仁川港商況年報"(1894년 8월).
146) 『通商彙纂』 제17호 "明治27年中釜山港商況"(1895년 3월 30일).
147) 『通商彙纂』 제1호 부록 "京畿道及忠淸道地方商況幷ニ農況視察報告"(1893년 10월 21일).

청국상인과 일본상인은 자국 선박을 이용해 개항장 간을 다니며 연안무역에 종사하였을 뿐 아니라 불개항장으로도 침투하였다. 외국 선박의 불개항장 항행은 금지되었으나 조선정부나 정부의 免狀을 받은 조선인에게 고용된 외국상선은 불개항장도 항행할 수 있었으므로,148) 외국상인은 표면상으로만 조선인의 명의를 빌려 자신들의 선박으로 침투하는 경우가 많았다.149) 조선정부는 조선상인의 화물이 적어 선박이 남아도는 상황에서 외국선박을 굳이 고용할 필요가 없다고 보고 외국선박을 고용할 때 본국 관원의 승인을 얻어야 한다고 하는 조약상의 규정을 들어 외국선박의 고용을 허가하지 않으려고 하였다.150) 그러나 이는 외세의 압력으로 관철될 수 없었다.

일본상인은 기선이나 서양형 범선을 이용하여 국내에서만 유통되는 명태·다시마 등 해산물과 백목면 등의 국산품을 운송하여 서울 시장에서 판매함으로써 조선선상은 물론 白木廛·魚物廛 市民 등 시전상인의 상권을 위협하였다.151) 또 일본상인은 운송업에 종사하는 조선船人을 고용하여 직접 산지에 가서 해산물이나 곡물 등을 염가로 매입하여 유통질서를 파괴하였다. 이에 1887년 元山監理가 조선 선박을 고용하여 洪原·北靑 등 함경도 연안지역으로 가려는 일상에게 여행권의 날인을 거부한 일이 있었다.152) 이 때 일본영사는 「조영

---

148) 『舊韓末條約彙纂』中, p.330 "朝英修好通商條約" 제5관 5조에 근거함.
 "朝鮮政府 如遇雇貸英國商船 裝載各貨 前赴朝鮮境內未通商口岸 亦聽其便 朝鮮商民 如欲雇貸英國商船 裝載客貨 赴朝鮮未通商口岸者 應行一體酌准 惟宜先蒙本國官員允許 方可施行"
149) 『仁川府史』, p.783. 정부에서는 이를 단속하기 위해 3개항장에 출입하는 실제의 본국 선박을 조사하였는데 그 이유를 들어 "…以防本地莠民 私將外國船隻 冒用朝鮮旗號 寔合事宜"라고 하였다(『海關案』 1, 고종 30년 11월 10일).
150) 『三港口關草』 2(奎 18082), 丁亥 정월 14일 元山港報題.
151) 『所志謄錄』 (奎 18015), 戊子 9월 18일, 11월 21일 ; 『通商彙纂』 제4호 "明治26年中京城商況年報"(1894년 4월 16일).

수호통상조약」 제4관 6조에 의거하여 외국상인의 '土貨구매권'을 주장하였고, 조선정부는 '토화'를 '陸産'으로 규정하여 외국상인은 행상시 육로나 江運便은 이용할 수 있으나 海路便은 안된다고 하여 해로를 통한 외국상인의 불개항장 침투를 막으려고 하였다.153) 그러나 일본측이 「조영수호통상조약」에 해로편을 금지한다고 명시한 내용이 없으며 '토화'는 '國産'을 의미한다고 강력히 주장하여 결국 여행권의 거부조치는 철회되었다.154)

그리하여 1888년부터 일본상인은 공식적으로 조선선박을 이용해 불개항장으로 직접 들어가 쌀·콩·우피 등 수출품을 구입하였고 이는 1891년에 청국상인에게도 균점되었다.155) 그러나 외국상인은 해관세 지불과 상품 원가의 신고 의무, 조선선박의 대여금, 자국 선박을 이용할 경우 일정 기간의 계약을 맺고 명의를 빌려준 조선인에게 지불해야 하는 대가 및 재계약시 까다로운 절차 등의 부담을 피하기 위하여 여행권없이 불개항장을 몰래 출입하여 밀무역을 하는 자가 많았다.

외국상인은 범선을 이용하여 한강을 통해 직접 서울시장으로 침투하기도 하였다. 1883년 楊花津이 開市場이 된 후 청국의 요구로 청상선의 麻浦寄舶을 허용한 이래 각국 범선이 인천항을 거치지 않고 직접 마포에 잠입하는 사례가 빈번해졌다.156) 정부는 관세의 脫漏를

---

152) 『日案』 1, 고종 24년 4월 1·3일. 여행권은 각국 영사관에서 발급하되 통리아문이나 개항장감리의 副署나 날인이 있어야 유효하였다(『九道四都關草』(奎 18079), 丁亥 1월 24일 關九道).
153) 『日案』 1, 고종 24년 11월 9일.
154) 『日案』 1, 고종 25년 4월 17·20일.
155) 『淸案』 2, 고종 28년 3월 13일.
156) 『海關案』 1, 고종 23년 3월 8일, 7월 5일 ; 『統署日記』 고종 25년 10월 6일.
  金敬泰, 앞의 논문, 1985, p.196.

방지하기 위하여 1889년 10월 마포에 査驗所를 설치하고 「麻浦査驗章程」을 실시해 외국형 범선은 인천에서 관세를 낸 후 물품의 종류 및 건수를 기재한 船免狀을 받고 麻浦海關分局에서 검사를 받아야만 화물을 부릴 수 있도록 하였다.157) 그러나 이러한 단속강화에도 불구하고 외국상인의 불법적 침투는 여전하였고 마포사험소는 무역이 활발하지 않아 冗費가 아깝다는 이유로 혁파되었다.158)

외국상인이 이처럼 합법적이거나 불법적인 모든 방법을 동원하여 개항장 밖으로 침투한 것은 중간상인을 배제하여 유통단계를 단축함으로써 수출품을 싸게 구입하여 이윤을 극대화하고 수입품도 싸게 판매하여 판로를 확장하기 위한 것이었다.159) 종래 외국무역상은 선상이 집산지에서 실어온 수출품을 개항장 객주를 통해 구입하고 수입품도 객주를 통해 선상에게 판매하였는데 이제 점원을 파견하거나 중매상을 통해 집산지의 포구에서 직접 상품을 구입하거나 판매할 수 있게 된 것이다. 그리하여 수출입품의 유통구조는 다음과 같이 개항장 객주과 선상의 유통과정이 생략되는 구조로 바뀌었다.

생산자(소비자) ↔ 행상·중매 ↔ 포구·산지객주 ↔ 거류지 무역
상의 점원·외국중매상 ↔ 거류지 무역상(→ 국산품, ← 수입품)

그런데 앞에서 언급하였듯이 외국상인이 불개항장인 연안포구나 하안의 포구로 들어가려면 조선선박을 이용해야 했다. 외국상인의 개항장 밖으로의 행상이 활발해지면서 조선선상 중에는 전업적인 운송업자로 전환하는 경우가 많았다.160) 이들은 종래에는 선상활동을 통

---

157) 『舊韓末條約彙纂』 下 "麻浦行帆船檢查假規則", pp.513~514.
158) 宋炳基·朴容玉·朴漢卨 編, 『韓末近代法令資料集』 Ⅰ, 국회도서관, 1970, p.88, 1894년 8월 7일 奏本 "麻浦査驗所를 革罷하는 件"
159) 『通商彙纂』 제2호 부록 "朝鮮國中部地方商況視察"(1894년 1월 22일).

해 외국상인과 상권을 다투는 위치에 있었으나 상업이윤을 포기하고 운송업자가 됨으로써 외국상인의 상권확장을 돕는 관계에 놓이게 되었다. 선인 중에는 외국상인과 결탁하여 밀무역을 조장하는 등 매판적인 선인도 있었다.161) 그러나 대부분의 선인들은 외국상인에게 일시적으로 고용되어 운임을 취득하였으므로 매판적이라고 말할 수는 없었다.

한편 조선선인은 일본의 기선이나 범선 등이 횡행함에 따라 타격을 받았다.

> 근래 일본 曳船이 沿浦에 두루 다니며 內地의 곡물을 모조리 수송하여 항구로 가니 賃船의 왕래가 이미 靈星하여 分稅를 징수하는 것이 낭패한 형편입니다.…曳船運貨로 우리 선박이 실업하니 資生할 수가 없습니다.162)

이와 같이 청국상인과 일본상인은 그들에게 절대적으로 유리한 불평등조약체제 아래 본국정부의 재정적 지원을 받는 해운업의 침투에 힘입어 유통비용을 절감한 위에 개항장 밖으로의 행상을 통해 유통단계를 단축함으로써 이윤을 극대화하였다. 외국상인의 행상확대에 의한 유통구조의 변동은 조선상인의 자본축적의 여지를 제약하였고 조선선상의 존재형태에 일정한 영향을 끼쳐 선상 중에는 상업활동을 포기하고 전업적인 운송업자로 전환하는 경우가 많아졌다.

---

160) 구체적인 사례는 제5장 1절에서 상술함.
161) 『三港口關草』 2, 丁亥 3월 25일 關仁港.
162) 『釜山港關草』 1(奎 18077), 癸巳 3월 13일 關釜監.

제 3장 海運政策과 官營海運業의 운영

1. 해운정책의 수립

1) 해운정책의 수립 배경

　조선정부는 1881년 1월에 通商과 외국문물의 수용을 담당하는 統理機務衙門을 설치한 이래 군사제도와 상공업분야 등 각 방면에서 근대화정책을 실시하고 있었다. 운송수단에 대해서도 정부는 1882년 11월 "각국과의 通商時 민간인이 火輪船과 風帆船을 구매하여 公私에 쓸 수 있도록 하라"[1] 고 舟橋司에 지시하여 민간인이 외국선박을 도입할 수 있는 길을 열었다. 이 조치는 근대적인 운송수단을 이용함으로써 당시 교통운수에서 중요한 비중을 차지하고 있는 해상운수분야에서 자본주의적 발전을 도모할 수 있는 계기가 되었다.
　이러한 정책이 수립된 것은 무엇보다도 기선의 이점과 필요성이

---

1)『日省錄』고종 19년 10월 14일.

전실하게 인식되었기 때문이다. 조선후기 이래 漕船과 京江船·地土船 등 재래선박은 규모가 확대되고 造船術도 발달하고 있었으나 板船으로서 구조가 취약하여 침몰이 빈번하였다. 즉 蓬船이라고 불리는 이들 재래선박은 木釘을 사용해 船體가 약하였으므로 심한 풍랑에 난파되기 쉬웠고, 대개 돛으로 목면보다 蓆을 사용하여 속도가 느렸으며 관행상 야간항행이 금지되어 항해시일이 오래 걸렸다.2) 선박의 난파 위험 때문에 선인들의 활동영역은 서해안과 동해안으로 나뉘어져 있었고 봉선으로 수송하는 상품은 대부분 미곡·콩·牛皮와 같이 중량이 많이 나가거나 값이 저렴한 것이었고 고가품은 육로를 이용하였다.3) 그런데 개항 직후부터 증기력을 이용하고 철강으로 만든 대형의 일본기선과 서양형 범선이 개항장을 출입하면서 상품을 안전하고 신속하게 대량 운송하여 商權을 침탈하고 있었다. 특히 개항장 간을 정기적으로 운항하고 있던 기선은 재래선박을 압도하여 우수성이 널리 인식되고 있었다.

기선의 견고성과 신속함을 알게 된 지배층 내부에서는 기선을 도입하자는 논의가 일어났다. 그 활용방안으로는 첫째, 난파가 잦은 재래선박을 기선으로 대체하여 세곡을 안전하게 운송하자는 의견이 제시되었다.4) 둘째는 기선을 도입하여 무역의 진흥 및 海防을 도모하자는 방안이었다. 후자의 방안을 처음으로 제시한 사람은 前主事 柳完秀였다. 그는 富民이 출자하여 윤선을 건조하고 상인이 빌려 쓰도록 하자고 주장하였다.5) 그런데 자본축적이 미약하고 기선의 건조기술이나 항해술이 없었던 당시 실정으로는 그 방안이 당장 실현되기

---

2) 『日韓通商協會報告』 제19호 "朝鮮の運輸", p.205.
3) 『通商彙編』 1884년 下半季 "釜山港之部".
4) 『日省錄』 고종 19년 9월 20일 承文副正字 卞應洙의 상소 및 10월 7일 典籍 卞添의 상소.
5) 『日省錄』 고종 19년 9월 6일 前主事 柳完秀의 상소.

어려웠다. 그래서 兪吉濬은 자본을 집중시킬 수 있는 방법으로서 商船會社를 설립하여 외국기선 및 범선을 구입하고 외국인을 고용할 것을 주장하였다.6) 그 밖에 춘궁기에 서울시장에 미곡을 원활하게 공급하는 수단으로서 기선을 활용하자는 방안도 나왔다. 前正言 李義鳳은 상소를 올려 京江의 米商에 의한 미곡 도고행위 때문에 춘궁기에 서울시장의 미곡품귀가 심각해지고 있는데 이에 대비하여 정부에서 가을에 미곡을 미리 구입하여 각 포구에 쌓아두었다가 봄에 얼음이 녹으면 기선에 의해 서울로 운송하자고 하였다.7)

이러한 논의 가운데 무엇보다도 정부의 관심을 끈 것은 첫번째 방안이었다. 당시 정부는 租稅上納의 愆滯 등으로 인해 심각한 재정위기에 당면하고 있었는데, 기선의 도입은 상납지체의 주된 원인인 作隊制의 폐단을 시정할 수 있는 방법으로 주목되었던 것이다. 그리하여 정부는 기선도입을 허용한 직후인 1883년 1월 초 삼남지방의 조세상납이 지체되는 원인이 京江執籌船에 있다고 하면서 "舟橋司의 집주선을 영원히 革罷하고 금년 봄부터 賃船과 上納戰船을 通用하도록 하라"8) 고 지시하여 100년 이상 실시해 온 작대제를 공식적으로 폐지하였다. 그리고 3개월 뒤인 4월부터 영국기선을 이용하여 세곡의 일부를 운송하였다. 그러면 작대제가 어떠한 폐단을 야기하고 있었는지 검토함으로써 정부에서 외국선박의 도입을 허용하고 기선에 의한 해운정책을 실시하게 된 배경의 한 측면을 살펴보기로 하자.

1785년(정조 9) 작대제의 실시 이후 세곡운송은 전라도와 충청도에서 주교사의 집주선이 담당하는 것 외에도 조선(경상도), 站船(충청도), 訓練都監의 待變船(都監船, 전라도 연해지방 일부), 지토선 등 賃

---

6) 兪吉濬, 『兪吉濬全書』 4, "商會規則".
7) 『日省錄』 고종 19년 11월 10일.
8) 『日省錄』 고종 19년 12월 1일.

船을 수시로 고용함으로써 이루어졌다.9) 세곡운송량은 조선후기 이래의 代錢納 추세의 진전에도 불구하고 1880년 현재 30만 석이 넘었는데10) 잦은 침몰에 따른 조선의 감소와 노후화, 집주선의 감소 등으로 각 읍에 보낼 세곡운송선이 부족하여 私船을 고용하는 경향이 늘어났다.11) 1760년 이후 조선을 이용하여 세곡을 운송해 오던 영남지방의 경우 1879년 현재 改造해야 할 조선이 29척이나 되었는데 깊은 산 속에 있는 松材의 벌목과 수송의 어려움, 경비 과다로 개조가 어려웠다. 또 民도 임선으로 조세를 상납하기를 원하였으므로 당시 개조하고 있는 조선 외에는 羅船이나 지토선의 임대를 허가할 수밖에 없는 실정이었다.12)

그런데 개항 전부터 부족하던 국가재정은 개항 후 개화정책의 수행에 따라 지출이 팽창하였으나 세입이 이에 따르지 못하여 악화되고 있었다. 정부는 개항을 전후하여 재정난을 가져온 상납지체의 원인을 심각하게 논의하였다. 그 논의과정에서 항상 거론되는 것은 조세상납에 관여하는 수령·吏胥·임선 船主 등의 농간이었다. 특히 사선의 선주들은 船價 외에 보다 많은 이익을 확보하기 위해 고의로 선박을 침몰시키는 故敗를 저지르고, 아울러 세곡을 偸食하는 欠逋, 防納, 和水 등의 농간을 일삼았다.13) 그래서 재정난 해소를 위한 개

---

9) 崔完基, 『朝鮮後期船運業史硏究』, 一潮閣, 1989 참조.
10) 方基中, 「17·18세기 前半 金納租稅의 성립과 전개」, 『東方學志』 45, 1984.
―――, 「朝鮮後期 軍役稅에 있어서 金納租稅의 전개」, 『東方學志』 50, 1986.
19세기 초 화폐납은 총세입의 36%였는데 개항 후 그 추세가 발전하여 1894년 단계에서는 52%에 이르렀다(서영희, 「개항기 봉건적 국가재정의 위기와 민중수탈의 강화」, 한국역사연구회 편, 『1894년 농민전쟁연구』 1, 역사비평사, 1991, p.137).
11) 『日省錄』 고종 11년 10월 8일.
12) 『日省錄』 고종 16년 2월 12일.

혁대상으로서 漕運制度의 개선문제가 집중적으로 거론되었다.

선인과 이서들이 결탁하여 고의로 稅船을 침몰시키고 세곡을 투식하는 사태가 빈번하자 정부에서는 세곡상납을 지체시킨 선주와 사공을 효수하거나 刑配하고, 상납을 건체한 수령과 세곡운송을 감독하는 差員을 파직하는 등 강경책을 실시하였다.14) 그러나 세곡의 투식행위는 줄어들지 않았고 곡물의 對日流出로 곡가가 상승하면서 오히려 노골화하였다. 1879년 密陽府에서는 臭載한 조선 4척을 3척의 임선으로 대체하였는데 丁斗星의 임선 3척 중 1척만 바로 京江으로 향하고 2척이 倭館에 잠입하여 세곡을 몰래 팔다가 들킨 일이 있었다.15)

선주의 투식행위는 집주선으로 동원되어 호남·호서지방의 세곡운송권을 독점하고 있던 京江船의 경우에 가장 노골적으로 자행되었다. 이 때문에 조세상납이 3, 4년씩 지체되는 일이 빈번하였고16) 백성들은 1년에 두세 번씩 세금을 징수당하기도 하였다.17) 경강선인은 대개 빼돌린 세곡으로 지역적 곡가 차이를 이용한 貿穀活動을 하였다. 1880년에는 康津縣의 1878년분 大同米를 사사로이 팔고 상납하지 않은 경강선주 片致云과 延文成이 검거되어 효수당한 일이 있었다.18) 持平 崔琛은 이같은 선인의 불법적인 무곡행위를 다음과 같이 고발하고 각 읍의 大小船으로 세곡을 상납토록 하여 재정난을 해결하자고 제안하였다.19)

---

13) 『漕弊釐整事目』(奎 17206)(고종 18년)
14) 『日省錄』고종 11년 10월 8일, 고종 13년 2월 27일, 고종 14년 4월 15일, 5월 일, 6월 4일, 고종 16년 4월 10일.
15) 『日省錄』고종 16년 8월 27일.
16) 『日省錄』고종 16년 정월 24일.
17) 船運된 세곡은 재징하여 민에게 책임이 전가되었다(『湖南啓錄』 4[奎古 4255.5-12], 光緒 13년 3월 14일).
18) 『日省錄』고종 17년 10월 18일.
19) 『日省錄』고종 17년 9월 4일.

삼남지방의 세곡은 바로 國家財用의 大關節입니다. 상납할 때 京江大船이 내려가 船格輩가 행패부리는 폐단은 고사하더라도 한 척의 선박에 천 석의 곡물을 싣는 것도 과중한데 수천 석을 가득 실어 사욕을 채우고는 즉시 상납하지 않고 곡가가 높은 곳에 移泊하여 조금도 개의치 않고 散賣하며 거리낌없이 돌아다니며 행상하면서 시일을 끌다가 혹은 連負縮納하고 또는 錢으로 代納하거나 麤米로 수를 채우므로 각 읍에서 걷은 精白米 15斗가 1石이었던 것이 추미 8, 9두에 불과하게 됩니다.

前正言 許元栻도 경강선주가 취재를 가탁하여 착복하고도 세력을 믿고 거리낌이 없다고 한탄하면서 경강선을 사용하지 말고 지토선을 사용할 것을 주장하였다.20) 幼學 崔載淵도 "삼남지방의 세곡의 태반이 失逋"한 것은 모두 경강선주의 소행이라고 하면서 경강선의 세곡 운송권을 박탈하고 각 읍에서 지토선을 임차하여 세곡을 운송하자고 건의하였다.21)

화폐제도의 문란을 이용한 경강선주의 방납 및 外劃도 흠포의 원인이 되었다.22) 방납과 외획은 조세를 화폐로 받아 경강이나 곡가가 낮은 곳으로 가 쌀을 사서 상납하는 과정에서 이득을 취하는 행위인데23) 개항 이전부터 土豪와 京江富民, 경강선주들이 監色과 결탁하여 자행하였다.24) 개항 후에도 沿海邑의 이서들은 선주와 결탁해 높은 시세로 米價를 상정하여 화폐로 거두고 질이 나쁜 쌀을 헐값으로

---

20)『日省錄』고종 17년 11월 11일.
21)『日省錄』고종 19년 9월 5일.
22)『日省錄』고종 16년 8월 29일 "苟究致欠致逋之源 外劃是耳".
23) 도면회,「화폐유통구조의 변화와 일본금융기관의 침투」, 한국역사연구회 편,『1894년 농민전쟁연구』1, 역사비평사, 1991, pp.218~219.
24)『日省錄』고종 12년 2월 5일.

사서 현물로 상납하곤 하였다. 이 때문에 중앙정부에서 쌀을 지출할 때 품질이 나빠 매번 소동이 일어났다고 한다.25) 정부는 외획이 상납지체의 주요 원인이라고 보고 금지령을 끊임없이 내렸으나 금융기관이 발달되어 있지 않았기 때문에 租稅金納化 이후에도 계속 발전하였다.26)

이와 같이 재정난을 가져온 상납지체의 원인은 주로 경강선인의 불법적 이식행위에 있다고 파악되었다. 또 지방민도 경강선보다는 지토선에 의해 상납하기를 원하였으므로27) 작대제를 폐지하고 각 읍에서 선박을 임차하도록 하되 침몰사고가 잦은 재래선박 대신 기선을 도입하여 세곡을 운송하는 방안을 강구하였던 것이다. 그러나 당시의 재정위기는 현물형태의 조세상납과정에서 발생할 수밖에 없는 구조적 모순 때문에 야기된 것이므로 선박의 변통만으로는 해결할 수 없었다.28) 이는 기선에 의한 세곡운송이 본격화된 이후에도 조운제도의 폐단이 여전히 남아 있는 데서도 알 수 있다. 이 점에 대해서는 후술하기로 한다.

2) 해운업 육성책

정부는 1883년 1월 통리기무아문을 統理交涉通商事務衙門(이하 통리아문으로 줄임)으로 개편하고 기선도입에 의한 해상운수의 발전을 도모하였다. 이후 해운업무를 담당하는 기구의 개편과정과 해운정책

---

25) 『日省錄』 고종 19년 9월 5일 嘉善 慶漢鎭의 상소.
26) 도면회, 앞의 논문, pp.218~219.
27) 『日省錄』 고종 16년 2월 12일 慶尙監司 李根弼 보고, 고종 19년 9월 20일 趙汶 상소.
28) 서영희, 앞의 논문, p.143.

의 변천과정을 살펴보기로 하자.

통리아문의 산하에는 4司 1學이 있었는데 이 중 해운과 관련된 업무를 맡은 기구는 郵程司였다.29) 우정사는 통신과 수륙교통에 관한 일을 담당하면서 官辦이나 商辦會社가 설립되면 章程을 만들어 법으로 보호하는 일을 맡았다. 이 때 정부에서는 통신 및 교통발달을 위해 관영 또는 민영회사의 설립을 적극 권장, 육성하겠다는 의지가 있었던 것이다. 그런데 재정난에 처해 있던 당시 정부의 형편으로는 철도부설이나 기선 해운업을 착수하기 어려웠으므로 통리아문은 우선 외국의 기선회사와 계약을 맺어 조선 海域에 기선을 정기 운항하도록 유도하였다.30)

통리아문이 외국기선의 出航을 유도한 데에는 크게 두 가지 목적이 있었다. 첫째는 외국기선을 이용하여 세곡을 운송하려는 것이었다. 다음은 조선근해의 해운권을 장악하고 있던 일본의 해운업을 견제하고 조선의 대외무역과 국내상업을 신장시키는 데 목적이 있었다. 마침 인천의 개항 후 청에 진출한 영국과 독일 商社들이 인천거류 청국상인의 지원을 받아 인천과 청·일본을 연결하는 정기항로를 개설하려고 계획하고 있었다. 1883년 4월 영국의 怡和洋行(Jardine, Matheson & Co.)은 통리아문 參辦 묄렌도르프(P. G. Möllendorf, 穆麟德)의 주선으로 上海를 거점으로 부산·인천-나가사키(長崎) 간의 항로를 개설하기로 하고 그 해 8월부터 南陞號(Nanzing)를 월 2회로 정기 운항시켰다.31) 이 때 이화양행은 무역품을 수송하면서 조선정부로부터 남승호의 항해 적자시 해관세에서 그 반을 塡補한다는 조

---

29) 『統理交涉通商事務衙門章程』(奎 21783).
30) 孫兒鉉, 「舊韓末의 官營汽船海運에 關한 硏究」, 『東亞論叢』 7, 東亞大, 1970, pp.189~226.
31) 高柄翊, 「穆麟德의 手記」, 『震檀學報』 24, 1963, pp.162~163.
　　孫兒鉉, 위의 논문, p.193.

건으로 그 해 11월부터 1년 간 稅米 수송특권을 부여받았다.32)

한편 통리아문은 1884년 6월 商務暢達과 통신 및 운수의 편리를 위하여 일본 요코하마(橫濱)에 있는 미국 미들톤商社(Middleton and Co.)의 대리인과 기선회사를 설립하기로 계약하였다.33) 이 계약은 실행되지 않았으나 계약내용을 통해 해운정책 수립 당시의 정부의 의도를 파악할 수 있다. 모두 11개 조로 된 기본계약과 5개 조로 된 규칙의 주요한 내용은 다음과 같다.34)

15년의 계약기간 동안 미국상선 수 척을 경강 및 연해포구에 운항시켜 여객과 화물은 물론 우편물·세곡 등의 관용화물과 관리·군인·경찰 등을 수송하도록 하였다. 정부의 화물이나 세곡을 해로로 운반하고자 하는 자는 이 회사에 특허를 신청해야 한다고 규정하여 관용화물의 수송특권을 부여하고 그 대신 정부에서 이용할 때에는 운임을 할인하기로 하였다. 그리고 회사업무와 기선운항에 대해 쌍방이 의논하고 매년 이식 중 股主 자본의 15%와 常備 충원금, 제반 준비금 외에 이윤의 잉여가 있으면 그 반을 조선정부에 납부한다고 하여 수익금의 일부를 조선정부가 취득하기로 하였다. 민간인이 자본을 내어 회사에 참여하도록 권장하고 회사의 사무를 보는 간사를 조선인으로 고용하는 원칙을 세웠다. 이 밖에 조선정부는 이 회사에 대한 광고를 해야 하고 회사 부지를 허락하여 그 땅이 공유지이면 免稅로 지급하고 민유지이면 지주에게서 구매하도록 알선하기로 하였다. 그리고 조선정부에서는 계약기간 내에 언제든지 이 회사의 선박과 산업 제기구를 구매할 수 있으며 1년 내에 이 회사에서 계약을 준수하

---

32) 孫兌鉉, 위의 논문, p.195.
33) 『美案』 1, 고종 21년 윤 5월 19일 "附 汽船會社設立合約稿本"
34) 위와 같음.
『書契所報關錄』 2(奎 18104), 乙酉 정월 12일 到付 "大朝鮮國政府特準與美國密得頓英國克利布設立汽船會社訂定商約".

지 못히거나 商用船隻을 준비하지 못하고 선척이 사무를 담당하기에 부적합할 경우에는 조선정부에서 解約을 요구할 권리가 있다고 하였다.

이 계약조건을 통해 이 기선회사는 관용화물의 수송권을 누리는 특권회사로서, 미국상선을 이용하고 미국인 자본을 주축으로 운영하되 종래에 관용화물, 즉 세곡 등을 운송하던 선인들을 참여시켜 민간자본을 적극 유치하고 회사운영과 수익금의 분배에 조선정부가 일정하게 참여함으로써 朝·美合資會社를 지향하고 있음을 알 수 있다. 또 조선정부는 여건이 되면 기선을 구입하여 직접 운항하려는 계획을 가지고 있었음을 알 수 있다.

통리아문은 계약체결 후 전국에 關文을 내려 연안포구에 외국기선이 출입할 것이니 주민들은 놀라지 말고 지방관은 방해하지 말라고 지시하면서 계약내용을 告示하였다. 개항장에서 일본기선이 항해하고 있었지만 '異樣船'이라고 불리며 외세의 침략을 상징하는 것으로 인식되고 있던 외국기선이 개항장 밖의 포구를 출입하는 것은 처음 있는 일이었기 때문이다. 그리고 통리아문은 기선운항의 이점을 강조하며 민간인이 회사에 가입하도록 적극 권유하였다. 內地와 沿海 民人이 자본을 내면 회사에 들어와 여객과 화물을 수송하며 교역을 할 수 있는데 기선의 이윤은 蓬船의 10배나 된다는 것이었다.[35]

기선회사의 설립은 어떤 사정에서인지 실현되지 않았으나 이상에서 1880년대 전반기의 조선정부의 해운정책 방향을 파악할 수 있다. 정부는 세곡운송을 비롯한 관용의 목적 외에도 상업발달을 위하여 기선도입이 시급함을 인식하고 해운업을 육성하려고 한 것이다. 그 방법은 정부에서 기선을 구입할 수 있을 만큼 재정형편이 나아질 때

---

35) 위와 같음.
『八道四都三港口日記』(奎 18083), 甲申 10월 14일 關八道四都北道按撫使.

까지는 우선 외국기선회사에 기선운항권을 특허하되 이윤율이 높은 기선해운업에 민간자본을 유치함으로써 해운업의 근대적 발달을 도모하려고 한 것이다.

정부에서 기선을 직접 운항하려는 정책은 1885년 7월 轉運署(轉運局)를 설치하고[36] 1년 후인 1886년 7월 기선을 구입하여 전운서에서 세곡운송을 전담하게 함으로써 본격적으로 추진되었다.[37] 이후 閔氏政權의 해운정책은 주로 세곡운송을 위한 관영해운업의 운영과 민간해운업의 감독 및 육성의 두 방향으로 전개되었다. 우선 1886년 7월 「政府允許洋船赴未通商口岸章程」을 제정하여 기선과 서양형 범선 등 외국선박의 구입 및 운항절차를 정하였다.[38] 1882년 말 기선도입을 허용하라는 지시를 내렸을 뿐 관계법령을 마련하지 않았는데 이 때 최초의 민간 해운기업인 大興會社가 설립되어 기선을 운항하려고 하였기 때문이다. 이 장정에 의하면, 관리이든 민간인이든 서양형 선박을 구입하려면 구매한 船契 등을 가지고 긱 개항장의 監理衙門에 출두하여 신고하여야 했다. 그러면 감리가 세무사와 회동하여 조사하고 선척의 이름을 장부에 기입하고 船牌를 발급하였다. 선패의 발급 대가로 세금과 牌費 20원을 징수하였는데, 세금은 來板航船 매톤 당 25원씩이었고 감리와 세무사가 절반씩 나누어 관리하였다. 또 불개항장으로 출입하려면 먼저 개항장으로 가서 해관에 보고하여 검사를 받고 관세를 낸 후 증빙문서를 받아야 했고, 불개항장에서 개항장으로 가려면 지방관이 발급하는 執照를 가지고 있어야 했다.

서양형 선박을 구입하려면 관리든 민간인이든 개항장의 감리와 세무사에게 신고하여 납세하고 등록한 후 선패를 발급받도록 규정한

---

36) 『增補文獻備考』 권 157, 財用考 4, 漕運.
37) 『日省錄』 고종 23년 7월 15일.
38) 『海關案』 2, 고종 23년 7월 26일.

것이다. 따라서 기선이나 서양형 범선과 같은 외국선박으로 불개항장에서 운송업이나 선상활동에 종사하려는 조선인은 반드시 정부허가증인 准單을 가져야 영업할 수 있었다.39)

전운국에 의한 관영해운업은 정부에서 소유하거나 고용한 기선을 주로 세곡운송에 활용하였으므로 '자기 운송'의 단계에 머물러 있었다. 정부는 1893년에 가서야 利運社라는 해운기업을 창설하여 세곡뿐 아니라 일반화물과 여객을 운송하도록 하였다. 이에 따라 관영해운업은 '자기 운송' 단계에서 타인화물의 운송을 목적으로 하는 '타인운송' 단계로 발전해 자본주의적 경영을 지향하였다.40) 또 1894년 민씨정권을 무너뜨리고 들어선 甲午政權은 조세금납화를 실시하여 조운제도를 폐지하고 전운국을 혁파하였으며 이운사의 경영을 상인에게 맡겨 민영화함으로써 해운업을 활성화하려고 하였다. 그러나 일본의 책략에 의해 소속기선의 운항권이 日本郵船會社에 넘어갔고 아관파천으로 정권이 교체됨에 따라 기선은 독일 世昌洋行에 의해 위탁 운항되었다.

갑오개혁 이후 외국선박의 구매와 고용의 인허, 선원의 관리 등 해운업무를 관장하는 기구도 개편되었다. 해운업무는 1894년 6월 官制 개편에 의해 통리아문이 폐지되자 外務衙門으로 이관되었고, 1895년 3월에 다시 農商衙門과 工務衙門을 통합한 農商工部로 이관되어 그 산하의 通信局에서 맡았다.41) 통신국은 1900년 3월 通信院으로 승격, 독립하였고 그 산하의 庶務局 管船課에서 선박·海員·航路標識,

---

39) 『仁川港關草』 4(奎 18075), 辛卯 10월 2일 關仁監 ; 『元山港關草』 3(奎 18076), 庚寅 정월 14일 元港報 ; 『海關案』 1, 고종 29년 10월 5일, 10월 29일.
40) 孫兌鉉, 앞의 논문, p.254.
41) 『韓末近代法令資料集』 I "議案 各衙門官制"(1894년 6월 28일), p.6 및 "勅令 제48호 農商工部官制"(1895년 3월 25일), pp.214~215.

제3장 海運政策과 官營海運業의 운영 71

표류물 및 난파선에 관한 사항과 港則에 관련된 사항, 정부에서 보호하는 水運會社와 기타 수륙운송사업 감독에 관한 사항 등을 맡았다.42)

통신원에서는 1901년 8월 국내 船路의 현황을 파악하기 위해 각 도 선세위원에게 훈칙하여 각 부·군의 강·바다·도서 및 항·포·진의 이름과 거리를 조사하여 보고케 하고43) 1902년에는 각 항 연해의 40여 곳에 등대를 설치하기도 하였다.44)

한편 1886년 대흥회사가 설립되자 정부는 민간해운업에 대한 감독과 통제를 하면서 해운기업을 관허회사로 인가하여 각종 잡세수탈로부터 영업을 보호하였다.45) 그러나 이는 1883년부터 실시되어 온 상회사 보호육성책의 일환이었을 뿐 특별한 보호정책은 아니었다. 무역부진으로 인한 수송량의 부족으로 어려움에 처해 있었던 대흥회사는 세창양행 대신에 임시로 세곡운송을 맡았을 뿐 정부의 특별한 지원을 받지 못하였고 결국 경영난으로 불과 1년여 만에 문을 닫았다.

정부에서 민간해운업에 대한 보호육성정책을 실시한 것은 1888년경부터이다. 1887년에 설립되어 낙동강에서 기선을 정기 운항시키며 운송업에 종사하고 있던 電察會社가 이듬해 南沿會社로 개칭하자 정부는 10년 동안의 영업독점권을 부여하였다. 그리고 1년 후에 정부는 남연회사를 汽船會社로 개명하고 章程을 작성하여 회사체제를 재정비하도록 하였다. 또 영업독점권의 특혜 위에 세금징수를 회사운영이 궤도에 오른 후로 미루고 잡세수탈을 금지하여 영업을 보호하였

---

42) 『韓末近代法令資料集』 III "勅令 제11호 通信院官制"(1900년 3월 23일), p.53.
   통신원은 농상공부의 감독을 받았다(『韓末近代法令資料集』 III "勅令 제10호 農商工部官制 改正", 1900년 3월 23일).
43) 『皇城新聞』 光武 5년 8월 7일 雜報 "船路形便".
44) 『皇城新聞』 光武 6년 3월 29일 雜報 "聲明燈臺".
45) 민간해운업에 대한 정부 정책의 변화와 민간해운업의 발전에 대해서는 제5장 3절에서 상술함.

으며 釜山監理署에서 관할하도록 하였다.

이러한 보호육성정책의 밑바탕에는 종래 개항장 간의 국산품 운송을 외국기선에 의존하고 있었기 때문에 상권을 침탈당하고 있다는 인식이 있었다. 이 때에는 청국이 1884년 초에 중단하였던 기선운항을 재개하여 直貿易을 본격화함으로써 일본과 더불어 조선의 해운권과 상권을 둘러싸고 각축을 벌이고 있었고46) 일본상인이 주로 곡물을 매집하기 위해 개항장 밖으로 行商을 확대하고 청국상인은 주로 수입면제품을 판매하기 위해 행상하여 상권을 침탈하고 있었다. 심화되어 가는 외국해운업의 침투와 그것을 발판으로 한 외국상인의 상권침탈을 막기 위해서는 적극적인 대응이 필요하였다. 이러한 상황에서 기선회사와 같은 특정한 해운기업에 영업독점권을 부여한 정책은 1888, 9년경부터 소수의 유력한 客主나 商會社에 유통지배권이나 영업독점권을 보장하려고 한 정책과 같은 맥락에서 실시된 것으로 보인다. 이 때 정부에서 인정한 특권은 외국자본가에 비해 영세한 자본을 가진 기업이나 상인에게 이윤을 최대한 확보하게 함으로써 외래자본의 침투에 대항할 수 있도록 하고 정부는 이를 대가로 영업세를 징수하여 재정원천으로 삼으려 한 것이다. 따라서 특권적 해운기업의 육성은 봉건사회에서 근대사회로 넘어가는 과도기에서 자본의 本源的 蓄積을 위해 실시한 측면이 있다고 생각된다.

그러나 재정난으로 자금을 지원하는 데까지는 이르지 못하여 민간해운업은 대개 한강과 낙동강에서 소기선으로 강운업에 종사하는 수준에 머물렀고 개항장을 중심으로 하는 해운권과 직무역은 일본과 청이 장악하였다. 光武年間에 이르러 관영해운업이 쇠퇴한 반면 관료와 객주, 일반상인 등에 의해 각 개항장에서 해운기업이 설립되어 해

---

46) 제4장 1절에서 상술함.

운업이 민간주도로 발전하기 시작하였다. 이에 정부에서는 기선회사의 설립과 기선운항에 관한 규칙을 새로이 마련하였다. 기선회사 인준은 請願書를 받은 監理署의 稅務司가 규칙·장정을 작성하여 주고 감리가 윤선매매 文券과 일본영사의 인가증을 첨부하여 농상공부에 제출한 다음 이 사실을 외부에 보고하는 절차를 거쳤다.47) 그리고 기선을 운항하려면 농상공부의 인준을 받아 선패를 발급받아야 했다. 농상공부의 조회를 받은 외부에서 총세무사에게 關飭하면 해당 개항장의 세무사가 선패를 발급하였다.48)

1900년 光武政權이 정부소유의 기선을 민간기업에 불하함에 따라 관영해운업은 중단되었다. 그러나 여러 척의 기선을 보유하게 된 해운기업이 육성되어 민간해운업이 비약적으로 발전할 수 있는 기틀이 마련되었다.

3) 외국해운업의 침투에 대한 대응책

일본을 비롯한 외국해운업의 침투가 심화되고 있었으므로 그에 대한 적극적인 대응책이 마련되어야 했다. 그러나 1900년 이전까지 정부는 대체로 외국선박의 불법적 운항에 대해 소극적으로 대처하였고 상대국에 따라서 정책이 일관되게 집행되지 않는 측면도 있었다. 1883년 楊花津이 開市場이 된 후 정부는 청국의 요구에 의해 商船이 한강을 항해하여 麻浦에서 정박하는 것을 허용하였으나 외국기선의 항행은 朝英通商條約에 의하여 금지하고 있었다.49) 예를 들면, 일인

---

47) 『德源港報牒』 2(奎 17866의 1), 建陽 2년 7월 5일 보고서 제23호.
48) 『農商工部來去文』 7(奎 17802), 光武 3년 照復 제8호.
49) 『海關案』 1, 고종 23년 3월 8일, 7월 5일 ; 『統署日記』 고종 25년 10월 6일.
    金敬泰, 「甲申·甲午期의 商權回復問題」, 『韓國史研究』 50·51, 1985,

토미타(富田重五郎)가 인천과 마포일대에서 소기선 登美丸으로 무역을 하려고 신청하였을 때 허가하지 않았다.50) 그런데 통리아문은 1892년에 청상 同順泰에게 한강에서의 기선운항권을 허용하고 세곡운송권까지 부여하였다. 이 특권은 동순태가 10만 냥의 차관을 조선정부에 제공한 대가로 얻은 것이고 조선인과 합자하여 설립했다고 하는 通惠公司의 명의로 획득한 것이지만 실질적인 기선운항은 袁世凱의 지원을 받은 청의 廣東商들에 의해 이루어졌다.51) 따라서 사실상 청나라 기선인 漢陽號에 한강 운항권을 부여한 것은 외국기선의 한강운항을 금지하는 정책에 어긋난 것이었고, 일관성이 결여되었다는 비판을 면치 못하였다.52)

통리아문은 일정한 상납금을 받는 조건으로 일인이 표면상으로만 조선인에게 선박을 매도하고 그 명의로 항행인가증인 憑票를 얻어 영업하는 행위를 방치하기도 하였다. 원산거류 타케노(武野伊平)가 1893년 3월 말부터, 니시지마(西嶋留藏)는 같은 해 6월 말부터 각각 조선인의 명의로 기선 壽都丸(122톤)과 元山丸(27톤)으로 원산과 불개항장인 鏡城 간을 매달 3회씩 항해하고 있었다.53) 그런데 정부규정상 외국선박의 임차기간이 2개월로 제한되어 있어 기간을 연장하려면 통리아문으로부터 빙표를 새로 발급받아야 했으므로,54) 이러한 위장은 사실상 오래 지속되기 어려웠다. 이들 일인은 원산감리와 교섭하여 통리아문에 일정액의 상납금을 내고 감리서에 순익의 몇 %를

---
     p.196.
50) 『統署日記』 고종 23년 7월 5일, 고종 24년 3월 8·12일.
51) 『仁川府史』, p.790.
    金正起, 「朝鮮政府의 淸借款導入(1882~1894)」, 『韓國史論』 3, 서울대 국사학과, 1976, pp.476~477.
52) 『統署日記』 고종 30년 7월 28일.
53) 『日本外交文書』 1893년 9월 8일.
54) 『仁川港案』(奎 17863의 2), 光武 4년 7월 12일 보고서 제30호.

상납하면 영업을 묵인받기로 허락을 얻어냈다.55) 이 때문에 그들은 아무런 지장없이 영업할 수 있었다. 조약상으로 금지되어 있는 외국선박의 불개항장 항행을 편법으로 허용한 이같은 조치는 9월 초 이운사의 顯益號가 원산과 북관지방을 운항하게 된 것을 계기로 중단되었다. 일본기선의 북관지방 항행이 계속될 경우 관영기업인 이운사의 영업에 지장을 초래할 것이므로 이를 사전에 방지하기 위해 통리아문에서 빙표를 환수하도록 지시하였기 때문이다.

이와 같이 외국해운업의 침투를 저지하려는 대책이 없었을 뿐 아니라 오히려 약간의 상납금을 대가로 불법을 눈감아주어 침투가 조장되었다. 더욱이 1894년 갑오정권은 범선의 경우 조선인이 일본선박을 임차하여 항해할 때 평안도와 황해도에 가는 것에 한해 그 항구의 감리가 바로 허가하는 편법을 실시하였고 이 때문에 일본국적의 범선이 兩道에 항행하는 것이 증가하여 1896년에는 29척에 달하였다.56)

외국식 선박의 불개항장 운항에 대한 통제는 1899년 7월 國內船稅規則이 개정되면서 비로소 강화되었다. 이 규칙에 의하면, 선박의 매입이나 임차를 할 때 반드시 농상공부 통신국 관선과에 船籍을 보고하여 선표를 받아야 하고 봄·가을로 船稅를 내야 했다.57) 그러나 빙표없이 불개항장으로 항행하는 외국식 선박이 많았으므로 관선과에서는 그 해 9월 초 본국인이 매입하거나 빌린 외국기선과 풍범선

---

55) 『日本外交文書』 1893년 9월 8일.
56) 『通商彙纂』 제93호 호외 "29年中仁川港商況年報"(1897년 8월 27일). 이를테면 진남포의 조선인이 일인소유 선박을 임차하여 불개항장으로 화물을 운송하기 위해서는 진남포 감리의 인준을 거쳐 免狀을 발급받아야 했다 (『日案』 4, 光武 4년 6월 8일).
57) 『韓末近代法令資料集』 II "勅令 제33호 國內船稅規則"(1899년 7월 12일), p.530.
『皇城新聞』 光武 3년 6월 6일 雜報 "船稅規則".

에 대해 조사하여 임대한 선박의 임대연한이 반 년 이상 지난 것은 빙표를 환수하였다.58)

하지만 외국선박의 불법적인 불개항장 항행은 여전하였다. 1899년 10월 외부에서는 내부에 조회하여 연해 각처의 불통상구안에 각국 범선이 통상조약의 6관을 어기면서 화물을 운송하는 사례가 빈번한데도 지방관들이 이를 엄중히 징계하지 못한다고 지적하였다.59) 외국해운업의 침투를 막으려는 정부의 의지는 1900년 3월 통신국이 통신원으로 승격·독립되어 외국선박의 구매와 고용인허 등의 해운업무를 맡으면서 더욱 강화되었다. 통신원은 민간인이 임차한 외국선박의 상당 부분이 명의만 빌려준 것이고 이로 인해 외국해운업의 불개항장 침투와 밀무역이 심화되고 있다고 파악하고 있었다. 그리하여 우선 외국인의 기선이나 범선을 임대할 때는 농상공부의 인허를 받아야만 운항할 수 있도록 하고 빙표의 유효기간이 2개월로 제한되어 있는 규정을 엄격히 지키도록 하여 외국선박의 장기간 임대를 억제하였다.60) 그리고 종래 개항장 감리가 발급하였던 외국인선박의 임차에 대한 免狀을 중앙의 통신원에서 발급하는 것으로 전환해 외국선박의 임차를 쉽게 허가하지 않았다.61)

그리고 통신원은 외부에서 인허한 선박이 실제로 구매하거나 임차한 것인지, 명의만 빌려준 것인지를 파악하기 위해 선주 성명과 船號·톤수 등에 대한 명세서와 認許文案을 보내주도록 외부에 요청하였고 이에 외부에서는 그에 관한 자료를 제출하도록 각 개항장 감리에

---

58) 『皇城新聞』 光武 3년 9월 4일 雜報 "船稅訓令".
59) 『皇城新聞』 光武 3년 10월 4일 雜報 "按約懲外".
60) 『皇城新聞』 光武 4년 5월 30일 雜報 "通信院과 外國船".
61) 이에 일본공사는 종전대로 시행할 것을 끈질기게 요구하였으나 통신원은 끝까지 거절하였다(『日案』 4, 光武 4년 6월 8·16·25·28일과 7월 14·17·30일).

게 지시하였다.62) 그러나 외국선박의 구매 및 임대에 관한 대장, 즉 船簿를 관리하고 있던 해관의 총세무사 브라운(J. Mcleavy Brown, 柏卓安)이 협조를 거부하여 선부를 볼 수 없었으므로, 각 개항장의 감리들은 직접 조사에 착수하였다. 따라서 선박의 톤수나 雇賃期限을 정확히 파악할 수 없었다.63) 그러나 현지조사인 만큼 각 항 감리서의 조사와 보고내용은 상당부분 사실에 가까웠을 것이고 이 보고를 토대로 통신원은 조선인이 사용하는 외국선박에 대한 통제를 철저히 하기 시작하였다. 1901년 조선인이 고용한 相生丸이 일본인 소유라고 하여 우편물을 적재하지 못하게 한 것도 그 시책의 일환으로 보인다.64)

이러한 통제강화책은 일본영사가 "근래 朝鮮官民은 조선연안 항해권을 수중에 장악하려고 하는 경향이 있다"65)고 지적하고 있듯이 일본 해운업의 침투를 막고 해운권을 회복하려고 하는 의도가 그 밑바탕에 있었다. 그러나 러일전쟁에서 승리한 일본이 1905년 8월 조선에 압력을 행사하여 「韓國沿海 및 內河의 航行에 관한 約定書」를 체결함에 따라 일본선박의 자유로운 항행을 허용하게 되었다.66)

---

62) 『仁川港案』 光武 4년 6월 12일 訓令 제34호 ; 『務安報牒』 3, 光武 4년 6월 25일 보고 제48호 ; 『德源港報牒』 3, 光武 4년 6월 29일 보고서 제30호 ; 『三和港報牒』 2, 光武 4년 12월 21일 보고서 제12호.
63) 『仁川港案』 光武 4년 5월 14일 보고서 제21호, 7월 12일 보고서 제30호.
64) 『皇城新聞』 光武 5년 8월 20일 雜報.
65) 『通商彙纂』 제198호 "仁川33年中貿易年報"(1901년 7월 30일).
66) 『舊韓末條約彙纂』 上, pp.192~195.

2. 외국기선에 의한 稅穀運送

재정부족으로 기선을 도입할 여유가 없자 통리아문에서는 우선 외국기선의 취항을 유도하고 그 기선을 이용해 세곡을 운송하였다. 그러나 이화양행의 남승호는 1년 간의 계약이 만료되자마자 운항을 중단하였고67) 독일의 世昌洋行(E. Meyer & Co.)도 1885년 3월에 상해-인천 간 항로를 개설하였으나 불과 6개월 만에 기선운항을 중단하였다.68) 그 원인은 기본적으로 조·청 간의 무역부진에 있었지만 조선정부에서 기선도입에 따르는 제반 문제점에 대해 대책을 강구하지 않고 기선을 효율적으로 이용하지 못한 데에도 원인이 있었다. 세창양행의 기선운항과 중단과정을 통해 그 사정을 살펴보기로 한다.

세창양행의 상해-인천 간 항로는 인천거류 청상과 독일상인의 자금지원을 받고 조선정부의 稅米를 운송하기로 하여 개설한 것이었다.69) 조선정부가 세창양행과 맺은 계약의 내용은 기선 1척을 임대하여 3~5개월 간 전라도의 세미를 실어 인천으로 운송하고 손해가 있든지 이득이 있든지 조선정부에서 그 절반을 인천 해관세로 부담하고 남은 절반은 세창양행과 인천의 청상이 부담하는 것으로 하고 운임은 15%로 정한다는 것이었다.70)

---

67) 『英案』 1, 고종 21년 8월 13일, 9월 21일.
68) 『通商彙編』 "明治18年上半季仁川港商況報告", p.353.
   孫兌鉉, 앞의 논문, p.210.
   세창양행의 조선세곡운송을 중심으로 한 해운업 침투과정과 문제점에 대해서는 李培鎔, 「開港以後 獨逸의 資本浸透와 世昌洋行」, 1986, 『韓國近代鑛業侵奪史研究』, 一潮閣, 1989 ; 金正起, 「朝鮮政府의 獨逸借款導入(1883~1894)」, 『韓國史研究』 39, 1982 참조.
69) 『通商彙編』 "明治17年下半季仁川港商況報告", p.536.
70) 『德案』 1, 고종 21년 12월 20일 및 고종 22년 7월 9일. 계약기한은 6개월

제3장 海運政策과 官營海運業의 운영 79

그러나 세창양행의 세곡운송은 일반민이나 세곡상납 담당자의 협조을 받지 못해 순조롭게 진행되지 않았다. 우선 적재량이 5,000석이나 되는 기선 希化船은 화물을 신속하게 실어 항구에 머무는 시간을 단축해야 비용이 적게 드는데, 각 읍 주민들이 화물을 천천히 부리는 재래선박의 하역방식대로 세곡을 느리게 실었으므로 출항시간이 지체되었다.71) 또 京江으로 수송하여 상납할 때에도 倉吏와 '領運之人'이 종래의 방식과 다르고 힘이 든다고 하면서 비협조적이었으므로 세창양행은 그들에게 2,500냥의 수고비를 지급해 협조를 구해야 했다.72) 더욱이 각 지방에서는 이미 재래선박을 임차하였으므로 기선으로 수송할 수 있는 세곡량은 17,000여 석에 불과하였다.73) 이에 정부는 세창양행측에 이듬해 봄까지 기다려줄 것을 요청하고 일단 해약하겠다고 통고하였고 세창양행도 무역부진으로 더이상 상해-인천 간의 항로를 유지하기 어렵다고 판단하여 1885년 9월 기선운항을 중단하였다.74)

이와 같이 기선의 갑작스러운 도입은 재래선박에 의한 조세의 상납과정에서 이득을 취하였던 관리들의 반발과 기선의 하역작업에 익숙하지 않은 지방 주민들의 비협조로 순조롭게 이루어지지 않았다. 그러나 정부는 기선도입이야말로 선인과 監色의 농간을 막아 상납이 지체되는 폐단을 시정할 수 있는 방안이라고 보고 우선 조세상납량이 많은 호남지방의 세미를 기선으로 운송하는 계획을 수립하였다. 즉 1885년 9월 內衙門에서는 전라도 감영에 關文을 발하여 "도내 각

로 연장되었다.
71) 『德案』 1, 고종 22년 6월 28일.
72) 『德案』 1, 고종 22년 7월 6·30일.
73) 『德案』 1, 고종 22년 7월 2일. 희화선은 세곡을 8회에 걸쳐 수송하였다.
74) 『德案』 1, 고종 22년 6월 28일, 7월 9일 ; 『通商彙編』 "明治18年上半季仁川港商況報告", p.353.

읍에서 걷는 田・大同米太・砲粮・各宮納米・各營移結米・三手米・各漕倉闕額船所載米太 및 3년 砲粮・各官米를 정식대로 10월에 開倉하여 연내에 收捧을 마치고 정초에 윤선이 내려가길 기다릴 것"을 지시하고 이 사항을 直納邑과 각 조창에 알리도록 하였다.75)

이 때 정부에서 어떤 기선을 활용하려고 하였는지 구체적인 계획은 알 수 없으나 세창양행이 15%의 높은 운임이76) 보장되는 세곡운송권을 얻기 위해 차관공세를 펼쳤고 마침내 1885년에 이어 다시 세곡운송권을 획득하였다. 그러면 운송권의 획득과정과 실제 세곡을 운송하는 과정에서 나타난 문제점을 살펴봄으로써 이 시기 조선정부의 해운정책의 성격과 그 영향을 검토해보기로 하자.

세창양행은 세미운송이 상당히 유리한 수익사업이라고 보고 세곡운송권을 계속 보장받기 위해 집요하게 재계약을 요구하였다. 만성적인 재정난에 시달리고 있던 조선정부는 당시 甲申政變으로 인한 대일 배상금을 조달하기 위하여 차관도입이 불가피하였는데, 이를 탐지한 세창양행은 5년 기한에 연 5만 석의 세곡을 수송하는 조건으로 차관을 제공하되 이자율을 12%에서 10%로 감면해 주겠다고 차관공세까지 펼쳤다.77) 조선정부는 이미 청에 차관을 신청하고 있었기 때문에 그 제안을 거절하였으나 차관교섭에 실패하였고, 결국 1886년 1월 세창양행으로부터 2만 파운드를 2년 간 빌리기로 하고 그 대가로「輪船雇用契約」을 체결하여 호남지방의 세미 3만 석의 운송권을

---

75) 『龍洞宮謄錄』 4, 乙酉 9월 29일 內司甘結.
　　정부에서는 세곡운송을 전적으로 기선에 의해서 하겠다고 표명한 바 있다 (『高宗實錄』 고종 23년 10월 12일 "日前 雖使各道稅穀 趨期齊泊 入不當出 無以排用 況自輪船專輪 行關之後 衆情莫不視").
76) 1885년에 세창양행은 1,000包에 150포의 운임을 보장받았다. 15%의 운임은 뒤에 서술할 利運社의 운임이 적재 미곡량의 5%인데 비하면 상당한 고율이었다.
77) 『德案』 1, 고종 22년 11월 일.

제3장 海運政策과 官營海運業의 운영 81

부여하였다.78)

「윤선고용계약」의 주요 내용은 상해-인천 간을 정기 운항하는 商船이 없다는 이유를 명분으로 삼아 1886년 3월 20일부터 세창양행이 기선 1척을 고용하여 상해·인천 등을 내왕하기로 하고 조선정부에서는 이 기선을 이용해 목포 등지에서 인천까지 미곡을 운반한다는 것이다. 조선정부는 연간 3만 석의 수송량을 보장하여 미달하면 손해배상금을 지불하기로 하고 운임은 1885년과 같이 15%로 정하였다. 이 계약내용으로 보아 세창양행이 인천과 상해 간에 기선을 독자적으로 운항하고 조선정부는 다만 이 기선을 이용하는 것으로 되어 있다. 기선운항의 주체는 어디까지나 세창양행측이고 세창양행이 세곡운송 약속을 제대로 이행하지 못할 때 조선정부에서 제재를 가할 수 있는 구속력이 전혀 규정되어 있지 않다. 차관도입 대가로 허용한 특권이었으므로 조선정부의 일방적인 의무만을 강조하는 片務的인 계약이었고 이러한 문제점은 실세 세곡운송과정에서 노정되었다.

세창양행측은 처음부터 기선운항 일자를 약속대로 지키지 않았다. 그래서 전라도 각처에서 목포로 실어온 세미가 창고시설이 없는 관계로 露積되어 무작정 기선을 기다리는 형편이었다.79) 內務府에서는 이를 빌미로 일본기선 美濃丸을 고용하여 2차례에 걸쳐 10,200석의 세미를 운송하였다.80) 그런데 세창양행은 운항 일자를 어긴 데 대해서는 아무런 해명도 하지 않고 고압적인 자세로 일본기선을 고용한 사실을 비난하였다. 이에 정부는 "우리 나라에서 쌀을 운송하는 일은 서울과 지방에서 船業에 종사하는 사람들에게 관계된 것이 매우 많

---

78) 『德案』 1, 고종 22년 11월 13·14·28일.
79) 『德案』 1, 고종 23년 3월 19일.
80) 『德案』 1, 고종 23년 3월 25일. 이 기록에 의하면, 미농환은 영남세미도 운송하려고 하다가 영남지방 주민들이 모여서 '領運之人'을 해치려고 하는 등 저항에 부딪혀 다시 목포로 향하였다고 한다.

으므로 희화선에만 독점시킬 수 없다"고 하면서 세창양행의 독점권을 부정하고 일본의 미농환은 宋秉畯이 구매하기로 약속한 것이고 미농환의 세미운송도 그가 주관하는 것이므로 세창양행과 무관하다고 해명하였다.81) 세창양행에 세곡운송 독점권을 부여한 것은 아니라는 점을 분명히 통고한 것이다.

하지만 私船의 임차가 성행할 경우 연간 3만 석의 수송 의무량을 채우지 못하여 세창양행측에 손해배상금을 지불해야 하는 사태가 일어날 수도 있었다. 그래서 통리아문은 이보다 앞서 전라감사에게 관문을 보내 사선 선주의 "防納私裝之弊" 때문에 세창양행과 약속한 3만 석을 채우지 못할 것을 우려하면서 일본기선 미농환은 사선이므로 미농환에 세곡을 실은 읍에 벌금으로 乾船價를 징수하라고 지시하였다.82)

그런데 그러한 우려는 현실로 나타났다. 1886년 11월까지 희화선이 운송한 세미가 총 2만 석밖에 되지 않자 통리아문은 전라도 여러

---

81) 위와 같음. 송병준이 어떤 경위로 일본 기선의 세곡운송에 관여하게 되었는지, 이후 실제로 송병준이 미농환을 구입하였는지는 확인할 수 없다. 호남세미 운송의 우선권을 희화선에 부여한 상황에서 내무부가 독자적으로 미농환을 고용하여 호남지방의 세미를 운송함으로써 갈등이 유발되자 통리아문에서 독일의 비난을 모면하기 위한 방편으로 송병준 개인을 내세운 것이 아닌가 한다. 이 문제에 대하여 송병준을 일본해운업자와의 유착 속에서 경제적 기반을 다져 나간 買辦資本家의 전형으로 보는 견해도 있다(金正起, 앞의 논문, 1982, p.97).
82) 『統署日記』 고종 23년 3월 14일. 윤선 건선가는 윤선이 목포에 도착하기 전에 윤선에 의해 세곡을 운송하기로 배정된 읍에서 세곡을 미리 다른 임선에 실어 운송했거나 아직 積置하지 못하여 윤선이 텅빈 채로, 또는 적재량을 다 채우지 못하고 인천으로 돌아가는 경우에 해당 읍에서 징수하는 일종의 벌금이었다. 통리아문은 며칠 후 다시 전라감영에 관문을 발하여 미농환은 본아문에서 보낸 것은 아니지만 3만 석 외에 여유가 있으면 分給해도 좋다고 지시하였다(『全羅道關草』 1[奎 18068], 丙戌 3월 19일 全羅監營報題).

읍에 세미를 목포로 수송하여 희화선에 싣도록 지시하였으나 그 후 희화선이 2번에 걸쳐 실은 세미는 1,000석에 불과하였다.[83] 이것은 윤선으로 세미를 운송하기로 배정된 읍에서 중앙정부의 지시를 무시하고 일본선박이나 임선에 세미를 사사로이 실었기 때문이다. 특히 海南·長興·寶城·樂安·靈岩 등의 읍에서는 윤선에 싣기를 완강히 거부하였다.[84] 종전에 경강선인들과 결탁해 세곡을 투식하던 이서들이 반발한 것이다.[85] 이에 통리아문은 기선에 싣기를 거부한 읍에 벌과금으로서 미곡 1,000석당 220석의 건선가를 부과하고 전세와 대동미를 목포로 실어 나르도록 엄히 지시하였다.[86]

일본기선의 임차문제는 독일영사의 항의를 받은 일본영사가 다시는 기선을 목포에 보내지 않겠다고 약속하여 해결되었다.[87] 그러나 거듭된 정부지시에도 불구하고 영암에서는 경강선 등에 세곡운송을 맡겼고 나주와 장흥에서도 세미상납을 지체하였으므로 희화선의 세미수송량은 계속 미달되었다.[88] 희화신은 1886년 10월 그믐 목포에 도착하여 4일 간이나 머물러 있었는데도 수송할 세미가 겨우 1,083석밖에 되지 않았고 그 후에도 별로 증가하지 않았다. 그래서 희화선은 그 해 가을부터 12월 초까지 3차례나 거의 빈 상태로 인천으로 돌아가야 했다.[89] 세창양행은 3차례의 "全船空還"으로 헛되이 항행한 비용이 5,000원 이상이라고 하면서 이듬해 봄에 세미 4~5만 석을 운송토록 보장하든지 배상금 5,000원을 지불하라고 요구하였

---

83) 『全羅道關草』 1, 丙戌 3월 30일 關完營.
84) 『統署日記』 고종 23년 3월 30일.
85) 『全羅道關草』 1, 丙戌 3월 30일 關完營.
86) 『統署日記』 고종 23년 3월 30일.
87) 『德案』 1, 고종 23년 4월 12일, 5월 15일.
88) 『全羅道關草』 1, 丙戌 8월 27일 關完營, 11월 일 關完營, 12월 7일 完營報題·16일 關長興羅州.
89) 『德案』 1, 고종 23년 11월 28일.

다.⁹⁰⁾

통리아문은 세창양행에 운송을 보장하기로 한 3만 석 중 부족한 1만여 석을 채우기 위해 장흥과 나주, 전라감영에 관문을 내려 세미를 목포로 수송하도록 지시하면서 명령을 어길 때에는 건선가를 어김없이 징수할 것임을 강조하고 목포 領運監官에게도 傳令을 내려 우선 5천 석이라도 목포에 실어 두도록 지시하였다.⁹¹⁾ 그리고 이듬해 4월 나주와 보성세미 7,700석이 목포에 수송되었을 때 희화선이 아직 도착하지 않자 정부는 목포에 관문을 내려 희화선을 기다려 세미를 싣도록 지시하고 사사로이 임선에 실어 기선이 빈 채로 항행하게 될 경우 배상비를 징수하겠다고 엄칙하였다.⁹²⁾

그러나 희화선은 그 전에 다른 계약을 새로 맺고 나가사키와 상해 등에서 화물을 운송하고 있었다. 정부는 다시 방침을 바꾸어 목포에 운송해 둔 미곡을 편리한 대로 실어 나르도록 지시하고 민간인 기선 大興船을 동원하기도 하였다.⁹³⁾

이와 같이 희화선에 의한 세곡운송이 순조롭게 진행되지 못하고 차질이 생긴 원인은 우선 세창양행측이 기선을 자의적으로 운항시켜 목포기항 날짜를 제대로 지키지 못한 데 있었다. 그러나 기선고용계약에는 정부측에서 상대방의 약속위반을 제재할 수 있는 규정이 없고 다만 세미수송량 보장이라는 의무사항만 규정되어 있었다. 따라서 정부는 배상금지불 부담을 면하기 위해 약속한 수송량을 채우기에만

---

90) 위와 같음.
91) 『全羅道關草』 1, 丙戌 12월 7일 完營報題·16일 關長興羅州, 12월 일 關完營·12월 일 傳令木浦領運監官.
92) 『全羅道關草』 2, 丁亥 4월 17일 完營報題 및 關務安.
93) 『全羅道關草』 2, 丁亥 4월 17일 完營報題 및 關務安·23일 關完營務安. 大興會社의 기선 대홍선은 1887년 초에도 세미를 운송한 바 있다(『全羅道關草』 丁亥 정월 21일).

급급하여 21%의 船價米를 징수하는 것 외에도 기선을 빈 채로 항행하게 했다는 명목으로 해당 읍에 건선가를 부과하여 지방민에게 또 하나의 고통스러운 부담을 안겨주었을 뿐이었다. 그리고 결국 해관세 수입으로 3,500원의 違約金을 지불하였다.94) 건선가는 희화선의 운임인 15%를 초과하는 22%이었으므로 단순한 벌금이 아니라 이를 구실로 한 봉건정부 수탈의 한 양상이었음을 알 수 있다.

기존의 賃船 선주들과 세곡운송에 관여하는 色吏·영운감관·지방관 등의 방해와 비협조도 기선에 의한 조운실패의 주요한 원인이었다. 갑자기 세곡운송권을 침해받아 생계에 위협을 받게 된 임선의 선주들은 크게 반발하였고 이들과 연계하여 조세상납과정에서 이득을 취하였던 이서배와 지방관의 일부도 중앙정부의 정책에 협조하기를 거부하였다. 경강선주들은 이서배에게 뇌물을 바쳐 세곡을 계속 운송하거나95) 인천에 도착한 희화선의 세미를 경강까지 운송하는 일을 거부하여 기선에 의한 세곡운송을 저지하고자 하였다.96) 또 경강선주들은 連名으로 2차례에 걸쳐 진정서를 제출하여 정부의 정책에 적극 항의하기도 하였으나 통리아문은 궁색한 변명을 할 따름이었다. 즉 기선에 의한 세곡운송은 처음 있는 일로 폐단이 없을 수 없고 독일윤선 조약은 금년으로 끝나며 기타 윤선에 의한 運米는 본아문에서 관장하지 않아 아는 바가 없다고 하였다.97)

---

94) 『仁川港關草』 3, 庚寅 8월 3일.
95) 뇌물을 주고 靈岩세미를 임운한 京江主人 金誰寬과 李寬心은 심문을 받으면서 "우리는 본래 이러한 생애로 다년간 業을 삼아 왔는데 금년에 勢가 필히 낭패하게 되어 부득이 每船에 100석씩 본읍의 색리에게 뇌물을 바치고 裝載하여 올라왔습니다"라고 하였다(『全羅道關草』 1, 丙戌 8월 27일 關完營).
96) 『統署日記』 고종 23년 4월 25일. 희화선이 운송한 세미를 경강으로 수송하는 데에는 30척 정도의 재래선박이 필요하였는데 선박을 구하지 못하여 난감한 일이 있었다.

이와 같이 외국기선에 의한 세곡운송은 고용한 기선회사의 무성의와 임운업자·조세상납 담당관리의 반발로 효율적으로 이뤄지지 못하였고 봉건정부가 배상금지불 부담을 민에게 전가하여 수탈을 강화하는 폐단을 초래하였을 뿐이었다.

3. 轉運局에 의한 기선해운업의 운영과 한계

1) 정부기선 및 賃船에 의한 세곡운송

조선정부는 세창양행의 차관공세와 맞물린 희화선의 고용에서 외국기선의 고용에 의한 세곡운송의 폐단을 인식함과 함께 침몰의 위험이 거의 없고 한 번에 수천 석의 미곡을 안전하게 실어 나를 수 있는 기선의 이점을 확실히 알게 되었다. 그래서 정부는 호남지방의 세곡운송을 세창양행 기선에 위임하는 한편으로 기선에 의한 세곡운송 전담기구로서 轉運署(轉運局)를 활성화하고 기선을 구매하여 직접 세곡을 운송하는 방향을 모색하였다. 즉 정부는 1886년 7월부터 전운국에 세곡운송을 전담시키고 세곡운송을 맡을 관리로서 總務官을 임명하여 轉運御使를 겸하도록 하였다.98) 그리고 그 해 7월경에 내무부 工作司에서 미국 타운센드상회(Morse and Townsend & Co.)의 주선으로 구입한 海龍號(登簿톤수 215톤)와 1887년 7, 8월경에 세창양행의 주선으로 구입한 朝陽號(294톤)·廣濟號(536톤, 1888년에 蒼

---

97) 『內各司關草』 1(奎 18086), 丙戌 10월 21일 "沿江船主等白活題辭"·28일 "沿江船主等等狀題辭".
98) 『日省錄』 고종 23년 7월 15일.

제3장 海運政策과 官營海運業의 운영 87

龍號로 개칭) 등 3척의 기선을 전운국에 소속시켜 직접 운항케 하였다.99) 이들 기선은 모두 속도가 느린 중고선을 5, 6만 원의 비싼 값으로 구매한 것이었다.100)

이 중 제일 먼저 도입된 해룡호는 세창양행이 호남지방의 세미를 수송하는 동안 주로 영남지방의 세곡과 상납엽전을 운송하였다.101) 조양호를 매각하고 1889년 독일에서 수입한 쾌속정 濟江號(35톤)가 인천과 마포 간을 정기 운항하며 일반화물과 여객을 수송한 것을 제외하고는 정부에서 기선의 이용을 독점하여 주로 세곡과 상납엽전·석탄 등 관용물자를 운송하였다.102)

정부기선의 사용시기는 세곡운송기간인 11월에서 이듬해 5, 6월까지 집중되고 그 외에는 대체로 항구에 정박해 있어 비경제적이었고 부식될 염려도 있었으므로 적극적인 활용방안이 모색되어야 했다. 총세무사 등 고빙한 외국인들은 재래선박에 의한 화물운수가 불편하여 상업발달을 저해한다고 보고 관영기선을 상업 및 무역진흥을 위해 활용하는 구체적인 방안을 제시하였다.

먼저 원산세무사 歐森은 1889년의 원산의 무역상황을 보고하면서 다음과 같이 재래의 商船이 여러 가지 결함 때문에 화물운송이 육운을 선호하는 경향이 많았는데 견고한 선박으로 대체한다면 화물운반

---

99) 위와 같음.
    孫兌鉉, 앞의 논문, pp.227~233.
100) 위의 논문, p.227. 해룡호는 일본우선회사에서 성능이 불량하여 비경제적이라고 처분한 志摩丸를 구입한 것이었다.
101) 위의 논문, pp.233~234.
102) 그 예로 1890년 경상도 연해읍의 세곡을 운송한 창룡호의 운항실태를 살펴보면, 창룡호는 나가사키에서 석탄을 싣고 그 해 11월 29일에 마산포에 도박하여 창원부·咸安郡·宜寧郡·漆原縣·밀양부의 大同米와 雜費米 총 4,370석을 싣고 12월 9일에 출발하였고, 17일에 다시 마산포에 와서 같은 지역의 세곡을 싣고 24일에 출발하였다(『慶尙監營啓錄』 5[奎 15100], 光緖 16년 12월 21일 昌原府使 보고 및 光緖 17년 정월 2일).

의 편리를 도모하여 수출도 증대시킬 수 있을 것이라고 주장하였다.

  조선에서 가장 긴급하게 처리해야 할 일은 商船이다. 조선에서 건조한 선박은 몸체가 작고 견고하지 않으며 船艙이 노출되어 덮는 판이 없기 때문에 많은 돈을 들여 이익을 도모하는 상인은 아무리 운반비가 많아 들어도 牛馬를 사용하고, 선박을 고용하여 실어 나르려고 하지 않는다.…만약 出資하여 좋은 선박을 구매하는 사람이 있으면 본국 관리와 상인이 함께 협력하여 일을 성사시킴으로써 화물을 편리하게 운반하여 내지에서 팔고 내지의 土貨도 船便을 이용하여 수출한다면 상인에게만 이익이 있는 것이 아니라 국가에 더욱 이로울 것이다.103)

  총세무사 메릴(Henry F. Merrill, 墨賢理)은 보다 구체적인 방안을 제시하였다. 즉 그는 해룡호·창룡호·제강호 3척으로 교통이 불편한 인천과 대동강 및 평안도 간의 연안운수를 담당케 한다면 "土民이 상권을 장악하여 화물운송과 무역을 모두 스스로 담당할 것이고 通商口岸이 외국인에게 모두 침탈된 것과 다를 것"이라고 하였다.104) 개항장무역의 주도권은 외국상인에게 빼앗겼지만 개항장과 불개항장 간의 해운업을 조선인이 담당한다면 조선상인이 연안무역의 상권을 장악할 수 있다는 것이다. 메릴에 이어 총세무사로 임명된 쉐니케(J. F. Schoenicke, 史納機)도 3척의 기선 중 해룡호를 인천과 평양 간에 정기 운항시켜 평양근방의 토산품과 수입품을 수송하게 하고 아울러 대외무역에 종사하게 한다면 무역발전과 함께 관세수입도 증대될 것이라고 하였다.105)

---

103) 『朝鮮通商三關貿易冊』 20(奎 20204), "光緒15年元山口朝鮮貿易情形論略".
104) 『海關案』 2, 고종 26년 2월 27일.
105) 『海關案』 2, 고종 27년 2월 7일.

제3장 海運政策과 官營海運業의 운영   89

 그러나 경강에서 화물과 여객수송을 담당하고 있던 제강호는 1889년 9월 강화도 상류의 康寧浦에서 좌초되었고106) 관영기선을 상품수송에 본격적으로 사용하는 방안은 실현되지 않았다. 오히려 전운국은 1890년경부터 기선에 의한 세곡운송량을 확대하여 3척의 정부기선 외에도 주로 오사카(大阪)商船會社와 日本郵船會社의 기선을 고용하여 삼남지방의 세미를 운송하였다. 이들 선박의 고용기간과 고용형태는 자료미비로 일일이 밝힐 수 없으나 다음과 같은 오사카상선회사 소유기선 偶田川丸의 고용내용과 거의 같을 것으로 생각된다.

 우전천환은 1890년 11월에 6개월을 기한으로 하여 馬山浦-인천 간과 목포-인천 간의 세미를 수송하기로 하고 고용되었다.107) 운임은 미곡 1俵당 마산포와 인천 간은 일본화폐로 20전, 목포와 인천 간은 18전으로 정하였고 계약기간중이라도 상호간에 원하면 本船이 着港하기 전에 미리 통지하여 해약할 수 있도록 하였다. 운임이 종래 회화선을 고용했을 때에 비해 저렴하고108) 쌍방의 사정에 의해 언제라도 해약할 수 있었으므로 조선정부로서는 비교적 유리한 조건이었다.

 전운국의 기선고용 및 운항 실태는 다음 <표 2>와 같다.109) 그런데 전운국이 수시로 외국기선을 고용하는 데 따른 폐단이 야기되기도 하였다. 전운국 委員이 정부의 인준을 받지 않고 임의로 일본기선 越後丸을 고용하여 바로 불개항장인 진주로 가서 세곡을 운송하

---

106) 『朝鮮通商三關貿易冊』 20, "光緒15年仁川口朝鮮貿易情形論略" ; 『國譯韓國誌』, p.515 ; 『仁川府史』, p.788 참고.
107) 『日案』 2, 고종 27년 10월 일 "偶田川丸雇傭約定書".
108) 孫兌鉉, 앞의 논문, p.218.
109) 이 중 현익선은 1892년 3월에 6개월의 기간을 정하여 고용한 것으로, 국적이 독일이었는데 그 해 11월에 다시 고용될 때에는 노르웨이 국적으로 되어 있다.

였다가 파면당한 일이 있었다.110)

<표 2> 1889~1892년 전운국에서 세곡운송을 위해 고용한 외국기선

연도	선박명	소속회사	운송구간	출 전
1889	朋其福船	노르웨이 상선	마산포-인천	『朝鮮通商三關貿易冊』, "光緒15年仁川口朝鮮貿易情形論略"
1890	越後丸	日本郵船	진주-인천	『內各司(關草)』2, 庚寅 3월 16일 關轉運局
1891	偶田川丸	大阪商船	마산포·목포-인천	『日案』2, 고종 27년 10월 일
	越後丸	日本郵船	마산포-인천	『海關案』고종 27년 12월 4일
	伊勢丸	大阪商船	목포-인천	『海關案』고종 28년 8월 7일
	豊島丸	〃	〃	『海關案』고종 28년 9월 25일
	金剛丸	〃	전라도-인천	『海關案』고종 28년 10월 1일
	이세환	〃	珍島·古今島-인천	위와 같음.
	太湖丸	〃	삼남지방-인천	『海關案』고종 28년 10월 8일
	풍도환	大阪商船	고금도-인천	『統記』고종 28년 10월 17일
	〃	〃	〃	『海關案』고종 28년 10월 27일
1892	이세환	〃	全羅左水營부근-인천	『海關案』고종 28년 12월 12일
	顯益船	독일상선	부산·마산포-인천	『海關案』고종 29년 1월 21일
	〃	〃	군산-인천	『海關案』고종 29년 2월 20일
	瑪磨川丸	大阪商船	목포-인천	『海關案』고종 29년 6월 26일
	금강환	〃	〃	『海關案』고종 29년 7월 5일
	현익선	노르웨이 상선	군산-인천	『海關案』고종 29년 10월 20일

 전운국은 세곡운송을 위하여 1892년 말 일본으로부터 범선 15척을 구매하기도 하였다.111) 다음 <표 3>과 같이 다른 정부기관에서도 외국기선이나 풍범선을 구입하거나 고용하여 세곡 등 관용물자를 운송하는 일이 일반화되었다. 그런 가운데 전운국소속 기선은 점차

---

110) 『內各司(關草)』2(奎 17835), 庚寅 3월 16일 關轉運局 ; 『日省錄』고종 27년 3월 25일. 그래서 「政府雇用外國船隻章程」을 釐定해야 한다는 주장이 나오기도 하였다(『仁川港關草』3, 庚寅 윤 2월 22일 仁港報).
111) 『海關案』2, 고종 30년 1월 11일 ; 『統署日記』고종 30년 1월 14일.

<표 3> 1885~1894년 정부기관의 외국선박 소유 및 고용실태

연도	관청명	선박 종류 및 명칭	출 전
1885	親軍營	일본범선 柳生丸 소유	『統署日記』 고종 22년 8월 19일
1888	親軍南營	일본범선을 고용해 軍餉米 수송	『海關往復照會存案』 1·2, 戊子 5월 4·6일
	경상도 漕倉	일본범선을 고용해 구매한 親軍餉米 수송	『海關案』 고종 25년 5월 19일
1892	麻浦公局	巡察 板船 1척 소유	『統署日記』 고종 29년 8월 4일
	부산감리서	일본범선 豊國丸 소유	『海關案』 고종 29년 11월 11일
1893	度支衙門	일본선 3척을 고용해 남도연해 세곡운송	『海關案』 고종 30년 10월 22일
1894	總制營	일본 杉板船 고입	『海關案』 고종 31년 3월 16일

다양한 용도로 사용되기 시작하였다. 해룡호가 1888년 말 해관 巡邏船으로서 8도 연안을 순찰하여 외국상인의 밀무역을 단속하기 시작하였고[112] 1892년부터는 내무부 軍務司에 소속되어 국내 연안과 여러 섬을 巡行하는 일을 전담하였다.[113]

전운국 기선은 드물지만 각종 특혜를 누리면서 무역에도 종사하였다. 1891년 창룡호는 마산포에서 콩 2,815석을 싣고 부산을 거쳐 일본으로 수출하였는데 해관세만 내고 부산해관의 검사는 면제받았다.[114] 전운국 기선과 전운국에 고용된 외국기선은 관청이나 왕실에서 사용하는 석탄·수입품 등을 운송할 때에는 세금을 면제받았으나,[115] 면세인가를 받지 않은 수입품은 일반 상선과 다름없이 관세를 내야 했

---

112) 『統署日記』 고종 25년 9월 30일, 11월 8일 ; 『內各司(關草)』 1, 戊子 11월 14일 ; 『海關案』 1, 고종 25년 12월 10일.
113) 『東萊關牒來案』 2, 壬辰 11월 9일 內務府來關 "內務府 軍務司章程".
114) 『海關案』 2, 고종 28년 6월 16일.
115) 『仁川港關草』 3, 庚寅 6월 18일 關仁署監, 8월 10일 關仁署監, 9월 29일 關仁監 ; 『海關案』 2, 고종 27년 3월 8일 및 고종 30년 12월 28일.

다. 그런데 전운국 기선은 이러한 규칙을 무시하고 밀무역을 자행하기도 하였다. 1892년과 1893년에 걸쳐 창룡호는 일본으로부터 수입품을 싣고 바로 불개항장인 마산포로 가서 다시 국산품을 싣고 인천으로 운항하였다가 인천해관에 의해 여러 차례 적발되었다.116) 이 때 창룡호는 해관세를 포탈하기 위해 화물을 해상에서 小船으로 옮겨 해관 몰래 마포로 운송하였다.117) 관권을 남용하여 해관세와 선박세를 내지 않고 밀무역에 종사함으로써 무역장정과 海關稅則을 위반하였던 것이다.

전운국은 일본상인에게 기선을 빌려주어 세금 및 운임수입의 증대를 꾀하기도 하였다. 1889년 말 해룡호는 일상 土町이 구매한 쌀 및 콩 360包와 우피 90장을 운송하였다.118) 1890년 3월 말에는 전운국위원 禹慶善이 일본상인 上原嘉之와 계약을 맺어 해룡호와 일본우선회사에서 빌린 越後丸을 임대하였다. 계약내용은 인천에서 황해도 鐵島 간을 다니며 쌀과 콩 6만 斛(10말), 우피 5천 斤, 목면 1만 근 등을 貿運하고 그 대가로 운송화물에 대한 운임과 세금을 징수한다는 것이었다.119) 운임은 곡물 1곡에 해룡호는 은화 50전으로, 월후환은 25전으로 정하고 승객에 대해서도 일정액의 운임을 정하여 전운국에서 징수하였고 세금은 일본지폐로 兌換하여 통리아문에 상납되었다.120) 월후환은 1회만 왕복하고 해룡호는 4회 운항하였는데 월후환과 같은 외국선박의 불개항장에서의 항행은 금지되었으므로 조선국기를 달고 관리의 감시하에 운항하였고 구매한 쌀 총 18,000여 擔이

---

116) 『海關案』 2, 고종 30년 2월 29일 ; 『統署日記』 고종 30년 3월 2일.
117) 『海關案』 2, 고종 30년 2월 29일.
118) 『平安道關草』 3(奎 18072), 己丑 11월 25일 箕營報.
119) 『日案』 2, 고종 27년 윤 2월 10일 ; 『統署日記』 고종 27년 윤 2월 17일.
120) 『仁川港關草』 3, 庚寅 5월 3일 關仁監. 월후환이 1차례, 해룡호가 4차례 무곡한 양은 각각 약 1,000포에 달하였는데 그 세금은 2,744원이었다.

일본으로 수송되었다.121) 일본상인이 불개항장을 침투하여 쌀 등을 유출하도록 방조한 것이다.

일본상인에 의한 월후환의 불개항장 항행을 허용한 정부의 조치는 청의 항의와 균점요구에 부딪혔다.122) 당황한 정부는 월후환은 단 1차례 운항하였을 뿐으로 일시적인 편의제공에 불과하므로 균점을 요구할 성질이 아니라고 궁색하게 해명하였다.123) 청의 정크선이나 일본선박 등 외국선박이 불개항장을 불법적으로 항행하며 밀무역에 종사하는 경우가 많아 단속에 고심하던 중에 정부 스스로 일시적이나마 외국상인의 외국선박에 의한 불개항장에서의 무역을 허용하는 과오를 범했던 것이다.

이 밖에도 관영해운업의 운영에는 문제점이 많았다. 우선 기선운항 기술이 있는 조선인이 없어 선장과 기관수를 외국인으로 고용하였다. 해룡호의 경우 서양인 2인을 고용하였다가 1891년 10월 고용기한을 20개월로 히어 일본인을 선장과 기관수로 고용하였는데 선장이 모든 사무를 맡아보았다.124) 선장은 선원을 지휘, 통제할 뿐 아니라 월 480원의 급여를 받아 선원 각자에게 일당제로 보수를 지급하는 일도 담당하였으므로 기선의 운항에서 실질적인 권한을 행사하였으리라고 생각된다. 일본인 선장과의 고용계약이 만료된 후에는 독일인이 선장으로 고용되었고 기관수로 일본인이 고용되었다.125) 기선을 운항할 수 있는 항해사와 기관사의 육성이 시급히 요청되었으나

---

121) 위와 같음 ;『朝鮮通商三關貿易冊』"光緖16年釜山港口朝鮮貿易情形論略"
122)『淸案』1, 고종 27년 3월 8일.
123)『淸案』1, 고종 27년 4월 25일.
124)『日案』2, 고종 30년 6월 8일 證據書(고용계약서). 그런데 이 때 고용하기로 한 기관수는 자격이 부족하다고 하여 고용이 취소되었다(『日案』2, 고종 30년 8월 5일).
125)『內各司(關草)』2, 壬辰 8월 14일 關轉運局 ;『統署日記』고종 30년 8월 6일.

1895년 이후에야 韓萬源·朴宗緖·愼順晟 등이 관비로 일본 遞信省 관할 商船學校에 입학하여 1901년 6월과 12월에 각각 졸업장을 받음으로써 항해사와 기관사가 배출되었다.126)

국가재정이 악화된 상황에서 선박구입 및 운영비 등 각종 경비를 충당하는 문제도 심각하였다. 선박수리비, 선장 등 선원의 월급, 연료 등의 각종 경비를 대개 3개항장의 해관세로 충당하고 때로는 차관으로 지출하였다.127) 특히 선박구입비를 주로 차관에 의존하였기 때문에 완전히 상환할 때까지 선박의 소유권이 없어 선박을 매도한 회사의 소속국가 깃발을 달고 다녀야 했다.128)

이와 같이 전운국에 의한 관영 기선해운업은 기선구입비를 외채에 의존하였을 뿐 아니라 항해기술자를 고임금의 외국인으로 충원하면서 자체적으로 기술자를 양성하려는 노력을 전혀 기울이지 않았으며, 고가의 기선을 이용하는 데 있어서도 세곡운송에 편중하여 경제적으로 활용하지 못하였기 때문에 해운 및 상업발전에 기여하지 못하였다. 관영기선이 민간인과 화물수송에 이용되는 것은 1893년 초 이운사의 설립을 기다려야 했다.

---

126) 『皇城新聞』 光武 5년 8월 23일 雜報 "卒業歸京"; 『日案』 5, 光武 5년 8월 26일, 12월 29일. 이들 중 12월에 졸업한 신순성은 학술면에서 우등을 차지하여 각종 상품을 받았다고 한다(『皇城新聞』 光武 6년 1월 7일 雜報 "航海卒業").

127) 『仁川港關草』 1, 丁亥 12월 24일 關仁港 및 戊子 정월 21일 仁港關, 2월 26일 關三港; 『統署日記』 고종 28년 11월 23일 및 고종 29년 6월 22일, 8월 17일; 『海關案』 1, 고종 30년 1월 17일.

128) 창룡호의 구입 및 대금상환에 대해서는 金正起, 앞의 논문(1982), pp.111~112; 李培鎔, 앞의 논문, pp.267~268 참고.

2) 漕運制度의 폐단

 그러면 기선이 도입되고 세곡운송 전담기구가 설치된 후 조세상납 과정의 폐단은 모두 시정되었을까? 전운국은 기선에 의한 세곡운송량을 늘려갔으나 연간 30여만 석에 달하는 세곡을 몇 척의 정부보유 기선과 외국기선의 임시고용만으로는 다 수송할 수 없었다. 경강선인 등 기존의 임운업자들의 반발도 심하였으므로 '自邑賃船'이 병행되고 漕船도 계속 사용되었다. 관영기선과 기존 임운업자의 세곡수송량의 비중은 자료미비로 파악할 수 없다.

 1883년 '自邑賃船制'가 실시되고 기선이 도입된 이후에도 경강선과 지토선의 농간은 여전하였다. 경강선주들은 수령이나 任掌에게 뇌물을 주고 세곡을 실은 후 투식하였다.129) 영남지방에서는 漕倉을 폐지한 후 임선의 세곡운송을 감독하는 "都差之官"이 없어 致敗가 더욱 많이 발생하였다.130) 또한 임선이 세곡을 바로 상납하지 않고 겨울이 되어 강이 얼 때까지 지체하여 船價를 가로챘기 때문에 京倉의 情費가 배로 뛰고 상납이 지체되었다.131)

 곡물의 對日流出이 심화됨에 따라 부산항에 가까운 영남지방에서는 임선의 세곡잠매 행위가 더욱 성행하였다. 여기에도 수령이나 이서배의 결탁이 개재되었다. 1883년 밀양부사가 왜관에 세곡을 잠매하였다가 수감되었고 1889년에도 밀양에서 세곡을 잠매하다가 들킨 선주가 효수되고 밀양부사가 처벌을 당하였다.132)

---

129) 『全羅監司啓錄』 7(奎 15095), 光緖 14년(1888) 10월 3일. 예를 들면 1883년조 三手米 106여 석을 京江船主 張南七이 흠포하였고(『湖南啓錄』 2[奎古 4255. 5-12], 光緖 11년 6월 18일) 장흥의 各宮納 세미를 경강선 주 金成完이 건몰하였다(『龍洞宮謄錄』 4, 庚寅 7월 일).
130) 『龍洞宮謄錄』 4, 丁亥 5월 14일.
131) 『日省錄』 고종 22년 7월 28일.

재래선박의 임차에 의한 세곡운송 폐단이 계속 노출되고 있는 가운데 관영기선에 의한 조세상납과정에서도 각지에 파견된 **轉運御使·領運監官** 등의 농간에 의해 상납이 지체되고 있었다. 전운사는 세미뿐만 아니라 1886년에 복설된 '**雜卜餘利米**'를133) **督徵**하여 기선으로 중앙에 상납하는 책임을 맡으면서 그 밑에 있는 감관과 함께 농간을 부렸다.134) 세곡을 기선으로 운송하려면 감관이 읍과 약조를 정한 후 미곡을 싣고 **捧標**를 작성하여 주었는데 이 때 전운사와 감관은 "**輪費**"라고 하여 운임을 더 걷는 방식으로 세곡을 투식하였다.135)

이와 같이 조운제도는 1894년 조세금납화로 폐지될 때까지 선주와 감관·이서배·수령이 연계해 조세상납을 이용하여 치부하는 모순구조를 이루고 있었다. 다음의 기록은 그 구조를 적나라하게 보여주고 있다.

  領議政 李最應이 아뢰기를…게다가 선인이 賃貰를 다투면서 즉시 실어가지 않고 舟橋領將은 또한 선인에게 (선가를 : 필자) 급여하지 않으며 輸納할 때에는 各司 書庫輩가 오로지 情費의 다과만을 논하고 상납에는 염두를 두지 않습니다.136)

---

132) 『日省錄』 고종 20년 8월 27일 및 고종 26년 8월 29일, 9월 5·19일.
133) '雜卜餘利'란 田稅와 大同稅를 賃船上納하던 호남지방의 23개 읍에서 징수하던 永宗米·三主人米 등과 같이 전세·대동세에 부가하여 세곡선으로 운송되었던 雜費稅를 총칭하였다. 그 수세량은 매선 1척에 영종미가 8석이고 삼주인미가 3석이었다(『全羅道關草』 丁亥 5월 2일 關順天). 잡복여리는 訓練都監의 軍資補充을 위해 창설하였던 것을 武衛所에 이속하였다가 1881년 '減省廳改革' 때 혁파했던 것을 1886년 7월에 통리아문에서 재정부족을 이유로 正稅化한 것이다(『日省錄』 고종 23년 7월 27일 ; 韓㳓劤, 앞의 논문, pp.253~254 ; 서영희, 앞의 논문, p.147).
134) 韓㳓劤, 위의 논문, pp.248~261.
135) 『全羅監司啓錄』 7, 光緖 14년(1888) 10월 3일.
136) 『日省錄』 고종 16년 정월 20일.

여기에 다시 貢租上納에 따르는 폐도 역시 놀라운 것이 있습니다. 예를 들면 100석의 공조를 漢城으로 가지고 와서 납부하는 자가 있을 때 그 상납자는 실제로는 150석을 내놓지 않을 수 없습니다. 그 중 50석은 收稅官吏 및 기타 잡역인 등이 공조상납에 즈음해서 각종 어려움을 일으키는 것을 방지하기 위한 뇌물로 소실됩니다. 또한 貢米를 운반하는 데 있어서는 더 한층 심한 폐습이 있습니다. 지방 米倉의 축적미를 漕運으로 보냄에 있어서 지방관이 이를 업자에게 명하여 운송을 청부하게 하면, 이 청부업자는 고의로 노후한 선박을 택해서 쌀을 싣고 가장 가까운 항만에 간신히 기항하여 여기에 荷物을 내려 놓고 배를 때려 부수어 난파선으로 가장하고 그 곳 지방관에게 호소해서, 표면상으로는 정식검사를 받게 하고 이면으로 그 지방관에게 뇌물을 주어 중앙정부 앞으로 난파선 보고를 하게 함으로써, 적재했던 공미를 모두 竊取하는 교활한 계략을 꾸미는 자가 적지 않다고 합니다.137)

임선의 선주가 상호 경쟁하여 세미운송권을 획득한 후 세미를 바로 상납하지 않고 일부러 낡은 선박을 택하여 운송하다가 가까운 포구에 기항하여 쌀을 부린 후 선박을 부수어 침몰시키고는 그 지방 수령에게 뇌물을 바쳐 난파선으로 허위 보고케 해 세미를 착복했다는 것이다. 선인이 세미를 서울로 수송하여 납부할 때 각 아문의 이서배가 수탈하는 정비는 선인들의 欠逋를 조장하고 조세상납량의 缺縮을 가져와 정부에서 여러 차례 혁파하려고 하였으나 소용이 없었다.138)

그런데 임선의 고의적인 침몰은 선박의 상실과 생업인 船業의 포기를 감수해야 하는 위험부담이 따랐고 그 사실을 은폐하려면 지방

---

137) 『駐韓日本公使館記錄』 5(국역본), 국사편찬위원회, p.117, 기밀 제14호 "朝鮮の財政".
138) 『日省錄』 고종 20년 7월 19일 및 고종 21년 정월 2일.

관 등 권력기관과 연결할 만한 세력과 뇌물을 바칠 수 있는 상당한 재력을 갖추어야 하였으므로139) 영세한 선주는 감히 엄두를 내지 못하였다. 영세하고 세력이 없는 지토선 등의 상선은 오히려 세곡임선으로 동원되는 것을 꺼렸다. 선상은 이서배가 상선을 강제 징발할 때 뇌물을 요구하는 등의 횡포를 부렸기 때문에 죽음을 무릅쓰고 도망가는 경우가 많았다. 그 결과 魚·鹽이 유통되지 않고 각 포구에 노적된 화물이 가득 있어도 배가 없어 운반하지 못하는 사태가 벌어지곤 하였다.140) 인천항에 도착한 세미를 경강으로 실어 나를 때에도 전운국은 상선을 강제 고용하였는데 이를 거부하면 구타하거나 雇賃을 충분히 지급하지 않았으므로 선인들은 貢米船이 부두에 오는 것을 보면 다른 곳으로 도피하였다.141) 이 때문에 상인들은 실업상태에 빠지고 관세도 감소하였으므로 정부는 선상의 생업을 위협하고 정상적인 상품유통을 저해하는 전운국의 商船執捉을 금지하였다.142)

漕船이나 세곡운송 사선이 경강에 도착한 후에도 수탈이 자행되었다. 宮房이나 卿宰家의 하인은 배머리에서 分稅 등을 칭탁하여 수탈을 일삼았고143) 도성 내외 무뢰배도 양반가와 결탁해 선주를 침학하

---

139) 1885년 고의로 선박을 침몰시켰다고 하여 체포된 대동미 임선의 선주 金辰玉은 취조를 받을 때 혐의를 부정하면서 "船業은 평생의 계책이나 裝稅는 일시의 일에 불과하므로 평생의 업을 생각하지 않고 단지 일시의 욕심을 탐하여 거의 千金에 달하는 선박을 고의로 破敗시킨다면 스스로 罔赦의 죄를 취할 것"이라고 하였다(『湖南啓錄』 1, 光緒 11년 3월 일).
140) 『日省錄』 고종 18년 3월 15일 前掌令 朴淇鐘 상소.
141) 『日案』 2, 고종 28년 4월 11일.
142) 『統署日記』 고종 29년 3월 16일 關摠務官 ; 『仁川港關草』 4, 壬辰 3월 16일 關仁監.
143) 『日省錄』 고종 20년 2월 7일 ; 『甘結冊』 3, 甲申 2월 일 戶曹宣惠廳了 ; 『龍洞宮謄錄』 4, 丁亥 6월 24일 戶曹甘結. 용동궁에서는 水下孫乭項 등에 奴子를 보내어 漕船의 상납조세를 늑징하기도 하였다(『龍洞宮謄錄』 4, 庚寅 8월 25일 內司甘結).

였다.144)

　이와 같이 기선에 의한 세곡운송은 재래선박의 치패의 폐단을 시정하기는 하였으나 조세상납구조의 개혁이나 기존 임운업자의 활로 모색 등의 대책없이 실시되어 많은 폐단을 야기하였다. 우선 세미수송량이 과다할 때 지토선을 강제 징발하여 상인들의 영업에 지장을 초래하였다. 또 기선에 의한 조운제도를 실시하면서 추징한 船價米와 乾船價, 기선 및 기계도입비 등은 봉건정부의 민중에 대한 수탈가중을 가져왔다. 조세상납량이 結當 3, 4斗씩 많아졌다든가145) "貢米 1섬씩 상납하던 것이 근래 1.5섬"으로 늘어났다고146) 하는 조세부담의 가중은 전운사와 영운감관 등 세곡운송 담당관리의 작폐 및 조세징수의 가혹함과 함께 자연히 轉運事業에 대한 민중의 불만을 가져왔다. 그 원한은 1894년 농민전쟁 때 폐정개혁안의 선두에 항상 '전운국의 혁파와 전운사의 처형'을 요구하는 것으로 폭발하였고 마침내 전운국은 혁파되고 조세는 전면 금납화되어 조운제도도 폐지되었다.

4. 利運社의 설립과 경영

1) 이운사의 설립과 운영

　利運社는 민씨정권의 세력가인 閔泳駿과 전운국 總務官 鄭秉夏, 인천 경찰관 禹慶善147) 등의 발의에 의해 전운국이 청국에서 도입한

---

144) 『日省錄』 고종 23년 2월 4일 ; 『龍洞宮謄錄』 4, 丙戌 12월 8일 內司甘結.
145) 金允植, 『續陰晴史』 上, 甲午 6월 24일, 국사편찬위원회, p.323.
146) 『駐韓日本公使館記錄』 1(국역본), p.43.
147) 우경선은 이운사설립 직후인 1893년 3월 일본 운송회사인 호리(堀)商會

20만 냥의 차관으로 1893년 1월에 창립되었다.148) 이운사는 청국의 官督商辦 기업인 招商局을 모방한 정부직영의 관기업으로서 설립되었고 세미운송을 목적으로 하되 화물과 여객수송의 기능을 동시에 수행하여 본격적인 해운기업이 되었다.149) 창설 당시 간부는 사장에 민영준, 부사장에 정병하와 전라도 전운 총무관 趙弼永, 사무관에 우경선 등의 관리가 임명되었다. 이 중 기선구입 등 실무는 우경선이 담당하였고,150) 이운사의 경영은 내무부의 관할과 전운국의 감독을 받았다.

이운사는 전운국으로부터 기선 창룡호(실제톤수 476톤, 적재량 2,750석)를 불하받고 전운국이 고용했던 노르웨이기선 顯益號(505톤, 3,500석, 승객 67명 수용)를 구입한 후 세창양행 기선 潮州府號(796톤, 8,000석, 승객 50명 수용)와 나가사키에서 새로 건조한 목조기선(130여톤)을 구입하여 각각 利運號와 慶濟號라고 불렀다.151) 그리고 이운사는 1893년 말에 通惠公司 소유의 중국기선 漢陽號를 매수하여 모두 5척의 기선을 소유하게 되었다.152)

이운사는 설립목적이 무엇보다도 세곡수송에 있었으므로 그 항로도 漕運路로 결정하였다. 그리하여 평안도 대동강 상류의 保山과 황

에 명의를 빌려주어 일본기선이 인천과 불개항장인 평양을 항행하며 조선근해 해운권을 침해하도록 도와주었으므로 매판적 관료라고 할 수 있다(『仁川府史』, pp.794~795). 우경선은 청일전쟁의 발발 후 1894년 8월 초에 인천감리서에 체포되었다가 한성으로 호송되었는데(『駐韓日本公使館記錄』 3, 국역본, pp.327~328) 그 이유는 알 수 없다.
148) 『通商彙纂』 제8호 부록 "明治26年中仁川港商況年報"(1894년 8월).
149) 孫兌鉉, 앞의 논문, pp.254~255.
150) 조주부호를 매입할 때 우경선이 李完秀 등과 함께 주선을 담당하였다고 한다(『公文編案』 22[奎 18154], 乙未 6월 1일).
151) 『通商彙纂』 제8호 부록 "明治26年中仁川港商況年報".
152) 『統署日記』 고종 30년 9월 3일 및 고종 31년 2월 11일 ;『釜山港關草』 1(奎 18077), 癸巳 11월 30일 關釜監元監仁監.

해도 鐵島, 충청도 法聖浦・熊淵, 전라도 군산・목포・古今島・左水營, 경상도 진주・마산포와 부산, 함경도 원산・北靑 등지로 기선이 왕복 운항하며 인천으로 연간 30만여 俵(1표는 5斗 5升, 5승은 선가미)의 쌀・콩・보리 등을 운송하였다.153) 인천항으로 수송된 미곡은 이운사 소유의 轉運丸이라는 艀船으로 옮겨져 한강 상류에 있는 용산의 軍監衙門과 양화진의 別營과 新倉, 富平의 石串 등 4군데로 나뉘어 수송, 납부되었다. 운임은 곡물적재량의 5%였는데 1893년 한 해에 운임으로 받은 쌀을 인천에서 매각한 양이 14,534표에 달하였다고 한다.154)

또한 이운사는 1893년 8월경에 일정한 賃錢表를 만들어 개인의 화물과 보통여객의 운송까지 취급하여 일반 운수사업에 종사함으로써 명실상부한 해운기업이 되었다.155) 한양호는 인천과 연안 각 포구를 통항하면서 貨客을 운송하고 이운호는 3개항장 간의 운수업에 종사하였으며 현익호는 함경도의 원산과 북청방면으로 배정되어 인천까

---

153) <표 4> 1893년 3월 해빙 후~12월 이운사 기선의 지역별 세곡운송량

(단위 : 俵)

세곡 積出地	쌀	콩	보리
군 산	79,263	1,726	0
목 포	60,220	2,218	0
熊 浦	32,151	1,034	5
法聖浦	8,596	1,268	0
진 주	10,316	0	0
마산포	59,093	3,462	928
古今島	48,982	1,620	0
계	288,621	11,328	933

이 밖에 평안・황해도의 세곡상납량은 4만 표였다(『通商彙纂』 제8호 부록 "明治26年中仁川港商況年報").
154) 위와 같음.
155) 『國譯韓國誌』, p.514.

지 정기 운항히였다.156)

이운호는 1893년 3월부터 이듬해 2월까지 항해하기로 계약하고 인천에서 부산·원산, 烟臺·블라디보스토크(海蔘威) 등을 운항하며 무역품 수송에도 종사하였다.157) 당시 연대에는 조선에서 파견한 商員이 없고 이운사의 지점이 설치되지 않았으나 청의 협조를 얻어 기선을 순조롭게 운항시킬 수 있었고158) 러시아에서도 이운호를 우대하여 항해를 돕기로 하였다.159) 그러나 이운호의 대외항로 경영은 좋은 성과를 거두지 못하였고 일정표를 못 지켜 신용도 떨어졌다.160) 또한 이운호의 대금 81,000원 중 5만 원만 지불하여 소유권을 주장할 수 없었기 때문에 배의 출발과 도착 등 운용이 모두 세창양행 소속의 선장에게 위임되었고 독일선박을 이운사가 빌린 형태로서 독일국기를 게양하고 항해하였다.161)

한편 현익호는 감독을 위해 탑승한 관리가 강제로 세금을 거두고 불친절하였기 때문에 승선하거나 화물을 맡기는 사람이 없어 "실은 荷物은 실로 牛皮 5매 외에는 없었다"162)고 하는 경우도 있었다. 이 같은 積荷부족으로는 현익호의 1개월 경비인 2,000원을 도저히 충당할 수 없는 적자운항이었다. 그런데 현익호의 실적부진에는 그 이전부터 정부의 묵인 아래 원산 이북을 운항하고 있던 일본인의 元山丸·壽都丸의 영향이 컸다. 그래서 이들 일본선박에 적하를 금지한다는 傳令을 발포하기도 하였으나 소용이 없었다고 한다.

---

156) 『元山港關草』 3(奎 18076), 癸巳 11월 30일 關元監;『統署日記』 고종 30년 12월 24일;『釜山港關草』 1, 癸巳 12월 25일 關釜元兩港.
157) 『俄案』 1, 고종 29년 12월 24일.
158) 『淸案』 2, 고종 30년 1월 14일, 2월 29일.
159) 『俄案』 1, 고종 30년 1월 25일.
160) 孫兌鉉, 앞의 논문, p.269.
161) 『駐韓日本公使館記錄』 5(국역본), p.22.
162) 『日本外交文書』 1893년 11월 15일.

군산-인천 간을 운항하던 한양호도 적자를 면치 못하였으나163) 연안무역 및 대외무역에 종사하는 선상에게는 상당한 편의를 주었다. 반면 재래선박인 蓬船에 의해 선운업과 선상활동에 종사하는 선인들에게 막대한 타격을 주었다.164) 임선은 이미 일본의 曳船이 연해포구를 두루 다니며 곡물을 개항장으로 운송하는 영향으로 실업상태에 있었는데165) 기선의 위협까지 받게 된 것이다. 따라서 봉선 선주들은 船主人과 연계하여 상인이 화물을 기선에 싣거나 탑승하려고 하면 기선이 위험하다고 선전하면서 백방으로 방해하였다.166)

한편 이운사의 기선은 운송 본연의 임무를 벗어나 밀무역에 종사하기도 하였다. 현익호는 1893년 3월 洋貨와 마산포의 미곡을 싣고 인천으로 들어왔을 때 양화 130건 중 7건만 세금을 내고 123건은 세금을 내지 않고 板船에 실어 마포로 가려다가 인천해관에 적발되었다.167) 이운호도 쌀을 싣기 위해 마산포로 가는 도중에 憑票없이 불개항장인 진주로 몰래 항해히여 물의를 일으킨 일도 있었다.168)

이운사의 해운업은 연안을 항해하는 조선의 다른 기선이 없던 당시에는 매우 유망하였으나, 비경제적인 경영방식 때문에 적자운영을 면치 못하였다. 세미 외에 정부의 관용물이나 관리의 개인화물까지도 어용이라는 명목으로 무제한으로 수송하고 수입이 있으면 써버렸기 때문에169) 1894년 8월 현재 선원의 급료가 4만여 원이나 체불되어 있었고 기름과 석탄의 비축도 없는 상황이었다.170)

---

163) 孫兌鉉, 앞의 논문, p.268.
164) 『國譯韓國誌』, p.514.
165) 『釜山港關草』 1, 癸巳 3월 13일 關釜監.
166) 『通商彙纂』 제8호 부록 "明治26年中仁川港商況年報".
167) 『海關案』 2, 고종 30년 3월 18일, 6월 12일.
168) 『統署日記』 고종 30년 5월 23일.
169) 『駐韓日本公使館記錄』 2(국역본), p.73.
170) 『駐韓日本公使館記錄』 3(국역본), p.331.

한편 이운사는 갑오개혁 이후 통리아문에서 개편된 **外務衙門**으로 관할권이 넘어갔고[171] 재정개혁의 일환으로 조세가 금납화되어 세곡을 운송할 필요가 없어지자 정부는 이운사소관 창룡호·현익호·해룡호에 중요한 임무가 없다고 하여 일인에게 임대하는 것을 허용하기도 하였다.[172] 그런데 전운국이 혁파되고 운수사무가 이운사소관이 되자 이운사는 度支衙門에서 관할하게 되었고 탁지아문은 이운사의 활성화방안을 모색하였다. 탁지아문은 1894년 8월 선주인 명색을 일체 혁파하고 이운사와 소속기선의 사무를 맡아볼 탁지아문 **主事** 1인을 파견하여 이운사의 경영을 정상화시키려고 노력하였다.[173] 담당사무를 在港事務와 騎船事務로 나누어 기선업무를 위해 현익호와 창룡호에 각각 2인씩 임명하고 해룡호에 1인을 파견하였으며, 재항사무를 담당할 사람으로 1인을 정하여 3척을 모두 맡아보도록 하였으며 기선 고용인의 밀린 월급도 지급하였다.

그 후 탁지아문은 이운사에 인천항 상인들을 참여시켜 민영화를 시도하였다.[174] 탁지아문은 인천항 상인들의 요청을 받아들여 1894년 9월 이운사의 사옥과 창고, 기선 현익호·창룡호·해룡호 3척, 庫板船 14척의 운영권 일체를 인천항 이운사의 상인 등에게 맡겨 기선운항을 비롯한 회사운영을 자유롭게 하도록 하고 왕실에 진상하는 물건 및 관리의 수송 등도 이 회사에서 정한 규례에 따라 시행하도록 하였다.[175] 그리고 탁지아문은 그 해 10월 말 이운사 상인의 요

---

171) 『公文編案』 3, 甲午 9월 13일.
172) 『統署日記』 고종 31년 7월 1일. 그런데 조세금납화 조치가 있었던 1894년을 전후해서는 여전히 이운사 기선으로 세곡을 운송하였다(『公文編案』 3, 甲午 11월 15일 및 26, 乙未 2월 4일).
173) 『公文編案』 3, 甲午 8월 29일, 9월 1일.
174) 『公文編案』 3, 甲午 8월 일.
175) 『公文編案』 3, 甲午 9월 24일 仁川監理署去關, 同日 傳令 仁川港利運社商會商民等處.

청에 따라 현익호가 남북의 각 항구에 정기 운항하여 운수의 편리를 도모하도록 특허하였다.176) 갑오정권의 자유주의 상업정책에 따라 이운사의 운영 일체를 상인들에게 위임한 것으로 보인다.

2) 외국기선회사에 의한 기선의 위탁 운항

이운호가 청일전쟁중에도 청국상인과 화물을 연대·天津으로 수송하면서 조·청 간의 통신업무에도 종사하자 일본은 군사상의 불이익이 돌아올 것을 염려하여 이운호의 운용권을 차지하려고 하였다. 일본 총영사는 조선정부에 압력을 넣어 이운호와 관영기선 3척이 조선해협 밖으로 항해하는 것을 중단하도록 한 뒤 일본군대에서 그 기선을 자유롭게 이용토록 하고 이운호의 대가를 완전히 상환하도록 조선정부에게 종용하였다. 그러나 세창양행에서 原船價의 잔금인 31,000원보다 훨씬 많은 5~6만 원을 요구해와 흥정이 쉽지 않자 日本郵船會社에서 1개월 동안 이운호를 빌리는 협상을 벌였다. 세창양행이 일본정부의 지원을 받는 우선회사와 거래할 경우 잡음이 예상된다고 하여 개인명의를 원하였으므로 인천거류 일본인의 명의를 빌려 배를 임대한 후 우선회사에서 운항케 하였다. 이 때 이운호의 임대료는 4,500원이었는데 우선회사에서 운항에 손해를 보게 되면 일본정부에서 1,000원을 보상해 주기로 하였다. 정치·군사적인 목적으로 이운호를 전쟁기간중에 일본의 수중에 넣으려는 것이었으므로 정부에서 운항을 보조하기로 한 것이다.177)

일본우선회사는 현익호도 조·일 간의 운항에 이용하기 위해 1개

---

176) 『公文編案』 3, 甲午 10월 28일 利運社商民稟稱.
177) 『駐韓日本公使館記錄』 5(국역본), pp.21~23.

월에 3,000원의 임대료로 고용하려고 교섭하였나.178) 그리고 우선회사는 부산주재 일본총영사 무로다(室田義文)의 의견에 따라 이운사의 경영악화를 이용하여 연안항해권을 획득하기 위해 1894년 말부터 특명전권공사 이노우에(井上馨)를 통해 조선정부와 교섭하기 시작하였다.179) 그 과정을 살펴보기로 하자.

무로다는 1894년 8월 초부터 이운사소속의 4척의 기선을 일본우선회사나 오사카상선회사에 위탁 운항시킬 것을 공사관에 건의하였었는데180) 서울 출장중에 오도리(大鳥)公使와 스기무라(杉村)書記官 등과 협의하고 우선회사의 의향을 물은 후 1894년 10월 특명전권공사 이노우에게 이운사의 기선을 일본우선회사나 오사카상선회사에 위임하는 것이 일본 국익의 신장을 위해 절대로 필요하다고 건의하였다. 그는 일본의 기선회사가 이운사 기선의 운용을 맡는 것이 이운사가 처한 곤란을 구하고 조선해운의 발달도 도모하는 득책이라고 하여 마치 조선에게 이익을 주기 위한 것처럼 강변하면서 "이를 好機로 삼아 조선연안 항해의 실권을 점유하는 것은 商略上 또는 軍略上 가장 필요한 일"181)로 본다고 하였다. 즉 이운사의 기선으로 조선의 연안을 왕래하면 조·일 간의 무역액이 크게 증가하고 일본상인의 이익도 적지 않을 것이고 조선연안의 측량도 점차 완성하게 될 것인데, 반면 청이나 다른 외국에서 이 기회를 이용하게 된다면 정략상·군략상 일본에게 불이익이 초래될 것이라고 보았다.

그런데 이 때 일본우선회사에서 이운사 기선 3척의 운용을 위해 필요한 예산을 편성하고 기선 취급조건을 치밀하게 연구하여 21조에

---

178) 『駐韓日本公使館記錄』 3(국역본), p.277.
179) 『駐韓日本公使館記錄』 2(국역본), pp.73~74 ; 『日本外交文書』 1895년 2월 2일.
180) 『駐韓日本公使館記錄』 3(국역본), p.332.
181) 『駐韓日本公使館記錄』 2(국역본), p.74.

달하는「기선취급계약」을182) 미리 작성한 점이 주목된다. 그 주요내용을 살펴보면, 계약기한은 1년으로 하고 취급인은 기선에 대해 보험금 외에는 어떤 의무부담도 없으며 조선정부에서 세미운반은 물론 선박을 필요로 할 때 타인의 기선은 사용할 수 없고 평상시나 戰時에 선박을 강제로 사용할 수 없다고 하였다. 선박의 불개항장 출입특허권을 부여하되 상업행위는 금지하며 해관세와 톤세를 제외한 수수료나 구전 등을 징수하지 않는다고 되어 있다.

앞에서 언급하였듯이 탁지아문은 이운사의 경영권 일체를 상인들에게 맡겨 활성화시키는 방안을 구상하였고 이에 따라 10월 말부터 인천항 상인을 중심으로 이운사와 소속기선이 운영되고 있었으므로 일본측의 제의를 수락하지 않았다. 그러나 일본이 재정난에 처한 조선정부에 13만 원의 차관을 연 8%의 저리로 제공하는 조건을 내세워 집요하게 교섭해오자 마침내 1895년 1월 이운사 소속기선을 일본우선회사에 위탁, 운영한다는 계약을 체결하였다.183)

前文과 9개의 기본계약 및 14개조의 附帶契約으로 이루어진 계약의 주요내용을 살펴보면 다음과 같다.184)

계약기간은 5년 간으로 정하고 이운사의 소유선 3척(현익·창룡·해룡호) 외에 선척을 증가 운항하되 조선정부의 독자적인 선운업운영을 위한 선박구매나 고용은 금지한다. 東京商船學校에 유학생을 파견하여 선원을 양성하고 일본우선회사 소유나 代管 선척의 私商行爲는 금지한다. 운임 중 1/10은 우선회사에 납부하고 수운량이 증가할 때에는 우선회사 선박을 조선에 파견하여 운행하고 航業이 한가할 때

---

182) 『駐韓日本公使館記錄』 2(국역본), pp.74~80.
183) 『日案』 3, 고종 32년 1월 6일 ; 『日本郵船株式會社五十年史』, p.133.
　　孫兌鉉, 앞의 논문, p.273. 13만 원의 차관은 日本郵船會社와 第一銀行 인천지점에서 절반씩 제공하고 해관세를 담보로 하였다.
184) 孫兌鉉, 앞의 논문, pp.275~276.

에는 일본에 선박을 파견하여 일본연안을 운행한다. 선원의 인사권은 우선회사에 위임하며 계약이 만료되었을 때 이운사의 독립적인 항운이 가능하다고 판단될 경우에는 우선회사를 통해 고문을 고빙하고 독립적인 항운이 불가능할 경우에는 위탁연장을 위해 재협의한다.

전문에서 본계약의 목적이 조선 해운업의 확장과 **海員養成**에 있다고 하였지만 조선정부의 독자적인 해운활동을 완전히 봉쇄하고 일본 우선회사에서 인사권과 선박의 자유로운 이용권을 장악하며 종래 출입이 금지되던 불개항장 왕래를 보장받음으로써 해운독점을 꾀하고 조선해운업의 발전을 저지하려고 하였음을 알 수 있다.

일본우선회사가 연안항해 독점권을 장악하려고 한 의도는 2개월 후 탁지아문이 인천감리에게 내린 다음의 관문에 그대로 나타난다.185)

> 지금 듣건대 이 항의 부랑배 客商이 기선과 풍범선을 구매한다고 冒稱하고 내지를 駛行하여 販運한다고 하는데 이것이 진실이라면 이운사의 항해권에 큰 장애와 손실을 입힐 것이므로 엄격하게 禁斷하지 않을 수 없다.

인천항에서 선상이 개인적으로 선운업에 종사하는 것을 금지하여 이운사의 항해권을 타인이 침범할 수 없도록 독점권을 부여한 것이다.

이운사는 사장으로 兪吉濬의 동생인 兪星濬이, 회계사무로 吳龜泳이 임명되었고186) 일어교사로 일인이 고용되었으며 학도 6인이 학도

---

185) 『公文編案』 16, 乙未 3월 5일.
186) 유성준은 1895년 4월에서 윤 5월에 걸쳐 농상공부 회계국장을 지내기도 하였으나 甲午政權이 무너진 이후 관직에서 물러난 것으로 보인다. 이운사 사장직도 오구영으로 바뀌었다(『農商工部來去文』 4, 照會 제1호 建陽

제3장 海運政策과 官營海運業의 운영   109

감독 1인의 지휘를 받고 월급을 지급받으며 해운전반에 관해 학습하였다.187) 그 경비는 매달 200원씩 典圜局에서 지급하였다.188)

이운사 기선은 탁지아문 파원의 감독을 받아 각 도 연해 각 읍의 貢納을 수송하다가189) 1895년 4월 工務衙門의 관할로 넘어가 7월부터 일본우선회사에 의해 정기 운항하면서 公私貨物을 모두 수송하게 되었다.190) 그리고 "내외국인을 막론하고 자기의 윤선이나 풍범선으로 내지를 항해하는 자는 이운사에서 인준한 證券이 없으면 허시할 수 없다"191)고 하여 선운업자는 이운사의 인준을 받아야만 영업을 할 수 있었다.

기선의 항로는 두 방향으로 나뉘어 현익호는 인천-군산-목포-제주-좌수영-삼천포-마산-부산-鹽浦-포항-원산-함흥의 西湖-홍원의 前津-북청의 新浦·新昌-利原의 遮湖-吉州의 城津·臨湖-明川-鏡城 간을 격주로 정기 운항하고192) 창룡호는 인천-평양

───────
원년 1월 28일). 오구영은 1900년에도 통신원 관선과장을 지내면서 해운 관계 일을 맡은 바 있다. 이 밖에 그는 농상공부참서관(1899. 7.), 중추원 의관(1900. 1.), 농상공부참서관(1900. 2.), 통신원참서관(1900. 3.~9.), 水輪院국장(1902. 7.), 동래감리(1903. 5.) 등의 관직을 역임하였다(『舊韓國官報』, 安龍植 編, 『大韓帝國官僚史硏究』 Ⅰ·Ⅱ, 延世大 社會科學硏究所, 1994·1995 참조).
187) 『公文編案』 26, 乙未 2월 4일.
188) 『公文編案』 3, 乙未 3월 9일.
189) 『公文編案』 16, 乙未 3월 15일 關總稅務使.
190) 『東萊關牒內案』 2, 乙未 4월 2일 工務衙門來關 ;『通商彙纂』 제48호 호외 "28年中元山港商況年報"(1896년 5월 22일). 경상감영에서는 경상도 내 각 邑·鎭에 공무아문의 관문내용을 甘結로 내려 이운사 기선의 항해일자표를 민에게 널리 알리도록 지시하였다(『公文日錄』 5, 乙未 5월 10일 到付巡甘).
191) 『東萊關牒內案』 2, 乙未 4월 2일 工務衙門來關.
192) 『國譯韓國誌』, p.514 ;『通商彙纂』 제48호 호외 "28年中元山港商況年報"(1896년 5월 22일) ;『明治官報拔萃駐朝鮮日本國領事館報告』 下 제4050호 "仁川港貿易景況"(1896년 12월 26일), p.271(도서출판 新書苑 영인).

간을 주 1회로 정기 운항하였다.193) 인천-鏡城 간 항로는 실질적으로는 다시 부산-경성 간과 인천-부산 간으로 나뉘어 운영되었고 인천과 북관지방을 왕복하는 데 1달 이상이 걸렸다.194) 대대적인 광고와 개항 직후부터 조선에 진출하여 기반을 다진 일본우선회사의 명성 때문에 초기에는 영업성적이 우수하였으나 각 기항지로부터 積出하는 화물만으로는 수지가 맞지 않았다.195)

그런 가운데 俄館播遷으로 갑오정권을 무너뜨리고 들어선 새 정권은 일본우선회사와의 계약을 파기하였다. 이에 우선회사에서 기선수리비와 석탄비 등의 명목으로 거액의 배상금을 요구하고 그 담보로서 2척을 일본에 억류하였으며 要路의 친일인사를 통해 계약파기를 철회시키려고 하였으나196) 교섭에 실패하고 선박을 돌려주었다.

기선을 사용할 특별한 용도를 발견하지 못한 조선정부는 1896년 봄 현익호·창룡호·해룡호·조주부호(이운호)의 4척의 기선을 총세무사 브라운에게 맡겨 관리하도록 하였다.197) 브라운은 해룡호를 우경선에게 매각하고 현익호와 창룡호의 운항권을 세창양행에 위임하여 1897년 3월 말부터 기선을 운항토록 하였다.198)

세창양행에 의해 개설된 항로는 인천-군산-목포-제주-順天-좌수영-진주-삼천포-統營-마산포-부산-염포-포항-원산-서호-前津氵浦-明川-신창-차호-端川의 梨津-성진-경성으로 기항지가 약간 늘어났다.199) 2척의 선박이 3주에 1회씩 정기 운항하기로 하였으

---

193) 孫兌鉉, 앞의 논문, p.277.
194) 『日韓通商協會報告』 제5호 "朝鮮利運社定期船發着表"(1896년 1월).
195) 『通商彙纂』 제55호 호외 "28年中釜山港貿易年報"(1896년 7월 8일).
196) 『國譯韓國誌』, p.84 ;『仁川府史』, p.793.
197) 『度支部各部院等公文來去文』 4, 照會 제12호 光武 4년 6월 11일.
198) 『東萊港報牒』 8, 光武 원년 10월 25일 訓令 ;『독립신문』 1897년 3월 30일 광고.
199) 『通商彙纂』 제95호 "30年中朝鮮木浦貿易"(1898년 2월 25일).

제3장 海運政策과 官營海運業의 운영   111

나 정기 항해가 되지 못하고 필요에 따라 인천과 연대·상해·천진·오사카·나가사키 등을 항해하였다. 기항지가 많아 항해일수가 1개월 정도로 길었으며 선체의 신용도가 적어 일본상인은 거의 이용하지 않았다고 한다.200) 기선운임이 높아 목포와 일본 간의 운임이 인천과 일본 간 운임과 같았고 일본형 선박이 부산과 목포 간, 부산과 쓰시마섬(對馬島) 간을 왕래하는 것이 많았다.201)

그런데 1900년 6월 정부는 브라운에게 부여하였던 정부소유 기선 4척에 대한 관리권을 회수하고 기선의 운항권을 通信院에 넘겨주었다. 그리고 기선은 민간 해운회사에 불하되었다. 그 의도는 어디에 있었을까? 그 경위를 검토함으로써 光武政權의 정책방향을 살펴보기로 하자.

그러한 변화는 宮內府가 고종의 명령을 받아 통신원에 기선을 인수하도록 지시하면서 비롯되었다. 궁내부는 정부소유 기선이 모두 왕실비용으로 구입하였는데 브라운에게 관리를 맡기고 어떻게 운영되는지 궁내부에서 전혀 돌아보지 않은 것은 선박을 구입했던 당시의 본뜻에 어긋난다고 하면서 기선 4척을 즉각 환수하도록 통신원 總辦 閔商鎬에게 지시하였다.202) 통신원은 탁지부대신의 승인을 얻어 브라운에게서 기선관리권을 환수하려고 하였으나203) 브라운이 그 권한을 쉽게 포기하려고 하지 않았다. 브라운은 십여 차례에 걸친 통신원의 요구에도 불구하고 응하지 않고 있다가 1900년 6월과 9월에 창룡호

---

200) 『通商彙纂』 제110호 부록 "明治30年中仁川港商況年報"(1898년 8월 6일) 및 제95호 "30年中朝鮮木浦貿易"(1898년 2월 25일).
201) 『通商彙纂』 제95호 "30年中朝鮮木浦貿易"(1898년 2월 25일).
202) 『度支部各部院等公文來去文』 4, 照會 제12호 光武 4년 6월 11일.
   그런데 정부기선의 구입대금을 왕실에서 부담하였다고 하는 것은 앞에서 살펴보았듯이 사실과 다르다.
203) 『度支部各部院等公文來去文』 4, 照會 제14호 光武 4년 6월 18일.

와 현익호를 돌려주었다.204) 조주부호는 선박대금을 완전히 청산하지 못하여 독일국기를 단 채 세창양행이 관리하고 있었는데 궁내부에서 1901년 6월에 나머지 대금을 모두 상환하고 돌려받아 조선국기로 바꿔달고 이름을 漢城號로 개명하였다.205)

그리고 궁내부는 창룡호·현익호·한성호를 1900년 6월에 설립된 大韓協同郵船會社에 세금상납을 조건으로 빌려 주었다가 그 해 10월에 15만 원에 매도하였다.206) 세창양행에 지불한 19,501여 원은 바로 이 선박매각 대금에서 궁내부가 상환한 것이고 그 후 3척의 기선에 대한 船稅는 궁내부에서 징수하기로 하였다. 이에 대해 탁지부에서 모든 세금의 징수권이 탁지부에 있다고 이의를 제기하였으나 묵살되었다.207)

그러면 이러한 과정을 통해 관영해운업이 중단되고 해운업의 주도권이 민간으로 넘어 간 의의는 어디에 있는지 살펴보기로 하자. 먼저 그러한 전환점을 마련한 주체가 고종을 중심으로 하는 궁내부였다는 점에 주목할 필요가 있다. 또 앞에서 살펴보았듯이 농상공부 通信局이 1900년 3월에 통신원으로 승격, 독립하고 외국해운업의 침투를 막기 위해 그 해 6월에 외국선박의 구매와 고용에 대해 통제를 강화한 사실을 상기하여야 할 것이다.

1900년 당시는 대외적으로 제국주의열강의 세력균형이 이루어진

---

204) 『度支部各部院等公文來去文』 5, 照會 제32호 光武 5년 7월 27일. 『皇城新聞』의 보도에 의하면, 창룡호는 관선과장 오구영이 1900년 6월 인천해관에서 찾아 바로 大韓協同郵船會社에 빌려 주었다고 한다(『皇城新聞』 光武 4년 6월 14일 雜報 "推船而還").
205) 『度支部各部院等公文來去文』 5, 照會 제32호 光武 5년 7월 27일.
206) 『皇城新聞』 光武 4년 6월 14일 雜報 "推船而還" 및 10월 10일 雜報 "郵船會社買船"
207) 『度支部各部院等公文來去文』 5, 照復 通信院, 照會 제40호 光武 5년 8월 12일.

가운데 일본을 비롯한 열강의 利權侵奪 등 경제적 침략이 노골화하고 있었다. 대내적으로는 황제권이 강화되고 있었다. 고종과 측근관료를 중심으로 하는 광무정권은 군주권과 國權을 동일시하는 봉건적인 국권의식을 바탕으로 民權의 신장을 요구하는 독립협회를 탄압하고 1899년 군주권의 절대화를 정치·경제·군사 등 모든 제도에서 확립시킨 후 황제의 의사가 직접 실현될 수 있는 궁내부기구를 확대하고 財源을 확충하여 각종 근대화사업을 추진하고 있었다.208)

그러면 통신원을 농상공부에서 독립, 승격시켜 해운업무를 관장케 하고 정부정책에 비협조적인 브라운을 배제하고 민간 해운회사에 정부소유 기선을 불하한 궁내부의 조치는 단순히 선세징수에 목적이 있었을까? 관영해운업의 한계를 인식한 위에 민간해운업을 육성하여 일본 해운업의 침투에 대응하고 정부에서는 영업세를 징수하여 근대화개혁를 위한 자금을 염출하려고 한 것은 아니었을까? 광무정권은 '위로부터의 개혁'구상을 바탕으로 청일전쟁 후 본격화하는 일본의 해운자본 침투에 대처하여 해운기업을 보호 육성하고 자본을 축적하려고 한 것으로 보인다.

이상과 같이 1883년 정부주도로 시작한 기선해운은 민씨정권이 재정위기를 타개하는 방책으로서 재래선박을 기선으로 대체하여 세곡을 원활하게 수송하려는 데 일차적인 목적을 두었다. 그러므로 종속적인 대외무역에서 탈피하여 상업을 진흥하고 상인의 상권을 보호하기 위한 해운업의 지원에는 소홀하였다. 1880년대 말 비로소 소극적이나마 민간해운업에 대한 해운보호정책이 시행되었으나 청·일본과 같은 국가정책적 자금지원은 거의 이루어지지 않았다. 관영해운업은 1893년 이운사의 설립으로 유통수단으로서의 제기능을 찾았으나 청

---

208) 나애자, 「대한제국의 권력구조와 광무개혁」, 『한국사』 11, 한길사, 1994 참조.

일전쟁 이후 갑오·을미연간의 정치적 격변을 거치면서 일본에 의해 독자적인 발전의 길이 봉쇄되는 위기를 겪다가 광무연간에 들어와 급격히 쇠퇴하여 중단되었다.

한편 정부는 외국상인의 상권확장 기반이었던 외국해운업의 침투에 대하여 해운권침해와 상권침탈이라는 인식이 철저하지 않아 조선인의 명의만을 빌린 일본선박의 불개항장 항행을 엄격하게 단속하지 않았고 이 때문에 그 선박을 이용한 일본상인의 개항장 밖 침투가 심화되고 밀무역이 성행하였다. 1900년대에 이르러서야 해운권을 회복하려는 노력이 기울여졌으나 러일전쟁에서 승리한 일본의 압력을 받아 1905년 8월에 일본선박의 자유로운 항행을 허용하였고 이에 따라 해운업분야에서의 민족자본의 성장은 저지되었다.

제4장 외국해운업 침투의 심화

1. 淸·日本의 海運權 각축

1) 淸의 航路 再開設

　제2장 2절에서 언급하였듯이 청과 일본은 조선과 통상관계를 맺자마자 경제적 침략과 정치·군사적인 세력확장의 발판을 마련하기 위해 對朝鮮航路를 결정하고 자국의 기선회사에 항해 보조금을 지급하여 기선을 운항시켰다. 그런데 청국의 기선은 조·청 간의 무역부진과 招商局의 운영난으로 겨우 3차례의 운항에 그쳤다.
　1884년 1월 조·청 간의 정기항로가 폐지된 후 청국상인은 怡和洋行의 기선으로 매달 2회씩 上海로부터 回航하는 南陞號를 이용하였다. 이 배의 운임은 저렴하였으므로 청국상인은 일본상인보다 싼 값으로 물건을 팔아 판로를 확장할 수 있었다.[1] 그러나 남승호도 적자

---

1) 日本外務省 編, 『通商彙編』 "仁川近況", p.351.

운항을 이유로 1885년 1월에 운항을 중단하여 인천거류 청국상인은 대개 수출입품의 운송을 일본의 미쓰비시(三菱)會社 기선에 의뢰하였고, 이 때문에 상권은 일본상인이 농단하는 형편이 되었다.2) 이에 인천거류 청국상인은 독일상인과 함께 독일의 世昌洋行의 주식을 사고 조선정부의 보호를 받기로 하여 그 해 3월부터 매달 2회 상해-인천 간에 기선을 정기 운항하였으나, 이 역시 적자를 면치 못하여 그 해 9월에 운항을 중단하였다.3)

한편 일본 해운업계에서는 미쓰비시회사와 미쓰비시의 독점을 견제하기 위해 설립한 共同運輸會社가 서로 운임인하 경쟁을 벌여 모두 경영난에 빠지자 일본정부의 종용을 받아 1885년 9월 兩社를 통합하여 日本郵船株式會社를 창립하였다.4) 일본정부가 두 회사를 통합하여 거대한 해운회사를 설립토록 한 궁극적인 목적은 당시 일본에서 대외무역에 종사하고 있던 많은 외국기선에 대항하고 청의 영향력이 증대한 조선으로 군사적 수송이 필요할 때를 대비하려는 데 있었다.5) 일본우선회사의 창립 당일 일본정부는 명령서를 내려 앞으로 15년 간 이익금이 연간 8步가 안될 때에는 매년 88만 엔씩 보조해주기로 하고 명령항로로서 종전의 조·일항로를 유지시켰다.6)

일본우선회사는 1885년 10월 인천지점을 설치하고 일본상인의 건

---

2) 『通商彙編』 "明治17年上半季商況報告總論", p.369 ; 『英案』 1, 고종 21년 8월 13일.
3) 『通商彙編』 "明治17年下半季仁川港商況報告", p.536 및 "明治18年上半季仁川港商況報告", p.353.
  孫兌鉉, 「舊韓末의 官營汽船海運에 關한 硏究」, 『東亞論叢』 7, 東亞大, 1970, p.210.
4) 日本郵船株式會社, 『日本郵船株式會社五十年史』, 東京, 同社, 1935, pp.49~62.
5) 위의 책, p.60.
6) 위의 책, pp.63~86 ; 日本外務省 編, 『日本外交文書』 1886년 4월 3·9·22일.

의에 따라 인천항로의 發航地를 나가사키(長崎)에서 코오베(神戶)로 변경하여 나가사키에서 요코하마(橫濱)·上海線에 연결시켰으며 1886년 3월에는 나가사키-인천-烟臺-天津 간의 항로를 신설하여 나가사키에서 요코하마·상해선 및 나가사키·블라디보스토크(海蔘威)선에 연결하였다.7) 그 후 전자의 코오베·인천선은 폐지하고 후자의 항로를 코오베까지 연장하여 기선 2척으로 4주에 2회 코오베와 천진의 양항에서 각각 선박을 출발시키기로 하였다.8) 이로써 인천항로는 코오베-나가사키-인천-연대-천진 간의 단일항로로 확정되었으며 이후 일본우선회사가 조선의 해운권을 장악하였다.

청국상인은 부정기적인 정크선 외에는 일본우선회사의 기선에 의존하지 않을 수 없었다. 그러나 일본우선회사 인천지점은 특히 청국상인에게 불친절하고 운임이 높아 청상의 불만을 샀다. 인천거류 청국상인은 한성에서 점포를 열 수 있는 '漢城開棧權'을 발판으로 일본상인과 수입품의 판매권을 경쟁하기 시작하였으므로 本國 기선의 운항이 절실히 요구되었다. 이에 인천거류 청국상인은 1887년부터 商務委員 袁世凱에게 본국에서 기선을 파견하여 줄 것을 요청하였고 1888년 3월 마침내 상해-인천 간 항로가 다시 개설되어 1894년 청일전쟁 전까지 기선이 정기 운항하였다. 이로써 동양제일의 자본제 면제품 집산지인 상해를 거점으로 하여 청과 조선이 본격적으로 直貿易을 개시하게 된 것이다. 그 경위와 조·청항로의 운영 실태를 살펴봄으로써 청의 해운업침투 배경과 의의를 밝혀보기로 한다.

---

7) 仁川府,『仁川府史』, 1933, p.766 ;『日本外交文書』1886년 4월 3·22일 ;『日本郵船株式會社五十年史』, p.86.
8) 위의 책, p.86. 그런데 이 때 기선이 천진에서 나가사키로 귀항할 때 천진을 출입하는 초상국·이화양행 등의 화물취급 問屋들이 규약을 맺어 일본우선에 積荷를 일체 주선하지 않았기 때문에 천진·연대선에서는 적하가 매우 적었다고 한다(『日本外交文書』1886년 4월 9일).

항해비용이 과다하다는 이유로 실행되지 못하고 있던 조·청 간의 정기항로 개설문제는 1887년 7, 8월경 일본우선회사의 배에 실은 청국상인의 비단이 분실되는 사건이 발생하면서 전기를 맞이하였다.9) 일본우선회사 인천지점이 청국상인의 배상청구를 회피하는 데 분격한 청국상인과 원세개, 조선의 총세무사 메릴(Henry F. Merrill, 墨賢理)은 李鴻章에게 기선을 보내줄 것을 강력히 요청하였다. 이 때 원세개는 이홍장에게 올린 의견서에서 기선파견의 필요성을 다음과 같이 역설하였다.

> 조선은 대대로 藩封에 속하며 더구나 亞洲의 관건입니다. 때때로 중국과 세력을 다투려고 하는 것은 일본뿐인데 근래 일본의 조선에서의 商務는 더욱 진흥하고 있습니다.…그 정부는 특히 商船 1척을 파견하여 부산·원산을 운항하고 海蔘威에 이르니 조선의 동해를 둘러싸고 있는 것입니다. 또 1척의 상선을 보내어 부산과 인천을 운항하여 조선의 서해를 감싸고 있습니다. 그리고 또 1척의 상선을 보내어 나가사키로부터 인천·烟臺를 거쳐 天津에 이르니 청국와 조선의 海路를 두루 통하고 있는 것입니다. 선박마다 각각 매달 그 정부로부터 2,700~2,800엔이나 2,300~2,400엔의 보조를 받고 있습니다. 또 인천·원산·부산의 3항구에 각각 兵船을 보내어 항상 정박하게 하고 석탄고 및 해군상륙소를 건설하였습니다.…
> 중국 상선은 商貨가 많지 않아 몇년 전부터 왕래하지 않으므로 在韓商民이 모두 倭商에게 의존하고 있습니다. 왜상은 華商을 업신여겨 농단을 일삼으니 왜상이 항상 先占하고 화상은 점점 뒤떨어졌습니다. 근래 화상이 날로 번성하여…작년에 비하여 사람과 화물의 수가 이미 2배가 넘었습니다. 일본인이 이익이 점점 나뉘는 것을 보고 더욱 깊이 嫌忌하여 갖은 방법으로 상민을 억누르니 실로 그 困苦를 이길 수 없습니다.…이 때문에 지난 번에 상인들이 소장

---

9) 『日本外交文書』 1888년 5월 17일, 6월 6일.

을 올려 '중국 상선이 왕래하여 왜인의 농단을 면하고 屬邦의 상무를 굳건히 하자'고 청원하였습니다.10)

그는 이어서 메릴 등의 말을 인용하여 "배를 파견하여 왕래하면 殖利의 요체를 장악하여 상무를 왕성하게 하고 다른 나라를 뛰어넘을 수 있으므로 자연히 利權을 공고히 할 수 있다"11)고 하면서 청국 상선의 운항을 거듭 촉구하였다. 원세개는 조·일무역의 진흥을 뒷받침하는 것이 일본 국가권력의 지원으로 유지되는 정기항로에 있으며 조·청 간의 정기항로 개설이 종주국의 체면을 유지하고, 조선의 상권을 비롯한 각종 이권을 장악하는 수단으로서 매우 중요하다고 인식한 것이다.

결국 인천거류 청국상인의 요구는 원세개의 상권확장정책에 시의적절하게 부합하였고 청 정부에서도 매우 긴요하다고 인정하여 실현될 수 있었다. 초상국 기선 廣濟號의 첫번째 항해는 1888년 3월 29일 金巾(카네킨, 玉洋木) 등의 잡화를 싣고 상해를 떠나 연대를 경유하여 31일에 인천에 입항함으로써 시작되었다.12) 그런데 청국상인이 조선에서 수입해가는 상품은 砂金 외에는 별로 없어 기선이 돌아올 때 화물이 많지 않았고, 雙盛泰·裕增祥 등 인천거류 청상의 건의도 있었으므로 牛莊을 거치도록 항로를 바꾸고 20일마다 1회씩 정기 운항하기로 하였다.13) 그러면 상해를 떠날 때 우장행 화물을 싣거나 연대에서 다른 선박으로부터 우장행 화물을 옮겨 실음으로써 많은

---

10) 『日本外交文書』 1888년 5월 17일 "附屬書".
  林明德, 『袁世凱與朝鮮』, 臺北, 中央硏究院 近代史硏究所, 1969, pp.238~239.
11) 『日本外交文書』 1888년 5월 17일 "附屬書".
12) 『日本外交文書』 1888년 4월 4일.
13) 『日本外交文書』 1888년 6월 12일.

화물을 확보할 수 있었다. 조선의 대표적인 수출품의 하나인 牛皮는 종전에 상당량이 일본상인에 의해 청으로 중계 수출되었는데 이제 청국상인이 직접 우장으로 수출하여 건조한 뒤 상해로 수송하였다.14)

초상국기선의 운항에는 청정부와 조선거류 청국상인의 적극적인 지원이 있었다. 광제호의 항해비용은 매일 약 160元이 소요되어 1년에 57,000원이 들 것으로 예상되었는데 운임수입으로는 충당할 수 없어 江海關道와 東海關道에서 매년 17,000원을 보조하기로 하고 연대의 駁費도 모두 초상국측에 귀속되도록 하였다.15) 그리고 이러한 정부지원으로도 수지가 맞지 않을 경우를 대비하여 초상국은 이 항로를 이용할 인천거류 및 연대 청상과 다음과 같은 密約을 체결하였다.16)

> 첫째, 搭載貨物이 적을 경우에 대비하여 1년에 12,000원의 운임을 보증한다. 결산시 운임이 부족할 때에는 상인들이 보충하고 운임이 그 액수를 초과할 때에는 초과분을 초상국에서 수령한다.
> 둘째, 일본선박을 비롯한 다른 선박에 의한 화물탑재를 금하며 이를 위반할 때에는 인천에서 일본선박에 지불하는 운임의 1.5배의 과태료를 징수한다.
> 셋째, 계약기간은 1년으로 정한다.

대조선무역에 종사하는 청국상인이 1년의 계약기간 동안 기선의 운임을 보증할 뿐 아니라 오로지 초상국 기선만을 이용하도록 규정한 것이다. 이 밀약이 실제로 이행된 사정을 보면, 과태료는 1년 후 결산할 때 한꺼번에 징수하기로 하고 징수업무는 인천주재 청국관리

---

14) 日本外務省通商局 第一課 編, 『通商彙纂』 제8호 부록 "明治26年中仁川港商況年報"(1894년 8월).
15) 中國近代史資料彙 編, 『淸季中日韓關係史料』 5, 1889년 6월 21일, pp.2597~2598.
16) 『日本外交文書』 1888년 5월 15일.

가 맡았으며 운임이 부족할 때에는 과태료의 전부를 초상국이 갖고 운임이 12,000원 이상이 될 때에는 초상국과 동맹한 청상이 공동 분배하였다.17)

이로써 초상국의 기선운항은 청정부의 자금지원을 기반으로 하되 선박을 이용하는 상인들이 적자운영을 책임지는 일종의 受益者 부담 원칙을 전제로 개시되었음을 알 수 있다. 그런데 기선을 몇 차례 운항해보니 우회항로가 불편하여 일본우선을 이용하였다가 과태료를 물게 된 商號가 7家나 되자 동순태를 중심으로 廣東商들이 맹약을 수정하자고 건의하였다.18) 건의에 따라 개정된 내용은 일본의 요코하마·오사카·나가사키 등과 홍콩·광동 등으로 운송하는 화물의 경우에 연대·우장을 우회하면 운임이 너무 많이 들고 시일이 지체되어 상업상의 기회를 잃을 염려가 있으므로, 초상국기선이 경유하지 않는 곳으로 수송되는 조선 수출품은 着荷通關의 증명을 받으면 일본선박에 실어도 무방하다고 하여 화물의 행선지에 따라 융통성을 부여하였다. 그 대신 규약위반시 처벌규정이 엄격해져 벌금을 운임의 2배로 인상하고 화물을 몰수하도록 하였다.

초상국은 기선의 운임을 일본우선회사보다 낮춰 청국상인의 상권 확장에 기여하였다.19) 운임의 하락과 함께 청국상인은 상해에서 영

---

17) 『日本外交文書』 1888년 6월 12일.
18) 위와 같음.
19) <표 5> 招商局과 日本郵船會社의 運賃 대비표(인천-上海-烟臺) (단위 : $)

항구	상품·선객 회사	쌀·대두 pcl당	잡화 ton당	우피 pcl당	금1,000 $당	일등선객 1인당	삼등선객 1인당
上海	초상국	25	5	0.35	5	26.5	13.0
	일본우선회사	30	5.5	0.80	4	39.6	10.8
烟臺	초상국	15	3	0.25		13.0	3.5
	일본우선회사	20	2.5	0.45		12.0	3.5

* 전거 : 『日本外交文書』 1888년 6월 12일.

국산 金巾을 조선에 직수입하였기 때문에 코오베·나가사키를 거쳐 우회적으로 매입하는 일본상인에 비하여 운임을 절반 정도로 절약할 수 있어 이윤이 극히 적은 금건을 값싸게 팔아도 큰 지장이 없었다.[20] 금건의 판로확대로 인하여 청상의 인천항으로의 수입고는 항로개설 직후인 1888년 4월 일상의 수입고를 초과하였으며, 원산항도 그 영향을 받아 청상의 무역이 확장세를 띠었다.[21]

초상국의 정기항로 개설과 초상국이 청상과 맺은 동맹 때문에 큰 타격을 입게 된 것은 일본우선회사였고, 일본의 대조선무역에도 지장이 초래되었다. 청상이 압도적으로 유리한 조건에서 일상과 상권을 경쟁하기 시작한 것이다. 일본우선회사는 자사의 실수를 뒤늦게 깨닫고 청상이 잃어버린 비단을 찾아내고 1,000엔의 배상금을 지불하려는 등 청상의 환심을 사려고 하였으나 배상금을 거부당하고 분노만 살 뿐이었다.[22] 이처럼 사태가 심각해지자 일본정부는 일본우선회사 측의 불성실한 운항태도를 수정하여 貨物取締法을 강화하고 운임을 인하 조정하도록 지시하였다.[23] 그리고 초상국과 청상 간의 밀약이 체결되고 시행되는 과정에 인천주재 청국관리가 개입하는 것이 萬國 공통의 항해권을 침해하는 소행이라고 하여 청국에 대해 외교적 담판을 시도해야 한다는 강경론이 제기되기도 하였으나 문제의 발단이 일본우선회사측의 잘못에 있고 증거도 불충분하다는 신중론이 우세하여 양국 간의 외교적 분쟁으로까지는 발전하지 않았다.[24]

---

20) 『日韓通商協會報告』 제3호 "金巾貿易"(1895), pp.19~20.
21) 日本外務省報告課 編, 『通商報告』 제71호 "明治21年4月中朝鮮國仁川港商況", p.15 및 제78호 "明治21年上半季元山港日支韓三國貿易の景況", p.9.
22) 『日本外交文書』 1888년 6월 12일.
23) 위와 같음.
24) 『日本外交文書』 1888년 5월 29일, 7월 5일, 8월 3일.

조·청무역량의 증대로 초상국의 운임수입고는 1889년 2월 현재 운임보증액인 12,000원을 넘는 14,000원이 되었다.25) 초상국은 1년 만기가 된 1889년 3월 10일부로 청상과의 맹약을 해제하였다.26) 그러나 그 후 동맹에 가담했던 청상도 초상국기선의 출항시일을 기다리면 상업상의 기회를 잃을 염려가 있어 인천행 일본우선회사 기선을 이용하는 일이 종종 있었으므로 초상국은 다시 규약을 체결하기 원하였다.27) 이에 원세개는 청상에게 재계약을 종용하였고 청상도 광제호의 항해중단을 우려하여 인천거류 청상과 南北洋 광동의 청상이 연합하여 1889년 음력 2월에 인천주재 淸理事 李蔭梧에게 재계약 신청서를 제출하였다.28) 연대의 청상도 청국관리의 內諭와 인천 巨商의 권유에 따라 4월 초에 십수 명이 가맹하였다.29) 이 때 규정한 규약의 내용은 이전의 것과 대동소이하지만 과태료가 운임의 5배로 인상되어 규약위반자에 대한 처벌이 강화되었다. 그리고 초상국은 종전보다는 액수가 줄었지만 매년 5,000냥의 보조금을 상해와 연내해관으로부터 계속 받기로 하였다.30)

山東省의 재해로 광제호가 구휼미의 운반을 위하여 차출되는 등 초상국 기선의 정기 운항이 어려워지자 일시적으로 일본우선회사 기선의 이용이 묵인되었으나, 그 기선을 이용하는 청상이 늘어 묵인조치가 철회되었다.31) 그리고 그 해 9월 말부터 동맹에 가담하지 않은 상인도 일본우선회사 기선의 이용이 금지되고 벌칙을 받았다.32)

---

25) 『日本外交文書』 1889년 2월 22일.
26) 『日本外交文書』 1889년 3월 25일.
27) 위와 같음.
28) 『日本外交文書』 1889년 4월 3일.
29) 『日本外交文書』 1889년 4월 12일.
30) 『日本外交文書』 1889년 4월 22일.
31) 『日本外交文書』 1889년 4월 12일, 5월 5일, 6월 10일, 7월 2일, 10월 10일, 12월 26일.

초상국은 1890년 음력 2월 4일 청상과 제3차의 밀약을 체결하였다.33) 그 내용은 제1·2차 밀약과 거의 같으며, 기선의 불규칙적인 운항에 대한 청상의 불만을 고려하여 적어도 20일에 1회 운항하는 원칙을 준수하기로 하였다. 그리고 동맹자에게는 연대-인천 간의 운임을 2할 이내로 할인하는 특전을 두었다. 이 때에는 상해와 연대해관의 지원금을 늘려 연간 12,000냥을 지불하기로 하였다.

그런데 대조선 수출품의 수송량은 늘어갔으나 수입품의 양은 전혀 늘지 않아 1890, 91년의 2년 동안 적자운항이 계속되었고34) 정부의 재정지원 약속이 제대로 이행되지 않자 1892년 초 초상국은 청국 정부에 상해-연대-인천항로를 폐지하자는 의견을 제시하였다.35) 선박이 부족하여 청국연안의 항해권조차 확보하지 못하는 상황에서 이익도 없는 항로를 더이상 유지할 수 없다는 것이었다. 이홍장은 이러한 사정을 이해하고 있었지만 이 항로의 개설이 중요한 의의가 있음을 인식하고 있었기 때문에 항로를 계속 유지해야 한다는 의견을 總理衙門에 제출하여 다음과 같이 피력하였다.

> 光緖 14년(1888년 : 필자 주)부터 조선에 배를 보내 운항하니 華商이 편리하다고 대단히 칭송하였습니다. 그런데 인천이 통상하는 항구라고 하나 땅이 척박하고 백성들이 가난하여 갑자기 興旺하기 어렵습니다. 근래 上海·烟臺 등으로부터 화물을 운송하여 인천으로 가는 것이 대략 起色이 보이는데 인천으로부터 운송해 가는 화물은 전혀 늘어나지 않습니다.…하물며 일본윤선이 이 항구를 왕래하기를 계속하여 끊이지 않는 것은 그 나라 郵政大臣 등이 지원하

---

32) 『日本外交文書』 1889년 12월 26일.
33) 『日本外交文書』 1890년 2월 27일.
34) 『日本外交文書』 1891년 3월 11일 ; 『淸季中日韓關係史料』 5, pp.3141~3142. 초상국은 1890년 한 해 동안만 銀 10,000냥의 손해를 보았다.
35) 『淸季中日韓關係史料』 5, pp.3141~3142.

는 데 의존할 수 있어 손해를 볼 염려가 없기 때문입니다. 중국이 겨우 상선 1척을 파견하는데 상해·연대 양해관의 지원이 줄어든다면 아울러 養船할 다른 방책이 없습니다. 초상국의 손해가 다시 커져서 대세가 운항의 정지를 바로 의논해야 한다고 하는데 그러면 화상을 보호하고 藩屬을 유지하려는 당초의 뜻을 유지할 수 없을 듯합니다. 可否를 大部에 자문하여 조성금을 종전대로 발급하여 배를 보내어 항상 운항하도록 해주십시오.36)

이같은 이홍장의 노력으로 항로는 유지되었고 1893년에는 상해로부터 수입한 금건류가 많아 운임수익이 적지 않았으며37) 1894년 2월과 3월에는 쌀의 흉작으로 청국으로부터 쌀을 수입하게 된 조선에 많은 양의 쌀을 수송하였으므로 큰 이득을 올렸다.38) 그러나 1894년 6월 청일전쟁의 발발기운이 감돌았기 때문에 기선운항이 중단되었고 이후에도 조·청 간의 항로는 재개되지 못하였다.39)

지금까지 청의 정기항로 개설 및 운영 실태에 대해 살펴보았다. 1888년에 재개된 청의 정기항로의 개설목적에 대해 종주국으로서의 체면유지라고 하는 정치적 의의만을 강조하는 견해가 있다.40) 물론 청국이 대조선항로를 개설한 데에는 조선에 대해 일본 해운업이 적극적으로 침투하고 있는 상황에서 종주국으로서의 권위를 회복하기 위한 점도 있었지만 상권확장이라는 보다 실질적인 경제적 침략의도가 있었다. 이것은 앞에서 살펴보았듯이 1887년 단계에서 조선거류 청국상인이 본국정부에 적극적으로 기선운항을 요구한 배경에 당시 그들의 인천과 한성에서의 상업활동이 어느 정도 궤도에 올라 일본

---

36) 『淸季中日韓關係史料』 5, p.3142.
37) 『通商彙纂』 제8호 부록 "明治26年中仁川港商況年報".
38) 『通商彙纂』 제5호 "淸國米仁川港へ輸入景況".
39) 『仁川府史』, p.769.
40) 林明德, 앞의 책, p.241.

상인과 경쟁국면에 들어가고 있었던 점을 고려하면 이해할 수 있다. 즉 청은 정부주도라기보다 일본의 해운독점으로 피해를 보게 된 청국상인의 요구에 의하여 항로를 개설하였고, 청상의 동맹과 협조에 의해 기선의 지속적인 운항이 가능하였다. 따라서 청의 대조선 정기항로의 개설문제는 정치·경제적 양측면에서 종합적으로 이해해야 할 것이다.

2) 日本의 항로확장

청국상인이 기선의 정기운항에 힘입어 直貿易을 본격화함에 따라 일본상인의 상권은 위축되었다. 청국 초상국의 정기항로 개설로 직접적인 타격을 입은 것은 일본우선회사였다. 일본우선회사의 인천항로는 초상국이 조선거류 청상 및 연대 청상과 밀약을 체결하여 일본우선회사의 기선이용을 집단적으로 배척하였기 때문에 운영이 위축되었다. 더욱이 러시아에서도 1888년 6월 세베레브(Shevelev)기선회사를41) 보조하여 블라디보스토크-원산-부산-나가사키-연대-상해 간의 정기항로를 개설하기로 하였고 이듬해 1월 조선정부에 정식으로 기선운항을 신청하였으므로42) 부산 및 원산항로도 더이상 독점할

---

41) 일명 러시아 東洋汽船會社라고 불리우는 세베레브기선회사는 세베레브(Shevelev)라고 하는 블라디보스토크의 상인이 2, 3명의 富商과 조합을 결성한 것이다(『日本外交文書』 1892년 8월 15일).
42) 러시아 大藏省(1900), 韓國精神文化硏究院 편역, 『國譯韓國誌』, 1984, p.581 ; 『統署日記』 고종 26년 1월 24일. 이 항로는 세베레브기선회사가 러시아정부와 계약을 맺어 10년 간 1마일에 3루블씩의 보조금을 받고 정기 운항하기로 한 3개의 의무항로 중 하나이고 규정상 1889년부터 시행하기로 하였는데, 실제로 기선운항이 시작된 것은 뒤에서 서술하는 바와 같이 1891년이었다(『國譯韓國誌』, pp.581~582).

수 없게 되었다. 따라서 일본우선회사는 조선의 3항구를 연결하면서 상해와의 직무역을 도모할 수 있는 새로운 항로의 개설을 서둘러야 했다. 그리하여 1889년 4월 말 일본우선회사는 정부의 허가를 받아 상해-연대-인천-부산-원산-블라디보스토크 간의 항로를 개설하여 기선 肥後丸으로 4주에 1회 정기 운항하였다.43)

그러면 이 항로를 개설한 의의가 어디에 있는지, 당시 조선의 3개항장에서 통상관계를 담당한 일본영사들의 의견을 종합하여 살펴보자.44) 이는 다소 번거롭게 여겨지지만 대조선무역의 진흥을 꾀하고 있던 일본이 막대한 재정지원을 하면서 정기항로를 확대해 나간 이유를 구체적으로 파악하는 데 도움이 된다.

첫째, 신항로의 개설로 조선의 주요 수입품인 금건과 寒冷紗를 나가사키를45) 거치지 않고 바로 상해로부터 직수입하여 운임이 절약되고 수송시간도 단축된다.46)

둘째, 신항로의 개설로 조신 공의 판도를 北淸 외에 福州·厦門 등의 南淸지방으로까지 확대할 수 있다.

셋째, 조선의 연안무역에서 일상의 상권신장을 도모할 수 있다. 예를 들면 원산의 주요 수출품인 명태의 경우 종래 원산-인천 간에 通航하는 기선이 없기 때문에 명태를 부산으로 보냈다가 다른 선박에 옮겨 실어야 했는데 신항로의 개설로 원산에서 바로 인천으로 수

---

43) 『日本外交文書』 1889년 4월 29일.
44) 『日本外交文書』 1889년 5월 28·30일, 6월 5일.
45) 당시 나가사키는 중개항으로서 총무역고의 1/2 이상을 대조선무역이 차지하였다(『日本外交文書』 1889년 4월 29일). 항로개설시 논의된 直貿易이 실제로 일상에 의하여 시도된 것은 1894년을 전후해서이다.
46) 인천항의 경우에 나가사키-인천 간의 화물운임은 1톤 당 5엔 60전이 드는데 신항로의 운임은 1톤 당 4엔으로 1엔 60전이 절약된다. 또 수송시간도 1주일에서 4일로 단축된다.

송하여 염가로 팔 수 있게 되었다.

넷째, 러시아 노령지방에서 생산하는 값싼 다시마를 생활수준이 낮은 조선인에게 재수출할 수 있고 조선의 쌀·보리를 노령지방에 재수출하여 중계무역의 이득을 꾀할 수 있다.

다섯째, 航海權上 중요한 상해-블라디보스토크선을 외국보다 앞서서 연다면 항해권을 독점하여 일본의 국익을 크게 신장할 수 있다.

이와 같이 상해-블라디보스토크 간의 정기항로는 일본의 대외무역 신장을 위해서뿐 아니라 동아시아지역의 해운권장악을 위해서도 긴요하다고 인정되었고 독점운항으로 순조롭게 경영되었다.

그런데 1891년 가을 일본우선회사의 독점운항에 따르는 횡포에 재블라디보스토크 청상이 반발해 일본기선의 이용을 배척하였으므로 우선회사 기선은 빈 배로 블라디보스토크에 입항하는 경우가 많았다.47) 즉 청상이 그들의 總代 주선으로 그 해 3월부터 기선을 운항하고 있던 세베레브기선회사와 계약을 체결하여 블라디보스토크와 조선 개항장 간(블라디보스토크-원산-부산-나가사키-연대-상해)을 정기 운항하는 기선 블라디미르호(900톤)를 고용하고 다른 선박을 이용할 경우 벌금을 부과하기로 盟約을 맺었기 때문이다.48) 세베레브기선회사는 원산지점에 이어 부산에 대리점을 설치하고 운임수준을 표면상으로는 우선회사와 비슷하게 하면서 비밀리에 荷主와 승객에게 운임을 할인해주어 우선회사 운임의 70% 정도로 낮춤으로써 부산과 원산 간 항로에서 일본측과 경쟁하였다.49) 또 이 회사는 새로 스트레로크호(285톤)를 매입하여 1892년에는 인천에 기항하는 등

---

47) 『日本外交文書』 1892년 8월 15일.
48) 위와 같음 ; 『國譯韓國誌』, p.582.
49) 『日本外交文書』 1891년 11월 19일.

일본우선회사와 본격적인 경쟁체제에 돌입하였다.50) 이에 일본우선회사는 운임을 43%까지 낮추고 러시아선박이 조선으로부터 수송하는 상품에 대해 일본은행과 보험회사가 대부나 보험을 거절하게 하는 등 다방면으로 방해하였다. 세베레브회사는 이에 대응하여 화물의 후불수송도 불사하였으며 청상의 지원으로 적자를 면하여 우선회사와 경쟁을 벌일 수 있었다.51)

한편 일본우선회사는 1891년 4월 코오베-우장 간의 항로를 개설하였다. 이 항로의 경유지는 시모노세키(下關 또는 馬關)-나가사키-쓰시마섬(對馬島)-부산-인천-연대-太沽로 정하고 나가사키-천진선의 운항에 사용되었던 기선 2척 중 1척을 배당하여 4주에 1회 정기 운항하였다.52) 이 항로의 주요한 수송화물은 우장에서 일본으로 수출하는 盛京省産 콩와 豆餠으로, 그 수출량이 늘어남에 따라 오사카(大阪)에서의 조선산 콩시세가 하락하였고, 조선의 콩이 흉작으로 값이 비싸질 때에는 그 수출량이 더욱 증대하였다.53) 이 항로의 신설로 콩수입을 조선에 의존하던 일본시장은 콩의 안정적인 공급을 보장받게 되었지만 콩의 시세하락으로 조선농민은 타격을 입었다. 그 이전에 조선농가에서는 콩의 대일수출이 증가함에 따라 황무지를 개간하여 콩을 심거나 면화를 심던 땅에 콩을 재배하는 경향이 늘고 있었던 것이다.54)

일본우선회사의 항로확장에 즈음하여 1890년 봄 오사카商船株式會

---

50) 『國譯韓國誌』, p.582.
51) 위와 같음.
52) 『日本外交文書』 1891년 5월 13일.
53) 『通商彙纂』 제8호 부록 "明治26年中仁川港商況報告".
54) 『朝鮮通商三關貿易冊』(奎 20205) "光緒十六年仁川港口朝鮮貿易情形論略" 및 "光緒十六年釜山港口朝鮮貿易情形論略".

社가 일본정부의 지원을 받으며 부산에 지점을 설치하고 그 해 7월부터 오사카와 부산 간에 매달 1회 기선 1척을 정기 운항시켰다.55) 이에 일본우선회사는 부산항로에 기선 2척을 더 배정하고 임시선까지 운항하면서 오사카상선회사와 화물수송 경쟁을 벌였다.56) 兩社의 경쟁은 오사카상선회사가 1893년 2월 코오베-시모노세키-부산-인천-오사카 간의 항로를 개설하여 기선을 2주에 1회 정기 운항시키면서 더욱 치열해졌다.57) 인천-오사카 간 운임은 오사카상선회사가 일본우선회사와 경쟁을 시작한 지 불과 5개월 만에 1/3로 떨어졌다.58) 운임의 폭락으로 양사 모두 상당한 손해를 보았으므로 양사는 수지회복을 위하여 1893년 8월 합의하여 운임을 25엔으로 인상함으로써 정상을 되찾았다.59) 양사의 기선은 청일전쟁에 징발되어 정기운항이 일시 중단되었다가 전쟁이 끝난 후 항로를 다시 열었다.60)

이상과 같이 일본은 壬午軍亂과 甲申政變 이후 정치적으로 크게 후퇴하여 상권에까지 일시 타격을 받았으나 해운업의 지속적인 침투로 상권을 회복하고 정치적 세력후퇴를 보완할 수 있었다. 청국이 상해-인천 간의 단일항로를 겨우 운영한 데 비해 일본은 매우 적극적이고 장기적인 계획을 세워 3개항장을 연결하거나 각 개항장 별도의

---

55) 大阪商船株式會社, 『大阪商船株式會社五十年史』, 1934, pp.41~46와 p.189. 이 회사는 1887년 5월에 설립하였는데 일본정부는 1888년부터 8년 간 해운업조성금으로서 매년 5만 엔을 지급해주기로 하고 명령항로를 지정, 통제하였다.
56) 『朝鮮通商三關貿易冊』 "光緖十六年釜山港口朝鮮貿易情形論略".
57) 『通商彙纂』 제8호 부록 "明治26年仁川港商況年報".
58) 위와 같음. 인천-오사카 간 쌀·콩 100석 당 운임은 1893년 2월에 45엔이었던 것이 7월 하순에 15~16엔으로 하락하였다. 1885년의 운임이 60엔이었던 것과 비교하면 엄청난 폭락이다(『通商彙編』 "明治18年上半季商況報告", p.358).
59) 『通商彙纂』 제8호 부록 "明治26年仁川港商況年報".
60) 『國譯韓國誌』, pp.582~583.

항로를 열어 대조선무역의 증진을 꾀하였다. 특히 청의 해운업진출에 대응하여 각종 정보를 수집하여 대비책을 강구하는 면에서 치밀한 국가권력의 지원체제를 엿볼 수 있다.

3) 한강 江運業에서의 淸·日本의 경쟁

외국선박이 인천에서 한강을 통해 용산을 출입하게 된 것은 1884년 용산이 開市場이 된 이후였다. 청과 일본의 범선 등은 인천에 관세를 내지 않고 직접 마포로 가 脫稅하는 경우가 많았다. 조선정부에서는 이를 방지하기 위해 1889년 5월부터 「暫定帆船前往麻浦章程」을 실시하고 그 해 10월에 「麻浦行帆船檢査假規則」을 제정하고 세관 査驗局을 설치하였다.61) 이로써 내외국인을 막론하고 인천항 해관에 관세를 내면 외국형 범선으로 인천과 마포 간을 자유롭게 운항할 수 있어 한상 江運業에 외국 선운업자가 침투하였다.

외국기선의 한강항행은 원칙적으로 금지되었다. 하지만 외국기선은 조선인의 명의를 빌려 불법적으로 한강에서 항행하였다. 1891년 미국인 타운센드(W. D. Townsend, 他運仙)가 소기선 順明號(25톤)로 인천-마포 간을 운항하였고62) 1892년 인천거류 同順泰商 등 청국상인이 한강 윤선운항권을 획득하여 기선 漢陽號로 인천-용산 간의 한강 강운에 침투하고 일인 호리(堀久太郞)가 조선인의 명의를 빌려 기선 龍山號(60톤)로 같은 구간을 운항하여 경쟁하였다.63) 청상이 한

---

61) 『日案』1, 고종 26년 3월 28일 ; 『舊韓末條約彙纂』下 "麻浦行帆船檢査假規則".
62) 『朝鮮通商三關貿易冊』(奎 20206), 光緖17年, p.16 ; 『通商彙纂』제8호 부록 "明治26年中仁川港商況年報".
63) 『仁川府史』, p.788·794.

강에서의 외국기선 항행금지 원칙을 무시하고 한강 윤선운항 특권을 획득할 수 있었던 것은 조선정부가 세창양행으로부터 구입한 기선 蒼龍號의 잔금을 치르기 위해 도입한 10만 냥의 차관제공 대가였고 법의 저촉을 피하여 조선인과 通惠公司라는 合作會社를 설립하였기 때문이다.64) 그런데 이 회사는 한강 강운업이 인천과 한성의 상권확장을 위해 필요하다고 인식한 원세개의 권유와 지원에 의해 설립된 것으로, 표면상으로만 합작회사이고 실질적인 운영권은 동순태를 비롯한 怡生號 등 인천거류 청상에게 있었다. 즉 이 강운업을 위하여 상해에서 선박을 건조하는 비용 15,000달러와 용산의 棧橋, 창고신축비 10,000달러 등 총 25,000달러가 들었는데 사업발의자인 원세개와 용산영사 唐紹儀가 10,000달러, 광동상 동순태가 8,000달러, 이생호가 3,000달러를 내놓고, 나머지 부족액은 광동상들로부터 갹출하여 마련하였다. 항로운영을 위해 청정부로부터 매년 5,000원(3,000달러)의 보호금을 지원받았고 조선정부와 협의하여 항행이 불가능한 겨울철 한강의 결빙중에는 군산과 인천 간의 稅穀運送을 맡기로 하여 운임수입이 8,000달러가 되지 않으면 조선정부에서 塡補하기로 하는 특권을 누렸다.65)

그러나 한양호는 배의 길이가 길고 吃水가 너무 깊어 한강 강운에 적합하지 않은데다 1개월에 소요비용이 1,200원 이상이 들었는데 타운센드의 순명호와 호리의 용산호 외에도 1893년에는 호리가 慶運號

---

64) 金正起,「朝鮮政府의 淸借款導入」,『韓國史論』3, 서울대, 1976, pp.476~477.

65) 『仁川府史』, p.790. 운임은 俵(1표는 5斗 5升)당 10錢으로, 조선정부의 漕運 담당기구인 轉運局의 운임 俵당 14~15전보다 저렴하였다. 대신 조선정부는 운임보장 최저선을 정하여 적자운항시 결손을 책임지기로 한 것이다.

를 추가로 투입하고 오기(扇安太郞)가 慶利號를 운항하여 모두 5척의 기선이 한강에서 강운업에 종사하면서 경쟁이 치열해졌기 때문에 운임이 하락하여 수지가 맞지 않았다.66) 그래서 1894년 1월 운항을 포기하고 기선과 부두창고 등의 설비를 利運社에 양도하였다.67)

청국상인에 의한 기선항운업이 실패로 돌아가고 미국의 순명호도 1895년에 일인의 소유가 된 이후 일인이 한강 강운업을 거의 독점하였다.68) 일본상인은 3척의 자국 기선을 이용하여 함경도산 명태(북어)를 수송해 용산에서 판매함으로써 조선상인의 상권을 위협하였다.69)

2. 開港場 增設과 日本 海運業의 침투확대

1) 개항장 증설과 항로확장

청일전쟁이 일어나 기선이 모두 징발되자 일본우선회사에서는 독일의 潮州府號와 영국기선 등을 고용하여 운항하였고 종전 후 1895년부터 코오베·블라디보스토크선의 운영을 재개하여 조선의 외국항로를 독점하였다.70) 그리고 우선회사는 1895년 1월 13만 엔의 차관

---

66) 『通商彙纂』 제8호 부록 "明治26年仁川港商況年報"(1894년 8월).
67) 『仁川府史』, p.790. 이후 광무연간에 들어서서 한성의 청상 裕盛泰號가 인천에서 기선 慶仁號를 구입하였다고 하는데(『皇城新聞』 光武 6년 2월 26일 雜報 "淸商購船") 그 용도나 운항 실태는 알 수 없다.
68) 『仁川府史』, p.788.
69) 『通商彙纂』 제4호 "明治26年中京城商況年報"(1894년 4월 16일).
70) 『通商彙纂』 제18호 "明治27年中元山港商況"(1895년 4월 19일) 및 제107호 부록 "明治30年中元山港商況"(1898년 7월 8일).

을 제공한다는 조건으로 이운사소유 기선 3척을 위탁 관리하여 조선의 연안항권을 장악하였다.71) 일본 해운업의 조선에서의 대외항로 및 연안항로 독점상태는 1896년 청국상인의 견제와 러시아 해운업의 적극적인 진출, 俄館播遷으로 들어선 새 정권에 의한 정부소유 기선의 위탁경영권 박탈로 인해 무너졌다. 즉 상해의 청상이 일본우선회사의 독점에 반발하여 동맹을 맺고 독일 기선 헬쓰호를 차입하여 수입품을 싣고 인천항에 들어왔고 영국기선도 청상을 위해 임시 왕복하였다.72) 그러나 이는 곧 중단되었고 러시아의 기선운항도 상권확장과 연관된 조선해운권을 놓고 쟁탈할 만큼 위협적인 것은 아니었다.

러시아의 세베레브회사는 1896년 10월부터 상해-블라디보스토크의 운항을 재개하고 나가사키의 영국 호움링거상회를 대리점으로 삼아 인천에 지점을 설치하였다.73) 그리하여 이 회사 기선은 블라디보스토크를 기점으로 원산-나가사키-연대-인천-旅順-연대-상해에 갔다가 돌아갈 때에는 인천-나가사키-원산을 거치도록 하였고 때에 따라 부산에 기항하고 원산에는 기항하지 않는 경우도 있었다.74) 이 회사는 1900년 1월 기선운항에 관한 모든 권리와 의무를 東淸鐵道汽船會社에 양도하였는데 조·러항로는 계속 유지되었다.75) 외국기선회사로서는 처음으로 1900년 3월 블라디보스토크에서 연대·여순으로 回航하는 도중에 마산에 기항하였지만 이는 마산항이 군

---

71) 제3장 4절 참고.
72) 『通商彙纂』 제93호 호외 "29年中仁川港商況年報"(1897년 8월 27일).
73) 위와 같음.
74) 白莊司芳之助, 『韓國各港視察報告書』, 大阪, 1900, p.8.
75) 『國譯韓國誌』, p.583. 일본측 자료에 의하면 이 회사는 東淸鐵道와 제휴한 것이라고 한다. 『通商彙纂』 제173호 "仁川貿易季報(1月~3月)"(1900년 7월 5일) 참고.

사기지로서 중요하였기 때문이지 통상확대를 목적으로 한 것은 아니었으며[76] 적재화물 없이 인천에 기항하는 경우가 많았으므로 조·러 무역 발전에는 영향을 끼치지 않았다.[77] 1901년에는 블라디보스토크·北淸線에 기선 2척을 배정하되 1척은 블라디보스토크-나가사키-인천-여순-상해 간을 1개월에 1회 왕복하고 다른 1척으로는 블라디보스토크-원산-부산-나가사키-인천-여순-연대-천진-상해 간을 1개월 반에 1회 운항하여 항로의 확장을 꾀하였다.[78] 이 항로는 주로 청국상인이 수입품 수송에 이용하였고 일본의 기선회사와 경쟁이 되지 않았으므로 조·일무역에는 별다른 영향을 주지 않았다고 한다.

商權과 관련하여 조선의 외국항로와 연안항로를 유지, 확장한 것은 일본우선회사와 오사카상선회사였다. 먼저 우선회사의 항로개설과 기선운항 실태를 살펴보기로 한다. 우선회사는 1895년 종전의 코오베·천진선(시모노세키-나가사키-부산-인천-연대 기항)과 코오베·牛莊線(시모노세키-나가사키-대마도-부산-인천-연대-太沽 기항)의 운항을 재개하고 1896년 홍콩·블라디보스토크선(상해-인천-나가사키-부산-원산 기항)을 신설하였다.[79] 코오베·천진선과 코오베·우장선에 배정된 기선은 1898년 4월부터 목포에도 기항하였는데 1900년 10월 일본 遞信省의 항로변경령에 의해 목포기항이 폐지되었고 그 대신 회사에서 임의로 자유항로를 열어 코오베-인천 간을 왕복하면서 목포에 임시 기항하였다.[80] 그리고 코오베-鎭南浦

---

76) 『通商彙纂』 제184호 雜 "馬山近況"(1900년 11월 30일).
77) 『通商彙纂』 제173호 "仁川貿易季報(1月~3月)"(1900년 7월 5일).
78) 『通商彙纂』 제207호 "仁川34年第3季貿易"(1901년 12월 17일) 및 제241호 임시증간 "仁川34年貿易年報"(1902년 9월 30일).
79) 『通商彙纂』 제110호 부록 "明治30年中仁川港商況年報"(1898년 8월 6일).
80) 『通商彙纂』 제198호 "仁川33年貿易年報"(1901년 7월 30일) 및 "木浦33年

(시모노세키-부산-인천 경유) 간에도 기선을 운항하였다.81) 1901년에는 코오베·태고선(門司-나가사키-부산-인천-연대-여순 기항)이 신설되었고 이 밖에 코오베-인천 간에 임시선(門司-부산 경유)이 부정기적으로 운항되다가 1902년 말에 폐지되었다.82)

1899년 6월에 개항한 城津港의 경우 개항 초에 대외항로가 개설되지 않아 수출입품이 일단 원산항에서 집산되고 블라디보스토크와의 교역도 육로를 이용하였는데 1901년 4월 우선회사의 貫效丸이 블라디보스토크에서 원산으로 가면서 성진에 기항하여 블라디보스토크와의 직무역이 활발해졌다.83) 이 선박을 이용하고자 하는 조선상인이 많아 성진감리서에서 1천 장의 執照를 外部에서 발급받을 정도였다.84)

한편 오사카상선회사는 1896년에 코오베-시모노세키-부산-인천-오사카 간 항로를 재개하여 매달 2회씩 정기적으로 운항하였고 1897년에는 그 해 개항한 목포에도 기항하였다.85) 이 밖에 오사카와 인천 간에는 부정기적으로 왕복하는 임시선이 정기선의 2배나 배정되었다.86)

1900년 이후 오사카상선회사는 외국항로를 증설하고 연안항로도 개설하였다. 1900년 8월 오사카상선회사는 군산에 대리점을 설치하

貿易年報"(1901년 8월 13일) ; 木浦誌編纂會, 『木浦誌』, 東京, 1914, p.309.
81) 『通商彙纂』 제180호 "鎭南浦貿易季報(4月~6月)"(1900년 9월 25일).
82) 『通商彙纂』 제241호 임시증간 "仁川34年貿易年報"(1902년 9월 30일) 및 제259호 임시증간 "木浦34年貿易年報"(1903년 1월 23일).
83) 『通商彙纂』 제231호 임시증간 "城津34年貿易年報"(1902년 6월 20일).
84) 『城津報牒』 光武 5년 4월 6일 보고서 제14호.
85) 『通商彙纂』 제82호 "木浦運輸交通ノ現況"(1897년 10월 26일) 및 제110호 부록 "明治30年中仁川港商況年報"(1898년 8월 6일). 1896년 2월에는 부산출장소 소유의 소증기선 釜山號로 화물선의 引船業에도 종사하였다. 『日韓通商協會報告』 1, 제7호 "雜報"(1896년 3월) 참고.
86) 위와 같음.

여 매달 2회 부정기적으로 기선 白川丸을 운항해 군산과 일본을 연결하는 직통항로를 최초로 개설함으로써 군산의 외국무역 발전에 큰 영향을 미쳤다. 이 항로가 개설되기 전에는 江景 등에 집하된 쌀·우피는 물론 국내에서 거의 수요되지 않고 일본으로 수출되는 콩도 가까운 군산에서 수출되지 않고 인천이나 부산·목포 등으로 일단 수송되었다가 기선편으로 일본으로 수출되었다. 그러므로 연안무역이 외국무역의 10배나 되었다. 그러나 대일 직통항로가 열리고 일본직통 임시기항선의 수도 늘어나면서 연안무역이 외국무역으로 전환하고 수출량이 급격히 증대하였다. 종래에 콩을 일본으로 직수출하는 경우에는 廣島와 山口 지방으로부터 잡화를 싣고 온 풍범선이 잡화를 모두 팔고난 후 각 선박에 200~300석씩 싣고 돌아가 팔았는데 직통항로의 개설로 오사카 직수출의 길이 열린 것이다.[87]

오사카상선회사는 1900년 10월에는 정부보조를 받아 인천-목포 부신 긴 연인항로를 개시하여 기선을 월 4회로 정기 운항하였는데 이 중 2회는 인천과 목포 간을 운항하면서 중도에 군산에 기항하였고 2회는 인천-부산 간을 항해하면서 부산에서 일본 船便과 접속하고 부산에서 돌아오는 편에 마산에 기항하였다.[88] 이 연안항로는 1901년 4월에 폐지되고 대신 코오베-시모노세키-부산-마산-목포-군산을 경유하는 오사카·인천선이 개설되어 기선 백천환이 월 2회로 운항하였다.[89] 이 밖에 1901년 6월경까지 임시선 3척이 군산에

---

87) 『通商彙纂』 제175호 "群山新航路開始"(1900년 8월 18일) 및 제196호 "群山33年貿易年報"(1901년 7월 9일).
88) 『通商彙纂』 제184호 雜 "馬山近況"(1900년 11월 30일) 및 제196호 "群山33年貿易年報"(1901년 7월 9일) 및 제198호 "木浦33年貿易年報"(1901년 8월 13일).
89) 『通商彙纂』 제200호 "群山第2季貿易"(1901년 9월 16일) 및 제231호 임시증간 "群山34年貿易年報"(1902년 6월 27일).

교대로 기항하였다가 무역부진으로 폐지되었다.90)

1900년에는 오사카·진남포선(코오베-시모노세키-나가사키-쓰시마섬-부산-목포-인천에 기항)도 신설되어 기선 2척이 3주에 2회 왕복하다가 1901년에 기선 3척이 배정되어 매주 1회 왕복하였는데 진남포의 유일한 정기항해선이었다.91) 1903년 6월에는 종래 진남포항로에서 사용하였던 平壤丸·京畿丸 2척을 인천-오사카 간 직항선으로 삼기로 하고 3척의 기선을 새로 건조하여 인천에서 진남포-군산-목포 등 간의 연안항로에 투입하는 계획을 세우기도 하였다.92)

이와 같이 일본의 유수한 해운기업인 일본우선회사와 오사카상선회사는 정부보조를 받아 일본과 청·조선의 각 개항장을 연결하는 외국항로 및 연안항로를 개설하여 조선의 해운권을 거의 장악하고 무역확대를 꾀하였다. 두 회사의 목포대리점에서는 1899년 1월 목포의 수출곡물에 대해 시모노세키·코오베·오사카까지 수송하는 운임을 100석 당 60엔에서 52엔으로 낮추어 쌀과 콩의 주된 집산지인 목포에서의 대일 곡물수출을 촉진하였다.93)

한편 인천 등 개항장에 거점을 둔 일인 운송업자가 연안항해에 종사하면서 조선선인의 활동을 위협하였다. 그 중 대표적인 것이 인천 거류 일본상인 호리(堀久太郎)가 설립한 호리商會(堀力回漕店)였다.94) 호리상회는 개항장 간뿐 아니라 불개항장을 불법적으로 항행하여 조선항권을 유린하였다. 그 방법은 조선인을 매수하여 명의를 빌리는

---

90) 『通商彙纂』 제231호 임시증간 "群山34年貿易年報"(1902년 6월 27일).
91) 『通商彙纂』 제231호 임시증간 "鎭南浦34年貿易年報"(1902년 6월 26일) 및 제241호 임시증간 "仁川34年貿易年報"(1902년 9월 30일).
92) 『皇城新聞』 光武 7년 6월 16일 雜報 "航路擴張" 및 18일 雜報 "航路擴張".
93) 『通商彙纂』 제124호 "木浦ニ於ケル汽船運賃ノ低減"(1899년 1월 26일).
94) 호리상회는 일본측 자료에서는 '堀力回漕店'으로 불렸으나 『皇城新聞』에서 '堀商會'라고도 표기하였으므로 호리상회로 통일하기로 한다.

수법이었다. 1893년 3월 호리상회는 인천항 경찰관 禹慶善의 명의를 빌려 慶濟號로 인천-평양 간의 정기 운항(월 5회 이상)을 개시한 이 래95) 1897년 8월에는 기선 明洋丸을 구입하여 慶寶號라고 개칭하고 한성의 元敬常 명의로 평양-萬景臺-진남포-인천-군산 간을 운항 하였다.96) 이 노선에서 호리상회는 일본우선회사와 오사카상선회사 보다 유리하였다. 두 회사의 일본과 진남포 간 수입품의 운임이 일본 -인천 간 운임의 4할이나 높았으므로 대부분의 진남포 상인들은 수 입품을 일단 인천에 부려두었다가 호리상회의 기선에 옮겨 실어 그 주요 수요지인 평양의 만경대까지 바로 수송하여 艀船賃을 절약하였 다.97) 이에 두 회사가 호리상회에 운임을 두 회사의 협정액으로 올 릴 것을 교섭하여 호리상회도 인천과 진남포 간의 승객운임을 인상 하기도 하였으나 운임을 조선화폐로 받아 화폐가치가 떨어지면 운임 을 할인하는 효과를 거두어 운임면에서 여전히 유리한 조건을 유지 하였다.98)

경제호와 경보호는 船籍이 조선에 있었으므로 일본영사의 감독을 받지 않았다. 호리상회는 일본영사의 감독을 피해 일정한 수준의 선 원을 고용하지 않거나 정기 검사를 받지 않고 船體 기관의 손상이 있을 때 수리에 등한하는 방식으로 비용을 절감하여 이윤을 축적하 기도 하였다.99)

---

95) 『仁川府史』, pp.794~795. 호리상회는 이 항로의 개설을 통해 종래 蓬船과 일본 거룻배로 십수 일이 걸렸던 것을 30시간으로 단축하였으며, 換과 보 험을 취급하고 일반인의 우편물을 무료로 수송하는 서비스를 제공하기도 하였다.
96) 위의 책, p.795. 한국정부에서는 원경상이 독자적으로 운송업에 종사하는 것으로 파악하였다(『仁川港案』 4[奎 17863의 2], 光武 2년 9월 13일 訓令 제71호 및 光武 3년 1월 27일 訓令 제6호·3월 13일 訓令 제24호).
97) 白莊司芳之助, 앞의 책, p.12.
98) 위의 책, p.8.

호리상회는 1897년 10월에는 우경선과 동업으로 廣通社를 설립하여 인천-부산-원산 간 및 원산-鏡城 간 항로를 경영하였고 경영이 부실해진 광통사를 인수하여 1901년부터 독자적으로 기선을 운항하였다.100) 그리고 호리상회는 1899년 5월에는 군산개항과 동시에 군산에 지점을 설치하여 삼남지방의 쌀과 함경도 명태를 교환 거래하는 운송에 종사하고 명태의 수송이 끝난 후에는 인천과 군산을 근거로 오사카와의 항운업에 종사하였다.101) 즉 경제호와 경보호가 인천-군산-목포에 이르는 근해를 월 4회 왕복하고 그 중 1회는 제주도까지 항해하였다.102) 이 때 호리상회는 인천-군산 간 항로를 독점하고 있는 상황을 이용하여 폭리를 취하였다. 당시 인천과 목포 간의 화물운임이 100석당 12~13원이었는데 인천과 군산 간 운임은 22~25원을 받아 2배의 부당이윤을 획득했던 것이다.103)

1900년에는 인천-진남포 간에 소속 기선 4척을 배정하여 군산-목포-부산-원산을 기항하였는데 특히 경제호는 인천-진남포-평양 간을 주 1회로 정기 운항하였다.104) 이후 항로가 약간 변경되어 인천-군산-목포-부산-원산-경성 간, 만경대-제주도 간에 각각 2주~1개월에 1회 정도의 비율로 기선을 운항하였다.105)

그런데 1901년 4월 경제호가 진남포에서 불에 타버린 후 11월 새로 건조한 慶尙號(180톤)를 들여와 경보호는 인천과 만경대 간을, 경상호는 인천을 근거로 군산과 만경대 간을 각각 주 1회씩 왕복하면

---

99) 『通商彙纂』 제187호 "平壤32年貿易年報"(1900년 12월 1일).
100) 제5장 3절에서 상술함.
101) 保高正記, 『群山開港史』, 群山, 近澤商店, 1925, p.20.
102) 『通商彙纂』 제169호 "群山32年貿易年報"(1900년 5월 15일).
103) 白莊司芳之助, 앞의 책, p.8.
104) 『通商彙纂』 제180호 "鎭南浦貿易季報(4月~6月)"(1900년 9월 25일).
105) 『通商彙纂』 제198호 "木浦33年貿易年報"(1901년 8월 13일) 및 제173호 "仁川貿易季報(1月~3月)"(1900년 7월 5일).

서 진남포에 기항하도록 하였다.106) 그 해 호리상회는 기선을 더 도입하여 모두 5척으로 서해안의 진남포·만경대에서 인천-군산-목포를 거쳐 부산을 지나 동해안의 원산-북관지방에 이르는 연안항해에 종사하였고 그 중 2척은 임시로 부산에서 시모노세키-나가사키 또는 오사카 간을 항해하거나 원산-북관-블라디보스토크에도 이르렀다.107) 호리상회는 1902년 4월에는 경보환을 鄭在洪의 裕盛泰社 명의로 부산-원산-북관 간에 운항하였고108) 이듬해 7월에는 이 기선으로 인천·의주항로를 열었다.109) 그리고 1902년 12월에는 업무 확장을 위해 久保丸(2,000톤)·賴朝丸(1,059톤)·蓬萊丸 등 3척의 대형 기선을 매입하거나 차입하였고,110) 1903년 5월에는 한성의 金政敏에게 기선을 임대하기도 하였다.111)

이 밖에 인천의 明信社에서는 1903년 11월 慶利號를 매득하여 강화의 月串-개성의 堂湖-해주의 龍塘浦-洪州 漢津-牙山 白石浦 간을 항행하였다.112)

한편 마산이 개항한 1899년 5월부터 부산거류 日本 貿易商組合에서 낙동강연안에서 수출하는 쌀을 부산으로 수송하려는 목적으로 소기선을 임대하여 월 6회 마산과 부산 간을 운항하였으며 그 해 여름부터 부산상업회의소로부터 1개월에 100엔의 보조를 받았다.113) 그

---

106) 『通商彙纂』 제231호 임시증간 "鎭南浦34年貿易年報"(1902년 6월 26일) 및 제259호 임시증간 "平壤34年貿易年報"(1902년 11월 26일).
107) 『通商彙纂』 제241호 임시증간 "仁川34年貿易年報"(1902년 9월 30일).
108) 『明治官報拔萃駐朝鮮日本國領事館報告』 下 제5655호 "韓國咸鏡道沿岸航海業狀況"(1902년 5월 14일), p.606 및 제5712호 "韓國咸鏡道沿岸航海船舶增加"(1902년 7월 19일), p.618 (도서출판 新書苑 影印).
109) 『皇城新聞』 光武 7년 7월 13일 雜報 "仁義開航". 이 때 吉川佐太郎도 기선 □歌浦丸을 매입하여 인천-의주 간 항로를 개시하였다(위와 같음).
110) 『皇城新聞』 光武 6년 12월 16일 雜報 "汽船出帆".
111) 『仁川府史』, p.796.
112) 『皇城新聞』 光武 7년 11월 18일 광고.

후 기선운항의 횟수를 월 10~13회로 늘려 운항하였으며 1902년 5월에는 새로 기선을 구입하여 항로를 동쪽으로 울산까지, 서쪽으로는 통영과 삼천포로 연장하는 계획을 수립하기도 하였다.114)

이와 같이 일본 해운업은 일본우선회사와 오사카상선회사가 국가권력의 지원을 받아 조선의 대외항로와 연안항로를 거의 독점하였고 호리상회가 인천을 거점으로 서해안은 진남포에서 전라도·제주도에 이르기까지, 동해안은 원산 이북으로 경성까지 개항장과 불개항장을 연결하는 연안항로를 운항하여 조선항권을 유린하였다. 이러한 일본기선의 정기 운항은 조선의 대외무역과 연안무역에서 일본상인이 상권을 장악할 수 있는 중요한 토대가 되었다.

2) 강운업 확장

청일전쟁 후 인천과 용산 간의 기선에 의한 화물운수는 일인 운송업자에 의하여 거의 독점되었다. 이는 1896년 1월 開市場인 용산과 인천 간의 외국기선의 자유로운 운항이 승인되면서 촉진되었다.115) 1895년경 아라키(荒木助太郎)가 30톤 내외의 소기선 仁川丸·正重丸(32톤 81)·順明丸·住江丸(20톤 45) 등 4척으로 한강에 취항한 이래 운송업이 유망한 영리사업이라고 본 많은 일인이 한강 강운업에 뛰어들어 상호경쟁한 결과 운임이 크게 떨어졌다.116) 운임하락은 청일

---

113) 白莊司芳之助, 앞의 책, p.19 ; 『通商彙纂』 제186호 "馬山近況"(1900년 11월 30일).
114) 『通商彙纂』 제202호 "馬山事情一班"(1901년 10월 17일) ; 『明治官報拔萃 駐朝鮮日本國領事館報告』 下 제5786호 "釜山·馬山間航海業狀況"(1902년 10월 15일), p.626.
115) 『仁川府史』, p.784.
116) 『通商彙纂』 제55호 호외 "28年中仁川港商況年報"(1896년 8월 5일) ; 『仁

전쟁 후 화물운수량이 줄어든 데도 원인이 있었지만 운송업자의 과열경쟁에 의한 면이 컸으므로 그 폐단을 시정하기 위해 다수의 船主가 결합하여 합동으로 영업에 종사하는 경향이 나타났다. 그리하여 1896년 12월 현재 인천과 용산 간 화물 및 여객수송을 담당한 것은 仁川港同盟運送會社의 오쿠다(奧田伊之助)와 이치마루(市丸)運送會社의 市丸貞七, 요시다(慶田)組의 慶田利吉이었다. 이 중 인천항동맹운송회사와 요시다조는 일본형 범선인 和船 등을 이용해 화물운수에 종사하였고 이치마루운송회사는 아라키가 소유하고 있던 기선으로 운수업에 종사하였다. 즉 인천항동맹운송회사는 종래 선주가 단독으로 영업하던 것을 결합해 20척의 화선(100~400석의 배로 총 4,430석)으로 화물운수에 종사하였고 요시다조는 오사카상선회사의 화물을 취급해왔던 경험을 살려 선원 20여 명을 고용하여 '단베'라는 선박 4척으로 기선이 출발하고 도착하는 사이를 이용해 화물운수에 종사하였다. 이치마루운송회사는 2, 3명의 선주가 결합하여 기선 安來丸(27톤)과 주강환·정중환을 사용해 화물과 여객을 수송하였다.[117]

<표 6> 1895~1898년 龍山津에서 일본인이 취급한 선박의 출입현황

연도	기 선		범 선	
	出	入	出	入
1895	157척 4,613톤	157척 4,613톤	193척 15,750톤	193척 15,750톤
1896	238척 4,788톤	238척 4,788톤	419척 42,900톤	421척 42,100톤
1897	243척 11,489톤	243척 11,489톤	미상	141척 46,690톤
1898	325척 톤수미상	325척 톤수미상	497척 톤수미상	497척 톤수미상

전거:『通商彙纂』제52호 호외 "28年中京城商況年報"(1896년 7월 6일) 및 제

川府史』, p.788. 이듬해에 인천환과 순명환이 폐지되고 安來丸으로 대체하였다.
117)『通商彙纂』제52호 호외 "明治28年中京城商況年報"(1896년 7월 6일) 및 제55호 "仁川龍山間航業ノ現狀"(1896년 12월 15일).

111호 부록 "明治30年中京城商況年報"(1898년 8월 8일) 및 제161호 "京城 31年中貿易年報"(1899년 12월 28일).

그런데 기선으로 인천과 용산 간을 운항할 경우 6~8시간이나 소요되어 운임이 보다 저렴한 蓬船이나 화선을 이용할 경우에 비해 소요시간에 큰 차이가 없었으므로 화물의 수송은 기선에 의하기보다 봉선과 화선을 이용하는 경우가 많았다.118) 이러한 경향은 1899년 경인철도의 인천-영등포구간이 개통되고 1900년 7월에 전구간이 개통되면서 심화되었다.119) 철도개통 당초에는 선박에 의해 주로 운송되는 곡물·석유·金巾·목면·설탕·도기·명태·방적사 등 화물의 운임이 한강수운과 큰 차이가 없었기 때문에 급한 화물이나 침수가 우려되는 방적사 외에는 철도수송에 맡기는 것이 없었다. 그러나 한성의 일본상인이 철도회사와 교섭하여 철도운임을 인하하였고 한강의 결빙기에는 항운이 두절되어 어쩔 수 없이 기차편을 이용해야 했기 때문에 강운업에 막대한 영향을 미쳤다.

특히 운임이 철도와 비슷하게 비싼 기선항운업은 경인철도 개통의 영향을 심하게 받아 철도부설 이전에는 날마다 3척의 소기선이 경인 간을 왕복하였으나 이후에는 아라키가 취급하는 소기선 1척이 격일로 정기운항하고 예비기선 1척으로 부정기적인 항행을 할 정도로 기선운항의

---

118) 『通商彙纂』 제55호 호외 "28年中仁川港商況年報"(1896년 8월 5일).
119) <표 7> 1898~1900년 인천-용산 간 출입 외국형 선박수

연도	기 선			범 선	
	출입수(척)	화물운임(원)	승객운임(원)	출입수(척)	화물운임(원)
1898	536	15,484,616	21,818,700	697	19,976,264
1899	560	15,671,294	14,596,661	320	11,613,968
1900	268	6,546,971	1,830,090	200	6,739,280

전거 : 『通商彙纂』 제189호 "京仁鐵道全通後ニ於ケル京城商況"(1901년 2월 21일).

빈도수가 급격히 감소하였다.120) 한강 강운업은 그 후 범선에 의한 석탄 · 牛骨 · 우피 · 명태 등 대화물의 수송 위주로 바뀌어 기선과 철도요금에 비해 운임이 저렴하면서도 기선과 운항시간에 큰 차이가 없는 조선의 봉선과 일본 화선의 활동이 활발하였다.121)

앞에서 살펴보았듯이 호리상회의 기선은 1893년부터 조선인 명의로 인천과 불개항장인 진남포 및 평양 간을 운항하여 대동강 강운업에도 침투하였다. 진남포(1897)와 평양(1899)이 개방되자 호리상회는 더욱 적극적으로 진출하여 1900년 7월 대동강 강운을 전담할 소기선 大同江號를 새로 건조하여 취항시킴으로써 대동강에서의 기선항운을 독점하였다.122) 그런데 평양에서 호리상회 기선을 이용하여 수출입에 종사한 상인은 일본상인과 청국상인도 있었지만 주로 조선상인이었다. 이 선박을 이용한 상인들의 취급품목을 살펴보면, 1899년 한 해 동안 주요 수 · 이입품에서 방적사 · 일본목면 · 한지는 조선상인이 거의 독점하고 금건은 조선상인이 청상보나 약간 많이 취급하였다. 주요 수출품에서 사금수출은 청상이 독점하고 현미 · 백미수출은 청상이 약간 많이 취급하였으며 우피는 조선상인이 훨씬 많이 취급하였다.123) 단편적이지만 이 자료를 통해 조선상인이 종래 황해도 장산곶이 조난의 위험이 있어 육로로 해주를 통해 상품을 유통하던 것을 기선을 이용한 해로수송으로 바꾸었음을 알 수 있다.124)

오사카상선회사에서도 1903년 6월 본격적으로 강운업에 진출할 계획을 세웠다. 즉 河船 수 척을 건조하여 대동강의 진남포-평양 간과 금강의 군산-강경 간, 영산강의 목포-羅浦 간을 운항할 계획이

---

120) 『仁川府史』, pp.789~791.
121) 『仁川府史』, p.789.
122) 『通商彙纂』 제209호 "平壤33年貿易年報"(1901년 12월 18일).
123) 『通商彙纂』 제187호 "平壤32年貿易年報"(1900년 12월 1일).
124) 『日韓通商協會報告』 제19호 "朝鮮ノ運輸", pp.205~206.

었다.125) 이 회사는 이 가운데서 우선 그 해 10월 소기신 南浦丸으로 진남포-평양 간 항로를 개시함으로써 대동강의 강운업에 뛰어들었다.126)

　일본인은 금강 강운업에도 침투하였다. 1900년 8월 군산과 강경 간에 인천의 木村某라는 일인이 조선인의 명의로 소증기선 江景丸(8톤)을 운항하면서 曳船 黃山丸과 연계하여 24~25톤의 화물을 실었는데 주로 군산의 조선상인을 대상으로 하였다.127) 종래 군산과 강경 간 왕복에는 2~3일이 소요되었는데 기선의 항행 후 潮水일 경우 1, 2일이면 왕복이 가능해져 연안무역을 발전시켰지만 재래선박에 의해 운송업에 종사하는 조선선인에게 타격을 주었다. 이 밖에 일인소유의 일본형 및 서양형 범선이 대동강과 재령강·금강 등 각 포구와 진남포·인천 간의 운수에 종사하였다.128)

　이와 같이 개항장이 증설되어 각 개항장과 외국 특히 일본과의 직통항로가 개설되면 될수록 연안무역이 외국무역으로 전환하여 대외무역은 발전하였지만 연안무역에 종사하는 조선상인의 상업은 위축되었다. 반면 일본상인은 인천을 비롯한 개항장 간과 일본을 연결하는 기선항로의 이점을 이용하여 상권을 확대하였다. 즉 일상은 1897년경 인천의 개항장 간 무역에서 명태와 해초의 수입을 주도하고 인천과 평안도 간의 무역에서는 곡류수입과 외국품수출 등에 종사하여 연안무역에서도 상권을 침탈해 나갔다.129)

---

125) 『皇城新聞』 光武 7년 6월 18일 雜報 "航路擴張".
126) 『皇城新聞』 光武 7년 10월 23일 雜報 "平壤航路"; 『日案』 6, 光武 7년 11월 5일.
127) 『通商彙纂』 제175호 "群山新航路開始"(1900년 8월 18일) 및 제196호 "群山33年貿易年報"(1901년 7월 9일).
128) 『通商彙纂』 제188호 "韓國忠淸道錦江兩岸情況"(1900년 11월 21일) 및 제231호 임시증간 "鎭南浦34年貿易年報"(1902년 6월 26일).
129) 『通商彙纂』 제110호 부록 "明治30年中仁川港商況年報"(1898년 8월 6일)

청일전쟁 후 청은 정기항로를 다시 개설하지 못하였고 러시아의 기선회사가 적극적으로 항로를 확장하였다. 그러나 러시아 해운업의 침투는 러시아상인의 진출이 미미하여 조·러무역의 발전 및 조선에서의 상권확대와는 거의 관련이 없었고 대개 정치·군사적 목적에 의한 것이었다. 따라서 청일전쟁 후 조선에 진출한 외국해운업 중 상권과 관련하여 해운권을 확장한 것은 일본뿐이었다. 일본의 해운업은 조선인을 매수하여 불법적으로 한강·대동강·금강 등 불개항장으로도 침투해 강운업에 종사하여 화물의 대량수송을 주도해 나갔고 光武年間에 들어와 각 개항장에 설립된 조선의 민간해운기업과 연안항로의 장악을 둘러싸고 경쟁하여 타격을 주었다. 그리고 러일전쟁의 승리로 조선을 보호국화한 일제는 조선에 압력을 행사하여 1905년 8월 13일 「韓國沿海 및 內河의 航行에 관한 約定書」를130) 체결함으로써 일본선박이 자유롭게 항행할 수 있는 권리를 획득하여 조선의 해운 및 강운업을 압살하였다.

및 제196호 "群山33年貿易年報"(1901년 7월 9일).
130) 『舊韓末條約彙纂』上, pp.192~195.

제5장 民間海運業의 발전과 船商의 활동

1. 재래선박을 이용한 선상의 활동

1) 선상 경영형태의 변화

　개항장이 대외무역과 遠隔地 간 유통의 중심지로 성장하면서 船商의 활동범위는 포구에서 개항장 중심으로 바뀌어 갔다. 개항장무역의 증대와 이에 촉진된 상품화폐경제의 발전은 상품유통량의 팽창을 가져왔고 선상은 포구와 개항장 간 또는 개항장과 개항장 간을 왕래하면서 수출입품의 대규모 유통을 담당하였다. 개항장이 설치되면 각처의 선상들은 '土貨'를 구입해 개항장의 외국상인에게 판매함으로써 지역적 가격차이를 이용한 이윤취득을 꾀하였던 것이다.[1]
　다음의 <표 8>은 상업 및 운송업에 종사하다가 일본으로 표류한 선박에 탑승하였던 外方浦口의 선상에 대한 조사 보고서를 정리한 것이다. 이들 선상은 영·호남과 영동지방의 여러 포구에 거주하고

---

1) 『三和港報牒』 3(奎 17865의 2), 光武 3년 3월 20일 報告 제21호.

있고 19개의 사례 중 10개가 개항장인 부산과 연안포구와의 상품유통 사례이다. 그런데 이 자료에서 주목되는 것은 선상층의 경영형태가 조선후기와 뚜렷하게 구별되는 양상을 보이고 있다는 점이다. 船主와 物主가 분리되어 賃運業이 발전하는 추세가 현저하게 나타나고 있는 것이다. 19개의 사례 중 7개가 선주와 물주가 미분리된 선상활동을 하는 경우를 가리키고 11개가 선운업자가 물주의 상품을 운송하는 사례이며 마지막 사례가 선상활동을 하다가 타인의 상품을 임운하는 경우이다. 운임을 목적으로 하는 전업적인 화물운송업자가 전체적으로 절반 이상을 차지하고 있으므로 상업과 운송업의 분리현상이 상당히 진행되고 있음을 알 수 있다.

선운업이 상업과 운송업으로 분화하는 경향은 외국상인이 행상을 확대하면서 개항장과 불개항장 간의 상품유통을 맡고 있는 조선선상을 배제하고 산지나 소비지 객주와 직접 거래하였기 때문에 선상이 어쩔 수 없이 상업이윤을 포기하고 임운업으로 전환하면서 심화되는 측면이 있었다.[2] 이런 경우는 외국상인이 무역시장의 유통기구를 장악해 들어가는 과정에서 발생한 것이므로 선상의 자본축적 기회는 줄어들었다고 볼 수 있다.

그러나 선상이 전업적인 운송업자로 전환할 수 있었던 것은 운임수입만으로도 경영을 유지할 수 있을 만큼 연안무역이 발전하여 화물운송량이 증대하였기 때문이다. 또 외국상인이 포구로 가려면 조선선박을 고용하여야 했으므로 외상의 내지행상이 확대되면서 조선선인의 운송량은 더욱 팽창하였다. 그 사례가 <표 8>의 번호 7·12·13·19이다. 연안무역의 발전은 영세했던 선운업의 경영규모가 확대되어 독자적으로 발전할 수 있는 토대가 되었고 거꾸로 선운업의 발

---

[2] 新納豊, 「鐵道開通前後의 洛東江船運」, 『秋堰權丙卓博士華甲記念論叢 2-韓國近代 經濟史硏究의 成果-』, 螢雪出版社, 1989, p.189.

제5장 民間海運業의 발전과 船商의 활동 151

<표 8> 표류선박 사례를 통해 본 外方浦口 船商의 경영형태

번호	연도	船商 구성	경영형태	선박	유통경로	유통내용	貰價
1	1885	濟州선주, 沙工, 格軍 10인	선상활동	제주목소속 二把杉船	제주-羅州濟倉	갈치 12同, 말린 상어 3동 판매	
2	1886	三陟선주, 물주, 사공, 격군 6인	임운업	均役廳소속 2파삼선	삼척-泗川	미역 700丹 운송	110냥
3	1886	江陵선주, 사공, 격군 5인	선상활동	〃	강릉-迎日浦項 -昌原馬山浦	青魚 구매(500냥), 판매	
4	1886	盈德선주, 물주, 사공, 격군 7인	임운업	균역청소속 1파삼선	영덕-北青新浦 -영일포항	北魚 貿取, 판매	
5	1887	康津선주, 물주, 사공, 격군 4인	〃	균역청소속 3파삼선	창원마산포 -釜山	漁基用 網子운송	14냥
6	1887	晉州선주, 물주, 사공, 격군 8인	〃	균역청소속 2파삼선	부산-진주	唐木 10疋, 色繪 7疋 운송	30냥
7	1888	東萊선주, 물주, 사공, 격군 4인	〃	균역청소속 3파삼선	동래-蔚山	일본인의 爾魚 貿來次	30냥
8	1888	泗川선주, 사공, 격군 5인	선상활동	〃	蔚珍-사천	미역 27貼 貿來 (2천 냥)	
9	1888	盈德선주, 사공, 격군 4인	〃	균역청소속 1파삼선	平海-부산	이어 350筐 貿來 (175냥)	
10	1888	海南선주, 물주, 사공, 격군 3인	임운업	균역청소속 3파삼선	해남-울산 -부산	항해중	
11	1888	蔚珍선주가 사공을 겸, 물주, 격군 6인	〃	균역청소속 2파삼선	부산-울진	이어 600광 운송	250냥
12	1888	梁山龜浦선주, 물주, 사공, 격군 5인	〃	〃	부산-영일 林谷	일본인의 이어 貿來	150냥
13	1888	양산구포선주, 물주, 사공, 격군 7인	〃	〃	부산-영일포항	일본상인의 이어 貿來	150냥
14	1888	제주선주, 사공, 격군 6인	선상활동	균역청소속 3파삼선	제주-강진	이어 4,800斗 판매	
15	1888	昌原선주, 물주, 사공, 격군 4인	임운업	〃	부산-창원	'賃卜'없어 돌아오던 길	
16	1888	해남선주, 사공, 격군 4인	선상활동	〃	해남-부산	燒木 250負 판매	
17	1888	長鬐선주, 물주, 사공, 격군 8인	〃	〃	강릉-장기	租 72석 구입 (684냥)	
18	1889	해남선주, 사공, 격군 2인	임운업	균역청소속 2파삼선	부산-울산-해남	냉이 50稱 판매, 歸路	20냥
19	1889	해남선주, 사공, 격군 2인	선상활동 임운업	私船	해남-統營-巨濟 -樂安-강진-통영-거제-동래	소금·멸치·냉이·무 貿賣. 일본상인의 냉이 100칭 운송	20냥

전거
 1. 『金等狀錄』(奎 18125), 光緖 11년(1885) 12월 6일.
 2. 『金等狀錄』光緖 12년 1월 8일.
 3. 『金等狀錄』光緖 12년 2월 5일.
 4. 『金等狀錄』光緖 12년 2월 22일.
 5. 『東萊府啓錄』9(奎 15105), 光緖 13년 12월 1일.
 6. 『東萊府啓錄』9, 光緖 13년 12월 17일.
 7·8·9. 『東萊府啓錄』9, 光緖 14년 정월 9일.
 10. 『東萊府啓錄』9, 光緖 14년 정월 9일.
 11·12·13. 『東萊府啓錄』9, 光緖 14년 정월 14일.
 14. 『東萊府啓錄』9, 光緖 14년 2월 1일.
 15. 『東萊府啓錄』9, 光緖 14년 3월 16일.
 16. 『東萊府啓錄』9, 光緖 14년 11월 1일.
 17. 『東萊府啓錄』9, 光緖 14년 12월 1일.
 18. 『東萊府啓錄』9, 光緖 15년 정월 1일.
 19. 『全羅監司啓錄』7(奎 15095), 光緖 15년 3월 3일.

전은 험한 해로의 위험을 극복하여 유통권을 확장시킬 수 있는 조건이 되었다.

선상활동을 주업으로 삼으면서도 사정에 따라 稅穀이나 개인 물품을 임운하여 상업과 운송업을 겸하는 선인이 여전히 많았다. <표 8>의 19번째 사례는 그 대표적인 예로, 海南縣의 朴致權은 전라도와 경상도 연안을 다니면서 소금이나 건멸치·냉이·무 등의 선상활동을 한 후 동래에서 일본상인의 냉이를 船價 20냥을 받고 운송하다가 機張 앞바다에서 난파되었다.3) 또 1885년 熊川縣의 선상 金文善은 그 지방에서 임대한 稅船의 사공, 즉 선장으로 차정되어 大同米를 운송하다가 선박이 침몰되었다.4)

그러면 각 선상의 경영형태는 구체적으로 어떠했을까? 그것을 유형화하면 다음과 같이 4 형태로 분류할 수 있다.

---

3) 『全羅監司啓錄』7(奎 15095), 光緖 15년(1889) 3월 3일.
4) 『湖南啓錄』2(奎古 4255.5-12), 光緖 11년(1885) 10월 12일.

첫째, 선주가 물주를 겸하는 경우이다. 선주가 자기 자본으로 쌀·소금·魚物 등의 상품을 매입하여 배에 싣고 다른 포구나 개항장으로 운반하여 판매하는 경우로, <표 8>의 '선상활동' 사례가 모두 여기에 해당한다. 각 사례를 통하여 선상이 유통하던 상품의 종류나 물량, 금액, 유통경로 등을 단편적이나마 알 수 있고 소유선박의 규모가 나타나 있어 경영규모를 짐작할 수 있다. 선상들은 200냥 미만에서 최고 2,000냥 정도의 상품을 구입하여 판매하였고 소유선박은 一把衫船에서 3파삼선으로, 小小船 또는 小船에 불과하였다.5) 쌀 200~500石 미만을 실을 수 있는 소형의 地土船으로는 먼 바다를 항해하기 어려워 서해안과 남해안 지역 간이나 동해안 지역 내에서만 왕래하였고 서해안과 동해안 간의 교류는 보이지 않는다.

둘째, 물주가 화물운송업자에게 수송을 의뢰하는 경우로, 물주와 선주가 분리되어 있다. 물주는 운임뿐 아니라 운송도중의 通過稅 등 각종 세금까지 부담해야 했다.6)

셋째, 둘째의 경우에 선주는 '賃卜爲業' 즉 타인이 위탁한 화물을 운송하고 운임만 취득하는 전업적인 운송업자가 된다. <표 8>의 외방포구의 선인들은 대부분 생계를 이어갈 다른 방도가 없어서 화물운송업을 하였다고 한다. 상품유통량이 늘어난데다 개항장 밖으로 행상이 가능해진 일본상인 등 외국상인의 화물운송 위탁량이 늘었기 때문에 운송업만으로 생계를 유지할 수 있었던 것이다. 운송업자는

---

5) 周尺의 1尺 9分 9厘에 해당하는 營造尺의 반을 기준하여 10척을 1把라고 하였다(『萬機要覽』 財用編 3, 海稅 "量船錄案"). 선박의 크기는 海稅를 징수하는 기준을 삼기 위해 정한 것으로, 지방에 따라 약간의 차이가 있지만 대체로 3파를 전후하여 小小船이나 小船이라고 하였다(『萬機要覽』 財用編 3, 海稅 "收稅式").
6) 日本外務省通商局第一課 編, 『通商彙纂』 제19호 "朝鮮國慶尙道巡回報告" (1895년 5월 15일).

곡물 등의 화물을 싣고 목적지에 도착하여 화물의 양이 모자라면 그 부족분을 배상해야 하는 의무가 있었다.7) 또 貿米時 지주나 官에 의해 防禁을 당하여 붙잡히면 각종 비용을 선주가 담당하는 것이 "八道通行의 예"8)라고 하였다. 운임은 선불하였으며 상품과 거리에 따라 차등이 있었는데, 쌀과 소금은 대개 적재량의 1~2할을 현물로 지불하였다.9)

넷째, 선박을 부릴 기술은 있으나 선박을 구입할 자금이 부족하여 타인의 선박을 빌려 선상활동이나 운송업을 하는 賃船主가 많았다. 선박의 가격이 상승하여 1899년 屯浦에서 거래된 선박 1척 값이 3,000~3,500냥에 달하였고,10) 1903년 전라도에서는 2,000냥에 거래

---

7) 『所志謄錄』(奎 18015), 壬辰 5월 21일, 6월 6·11일.
다음의 船載票는 화물을 실으면서 선주가 하주에게 작성해 주는 계약서 양식이다.

　　　　　　　　　　船載票
　一, 　何物　　　　何數量　인
　　배가 인천항에 도착하여 위의 물건을 下陸할 때 欠縮하는 폐가
　　있으면 선주가 스스로 부담할 것임.

　　　　모월 일
　　　　　　선주　　居住　　　氏名　　　인
　　　　　　사공　　 〃
　　　　모 전
　　전거:『慶州·東萊·昌原·大邱郡二於ケル調査報告書 附錄書類』(국사편찬위원회 소장, 中B16 BBC-10)

8) 『書啓所報關錄』 2(奎 18104), 乙酉(1885) 2월 20일.
9) 『通商彙纂』 제211호 "韓國京畿江原及忠淸道農商況視察報告書"(1902년 1월 14일). 앞의 표에서 제시한 '貰價'가 운임이다. 1891년 玄風縣에서 김해부까지 17석의 미곡에 대한 운임은 41냥 6전 6푼이었다(『刑房來報關錄』 3 [奎 18103], 辛卯 5월 28일).
10) 『詞訟錄』 3(奎想百古 349.1035-sa 78), 己亥 9월 18일, 10월 12·16·24일. 숙종대에는 大船의 값이 280냥이고, 小船의 값이 100냥으로 부유층이나 소유할 수 있었다(崔完基, 『朝鮮後期船運業史硏究』, 一潮閣, 1989, p.170).

되었으므로11) 웬만큼 축적한 자본이 없으면 선박을 소유하기 어려웠던 것이다. <표 10>에 표시하였듯이 1878~1887년 동안 전라도 각 지방의 세곡임선 致敗 사실을 자세히 보고한 『湖南啓錄』을 보면, 당시 세곡 임운업에 종사하는 선인 중에는 사공이 선박을 빌린 사례가 많았다.12) 임선주는 선박임대 기간을 정하고 임대의 대가로 임차료를 선불해야 했으므로 자기 선박을 가진 상인에 비하여 적은 수입을 감수해야 했다.13)

이와 같이 선주가 물주를 겸하여 船人이 곧 선상이었던 데시 운송업을 전담하는 선인이 출현하여 선상층의 경영형태가 변화하는 것과 함께 참여계층도 변화하였다. 조선후기에 선주와 사공, 노를 젓는 格軍의 신분은 배 타는 일을 천시하던 전통사회의 직업관 때문에 良人이나 私奴가 많았다. 1804년 南陽 船旅客主人 白命裕소유의 主人券 賣買文記에 첨부된 "南陽各浦船隻都案"에는 남양 여러 섬에 출입하던 선박 91척의 선주이름과 신분 등이 등재되어 있다.14) 91척의 선박 중 24척이 漁採船이나 漁採艇·漁艇이고 나머지 67척의 대부분이

---

11) 『各郡狀題』 2(藏書閣 2-3620), 癸卯 12월 7일.
12) 『湖南啓錄』 2~6(奎古 4255.5-12) ; 『湖南啓錄』 1~6(藏書閣 2-3675).
13) 『通商彙纂』 제19호 "朝鮮國慶尙道巡回報告"(1895년 5월 15일).
    1910년 선박을 빌리기 위해 작성한 賭買文記를 제시하면 다음과 같다.
                    賭買文記
        隆熙 4년(1910) 6월 일   某姓名前明文
    商販을 위해 위 사람이 소유의 2帆7把船을 5개월 동안 전세값 150냥을 내고 선척과 船中의 什物을 받습니다. 반환하는 날 선척과 십물이 破傷하고 잃어버리는 폐가 생기면 徵給하기로 하고 이를 成文하여 발급합니다.
            賭買主 모면 모동 모리 성명   인 혹 着票
            증인   〃   〃
            筆執   〃   〃
    전거 : 『慶州·東萊·昌原·大邱郡二於ケル調査報告書 附錄書類』 국사편
          찬위원회 소장, 中B16 BBC-10)
14) 『京畿道庄土文績』 89(奎 19299), 嘉慶 9년 10월 16일 朴聖俊前明文.

商船으로서 선상활동에 종사하였을 것이다. 이들 선주의 신분은 양인 74명(이 중 3명이 2척씩 소유), 사노 8명, 牧子 3명, 船人 2명, 水軍 1명으로 구성되어 천인신분도 있었으나 양인신분이 압도적으로 많았다.

그런데 개항 후에는 새로운 양상이 나타나고 있다. 다음의 <표 9>는 앞의 <표 8>의 각 사례에서 선인의 신분을 따로 정리한 것이고 <표 10>은 치패한 호남지방의 세곡임선에 탑승했던 선인에 대한 보고서를 정리한 것이다. 이에 의하면, 먼저 주목되는 것은 조선후기에는 직접 상업활동을 하지 못하고 노비를 표면에 내세웠던 양반이 선주가 되어 상품유통에 참여하고 있는 점이다. 또 조선후기에 양인 출신보다도 노비출신이 많았던 사공이나 격군 중에15) 노비신분을 전혀 발견할 수 없고, 중인층에 속하는 閑良16) 출신이 종사하는 경우가 흔하게 나타나고 있다. 이는 조선후기 이래 천인이 양인으로 신분 상승하여 천인이 급격하게 줄어들고 계층분화가 심화되고 있던 신분제 동요현상이 더욱 진행되고 있음을 반영하고 있다. 양인 이상의 상위 신분층도 생계를 이어가기 위해서는 배 타는 일과 같이 험한 일도 마다할 수 없었던 것이다. 또 한편으로 양반·중인층이 선운업 및 선상활동에 적극적으로 참여하게 된 것은 개항 후 무역의 증대와 유통경제의 발달에 따라 상품유통량이 급격하게 늘어나면서 선운업이나 선상활동을 통한 이윤획득의 기회가 더욱 많아졌기 때문으로 보인다.

---

15) 高東煥, 『18·19세기 서울 京江地域의 商業發達』, 서울대 박사학위논문, 1993, pp.98~99.
16) 조선초기에 前衛官을 한량으로 불렀고 숙종연간에는 양반의 業武者를 지칭하는 것으로 규정하기도 했던 한량층에는 양반·中庶·良民신분이 섞여 있었으나 사회적 지위는 대체로 반·상의 중간존재로서 중인층의 범주로 파악된다(李俊九, 『朝鮮後期 身分職役變動研究』 제4장, 一潮閣, 1993).

제5장 民間海運業의 발전과 船商의 활동 157

<표 9> <표 8>의 사례에 나타난 선인의 신분 (숫자는 인원수)

번호	연도	물주	선주	사공	격군
1	1885		校生 1	軍官 1	貢生 1, 교생 1, 군관 1, 양인 7
2	1886	良人 1	幼學 1	양인 1	양인 6
3	1886		양인 1	양인 1	양인 5
4	1886	양인 1	양인 1	양인 1	양인 7
6	1887	色吏 3			
8	1888		閑良 1	한량 1	
9	1888		한량 1	한량 1	
10	1888		한량 1	한량 1	한량 1, 양인 2
11	1888		한량 1	선주 겸	한량 1, 양인 5
12	1888		한량 1	한량 1	양인 5
13	1888		한량 1	한량 1	한량 1, 양인 6
14	1888		한량 1	한량 1	한량 1, 양인 5
15	1888		한량 1	한량 1	한량 1, 양인 3
16	1888		한량 1	한량 1	한량 1, 양인 3
17	1888		한량 1	한량 1	한량 1, 양인 7
18	1889		한량 1	양인 1	양인 2

* 번호는 <표 8>에 제시한 각 사례의 번호를 가리킴.

<표 10> 稅穀賃船 致敗 사례를 통해 본 선인의 신분 (숫자는 인원수)

연도	선주	사공	격군	典 據
1878	한량 1	선주 겸	양인 15	『湖南啓錄』1, (奎書閣 2-3675), 戊寅 9월 19일.
1878	한량 1	선주 겸	양인 13	『湖南啓錄』1, 戊寅 9월 26일.
1878	한량 1	〃	양인 14	『湖南啓錄』1, 戊寅 9월 29일.
1878	한량 1	〃	양인 14	『湖南啓錄』1, 戊寅 10월 7일.
1885	양인 1	임선주 겸	양인 6	『湖南啓錄』2(奎古4255.5-12), 光緒11년 10월 15일.
1885	양인 1	임선주 겸	양인 6	『湖南啓錄』3, 光緒 11년 12월 12일.
1887	한량 1	임선주 겸	양인 5	『湖南啓錄』4, 光緒 13년 4월 일(경강선인 예).
1887	한량 1	양인 1	양인 6	『湖南啓錄』4, 光緒 13년 4월 일.

그런데 이들 선상의 사례를 통해 地土船의 난파가 빈번하였고 그 활동영역이 서해안과 동해안으로 나누어져 있음을 알 수 있다. 지토선과 京江船 등 재래선박은 板船으로서 蓬船이라고도 불렸는데, 木釘

을 사용하여 船體가 약했으므로 심한 풍랑에 난파되기 쉬웠고 대개 돛으로 목면보다 蓆을 사용하여 속도가 느렸으며 관행상 야간항행이 금지되어 항해시일이 오래 걸렸다.17) 봉선을 이용할 경우 매매기일에 늦거나 선박의 전복으로 화물이 훼손되는 우려가 있기 때문에 원산과 인천의 연해에서 봉선에 실어 부산으로 운송하는 것은 대부분 쌀·콩·牛皮와 같이 중량이 많이 나가거나 값이 저렴한 것이었고 고가품은 육로를 이용하였다고 한다.18)

그 가운데 일본상인 등 외국상인이 개항 직후부터 기선이나 서양형 범선과 같이 신속하며 견고한 선박을 이용하여 商權을 침탈해 가고 있었다. 정부에서는 1883년부터 기선을 도입하여 세곡을 운송하고 1893년에 利運社를 설립하여 기선해운업을 직영하기 시작하였으며 1894년 租稅金納化로 漕運制度를 폐지하였다. 재래선박에 비하여 월등하게 우수한 외국선박이 일반상품뿐 아니라 세곡까지 운송하고 조운제도가 폐지되어 임운업의 영역이 축소된 것은 선상에게 상당한 타격을 주었다.

선상은 私船의 세곡운송 영역의 축소와 폐지에서 오는 운임수입의 감소를 일반상품의 운송확대로 상쇄하고, 외국상인의 상권침탈에 대응하여야 했다. 이를 위해서는 무엇보다도 자본의 집중과 근대적 운송수단의 도입에 의한 상업과 운송업의 분리가 시급히 요청되었다. 그리하여 개항장을 거점으로 자본이 많은 선상이 재래선박을 견고한 서양형 범선으로 대체하여 먼 바다를 항행하며 지역적 가격차를 이용한 이윤확대를 꾀하거나 기선을 도입하여 화물의 대량 수송을 담당하는 해운업에 종사하는 경향이 나타나게 되었다. 조선후기 이래 재래 船運業界에서 나타나고 있던 선상층의 경영형태 변화는 더욱

---

17) 『日韓通商協會報告』 제19호 "朝鮮の運輸", p.205
18) 『通商彙編』 1884年 下半季 "釜山港之部".

촉진되었다.

2) 선상의 지역별 상품유통 실태

개항장 간의 교통은 점차 기선과 서양형 범선에 의해 이루어졌으나 개항장과 포구 간, 포구와 포구 간에서는 재래의 조선선박이 주요한 운송수단이었다. 개항장 간 무역에서도 조선선상은 여전히 재래선박을 많이 이용하였다. 마산의 경우 개항 초 기선이 운항하지 않았을 때 마산항 市場圈 내의 쌀·콩·사금·목면·우피 등 산물이 조선선박에 의해 부산으로 출하되었다가 일본으로 수출되었다.[19] 이러한 경향은 1901년 4월 일본기선이 마산에 기항한 이후에도 변하지 않았다. 마산에서 수출품을 기선에 의해 일본으로 직접 수출하기보다는 조선선박에 의해 마산에서 부산으로 回送하여 수출하는 경우가 많았던 것이다.[20] 수입품도 기선보다는 조선선박의 수송량이 많아 "부산과 마산 간 화물운수는 근래 더욱 韓船에 의해 행해지는 것이 속출"[21]한다고 하였다. 연안무역에 종사하는 조선선박은 關稅를 내지 않기 때문에 해관에서 파악하지 못해 그 화물수송량을 정확히 알 수 없으나 1901년 11월 현재 부산과 마산 간의 조선선박에 의한 수송량은 매달 통계고의 절반 내외로 추정되었다.[22]

1904년 목포에서도 "각 개항장에 대한 교통은 오로지 기선에 의존하는 것은 물론이지만 內地의 여러 郡, 각 島嶼와의 교통은 현재 오로지 봉선과 三板에 의존하고 있다. 따라서 상업상 한선의 위치는 상

---

19) 『通商彙纂』 제199호 "馬山浦33年貿易年報"(1901년 8월 27일).
20) 『通商彙纂』 제205호 "馬山市場近況"(1901년 11월 25일).
21) 『通商彙纂』 제202호 "馬山第1·2季貿易"(1901년 10월 18일).
22) 『通商彙纂』 제205호 "馬山市場近況"(1901년 11월 25일).

당히 중요하다"23)고 하였다. 조선선박에 의하면 운임이 저렴하고 관세를 내지 않아 기선보다 유리하였기 때문이다.

이와 같이 재래선박은 운임이 저렴하여 항해하기에 위험한 장거리 운송이 아니면 곡물 등 중량이 무거운 화물의 운송에 유리하였다.24) 또 쌀을 싣고 갔을 경우에는 돌아올 때 싣고 오는 荷物의 운임은 받지 않는 관습이 있어 原價 절감의 이점도 있었다.25) 재래선박의 이점을 최대한 활용하면서 선상은 각 개항장의 가격조건을 비교하여 거래지를 신축적으로 선택해 보다 많은 이윤을 취하려고 하였다.

> 부근의 韓商은 움직이면 가까운 當港(목포 : 필자 주)을 돌아보지 않고 먼 부산과 거래하는 자세를 가지고 있다. 지금은 봄철 쌀 출하가 가장 성한 시기라고 하지만 한상을 부산 방면으로 놓치는 수가 도저히 헤아릴 수 없이 많아 유감이다.…오로지 기선운임이 싸지 않기 때문이다. 시험삼아 쌀값을 예로 들어보자. 한상이 말하는 바에 의하면, 목포는 부산에 비해 1升에 韓錢 2文 이내의 염가이어야 하고 만약 그 격차가 2문 이상이 될 때에는 자연히 거래를 부산으로 향하는 편이 이익이라고 한다.…수입품에 대해 말해도 같은 條理로서, 한편으로 쌀을 부산으로 高價로 판매하고 다른 한편으로는 金巾類를 염가로 매입한다.26)

목포 부근의 선상은 목포와 부산의 쌀값이 1승에 2문 이상 차이가 나면 가까운 목포에서 수출하지 않고 먼 부산으로 가서 쌀을 비싸게 팔고 수입품은 값싸게 구입해 보다 많은 이익을 취했다는 것이다. 즉

---

23) 『通商彙纂』 제53호 "韓國事情"(1904년 8월 10일).
24) 『通商彙纂』 제8호 부록 "明治26年中仁川港商況年報"(1894년 8월) 및 제181호 "韓國慶尙道西南部內地情況"(1900년 6월 18일).
25) 『通商彙纂』 제121호 "木浦釜山兩地相場ノ懸隔"(1898년 12월 20일).
26) 위와 같음.

현지에서 멀고 항해의 위험이 따르더라도 수출품의 경우에는 다른 곳보다 비싸게 팔 수 있고 수입품은 값싸게 구입해올 수 있는 개항장으로 가서 거래함으로써 이윤의 극대화를 꾀했던 것이다.

이같은 조선선상의 활약으로 외국상인의 상권 장악에는 일정한 한계가 있었다. 외국상인은 자국 선박을 이용해 직접 불개항장인 포구로 항행할 수 없었으므로 개항장과 포구 간의 연결수단을 조선인 소유의 재래선박에 의존할 수밖에 없었던 것이다.

그러면 원격지 간의 상품유통을 담당한 선상이 주로 어떤 상품을 취급하였고 외국상인과의 상권경쟁을 어떻게 전개하였는지 살펴보기로 하자. 선상의 활동은 지역별 상품유통 실태를 통해 어느 정도 파악할 수 있다. 개항기 지역별 상품유통에 대한 연구는 상품 流通圈과 상품화폐경제의 발달 정도를 규명할 수 있는 기초로서 근래 활발하게 진행되어 왔다.27) 기존의 연구성과를 토대로 하고 조선에 파견된

---

27) 연안무역의 실태에 대해서는 다음의 글이 참고된다.
　　李憲昶,「韓國開港期의 商品流通과 市場圈」,『經濟史學』9, 1985.
　　韓哲昊,「韓末(1897~1910) 木浦開港과 貿易構造에 관한 연구」, 고려대 사학과 석사학위논문, 1987.
　　李憲昶,「舊韓末 忠淸北道의 市場構造」, 安秉直・中村哲 等編,『近代朝鮮의 經濟構造』, 比峰出版社, 1989.
　　吉野誠,「領事館報告를 통해 본 朝鮮의 內地市場-1900년의 忠淸南道-」, 위의 책.
　　李憲柱,「群山開港과 錦江流域 市場構造의 植民地的 再編」, 고려대 사학과 석사학위논문, 1991.
　　李憲昶,「開港期 忠淸南道의 流通構造」, 安秉直・中村哲 編,『近代朝鮮工業化의 硏究』, 一潮閣, 1993.
　　수운에 대한 연구로는 다음과 같은 글이 있다.
　　羅燾承,「錦江水運의 變遷에 關한 地理學的 硏究」,『公州敎大論文集』16, 1980.
　　____,「開港前後期 錦江水運 吞吐港 群山과 그 背後地 形成에 關한 硏究」,『公州敎大論文集』20, 1984.
　　崔永俊,「南漢江水運硏究」,『地理學』35, 1987.

일본외교관이 통상확대를 위해 조사 보고한 日本領事館報告類를 기본 자료로 하여 京江과 각 지방의 상품유통 실태를 살펴보기로 한다.

(1) 京江浦口의 상품유통과 선상의 활동

상품유통의 중심지는 대개 수운편이 있거나 육로로 몇 리 내에 포구가 있었다. 서울로부터 1리 정도 떨어져 있는 京江沿邊의 여러 포구는 조선후기 이래 서울로 船運해오는 상품의 집산지였다. 이 경강포구를 중심으로 활동한 京江船商에 대하여 살펴보자.

<그림 1> 19세기 전반 京江지역

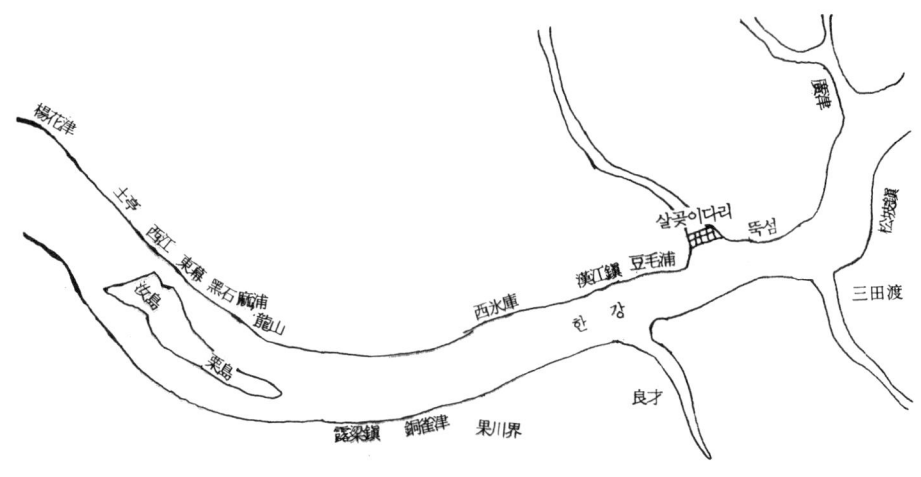

* <京江附臨津圖>(《鰈域津圖》 규장각 소장)에 표시.

新納豊,「鐵道開通前後의 洛東江船運」,『秋堰權丙卓博士華甲記念論叢 2 — 韓國近代 經濟史硏究의 成果—』, 螢雪出版社, 1989.

18세기부터 세곡운송을 통해 자본을 집적해온 경강선의 선주들은 1883년 초 舟橋司 執籌船이 혁파되고 세곡을 기선에 의해 운송하는 방식으로 전환한 이후에도 계속 조운에 참여하였다. 그러나 이들은 1894년 조세금납화로 조운제도가 폐지된 후 지주의 地代穀 등 私物의 운송과 선상활동의 영역에서만 자본을 축적할 수 있었다.

한강 연안의 용산·麻浦·土亭·東幕·西江 등 경강포구에는 곡물을 비롯한 魚·鹽·해초·목재 등 서울에서 소비되는 대부분의 상품이 경강선상에 의해 집하되었다.28) 경강선상은 조선후기에 서울시민이 수요하는 쌀 등 곡물의 절반 이상을 공급하여 貿穀船商으로서 막대한 자본을 축적하였는데 개항 후에도 수만 석의 쌀을 매점하여 서울시장의 쌀유통에서 여전히 지배권을 차지하고 있었다.29) 경강의 무곡상의 자본금은 최고 3,000여 원에서 적어도 400~500원 이상이었다고 한다.30)

경강의 여러 포구 중 마포와 동막은 서울 곡물시장의 공급지로, 이곳의 곡물저장량은 서울의 곡가시세를 좌우하였다. 마포에서는 대개 충청도산의 소작미가 먼저 수송되어 판매된 후 경강선상이 삼남지방에서 구입해오는 江上米가 수송되었는데 그 양은 봄철 해빙된 후에 가장 많았다. 동막에는 황해도 白川·金川, 충청도 각지의 소작미가 먼저 입하한 뒤에 강상미가 집하되었는데 객주가 30여 호에 달할 정도로 연안 각지 중 곡물집산이 가장 성행하였다. 玄石(黑石)과 서강에는 황해도산 곡물이 많이 집하되었다.31) 용산보다 상류에 있는 西氷庫와 뚝섬(纛島) 등에는 상류 연안과 충청도에서 運出되는 곡물이

---

28) 『通商彙纂』 제4호 "明治26年中京城商況年報"(1894년 4월 16일).
29) 『日省錄』 고종 19년 11월 10일 前正言 李義鳳 상소.
30) 『通商彙纂』 제21호 "朝鮮國忠淸道地方巡廻復命書"(1895년 5월 1일).
31) 『通商彙纂』 제1호 "京城ニ穀物ニ於ケル市況"(1893년 11월 30일).

많이 집하되었다.32)

경강선상은 인천으로부터 국내외품을 수송하여 서울시장에 판매함으로써 이윤을 획득하기도 하였다. 인천과 용산 간에는 1886년부터 기선이 운항하였는데 봉선의 운임이 기선보다 훨씬 저렴하였으므로 쌀・콩・잡곡 등은 경강선 등 봉선을 이용해 운송되었다.33) 1900년 7월 경인철도가 개통된 후 석탄과 牛骨・우피・명태 외에는 운송을 선박에 맡기는 것이 없다고 할 정도로 기선에 의한 江運業은 큰 타격을 입었으나34) 경강선상의 활동은 별로 타격을 입지 않았다. 운임이 비싼 기선의 이용은 급격히 줄었으나 철도요금도 비쌌기 때문에 서울과 인천 간의 화물수송은 여전히 조선의 봉선과 일본 和船에 의한 것이 많았고 범선에 의한 대규모 화물의 수송이 활발하였던 것이다.35) 러일전쟁 후 경부철도가 부설되어 철도수송이 해상운송을 압도하면서 부산에서는 선상의 활동이 상당히 위축되었으나 인천은 그 영향을 덜 받고 선상의 활동이 여전히 활발하였는데, 그것은 경강선상의 활약 때문으로 보인다.36) 1909년 현재 남한강 연변의 주요 포구인 永春의 下里, 丹陽의 下津, 淸風의 北津, 忠州의 彈琴臺・牧溪에는 1년 간 왕복한 선박수가 800척이 넘었는데 그 중 경강선이 지토선보다 압도적으로 많았다37) 고 하므로 경강선상의 활동은 한일합방

---

32) 『通商彙纂』 제4호 "明治26年中京城商況年報"(1894년 4월 16일).
33) 『通商彙纂』 제8호 부록 "明治26年中仁川港商況年報"(1894년 8월).
34) 『通商彙纂』 제189호 "京仁鐵道全通後ニ於ケル京城商況"(1901년 2월 21일).
35) 『仁川府史』, p.789.
36) 李憲昶, 앞의 논문(1993), pp.75~76. 한일합방 직후인 1911년 인천에 들어온 곡물의 운송수단에 대한 조사에 의하면, 재래선박에 의한 것이 1/3을 차지하였다고 한다.
37) 忠北觀察道 編, 『韓國忠淸北道一班』. 李憲昶, 앞의 글(1989), p.201에서 재인용.

제5장 民間海運業의 발전과 船商의 활동 165

직전에도 활발하였음을 알 수 있다.

(2) 中部 연안지방의 상품유통과 선상활동

1894년 일본영사가 시찰하여 파악한 바에 의하면, 중부 연안지방의 주요시장은 임진강안·開城·예성강안·海州·長淵·재령강안·黃州·평양 및 대동강안이었다.38)

임진강안의 주요 포구는 長湍 高浪浦와 坡州 文山浦인데 선상은 이곳에 소금·어류·해초 등을 水運便으로 공급하고 양질의 콩을 運出하였다. 예성강 하류에 있는 개성은 예성강 수운의 이점이 있는데다 2~4리 이내에 後西江·黃江·碧瀾渡 등의 각 포구가 있어 화물 집산지로 좋은 조건을 갖추었다.39) 개성은 특산물인 인삼·油紙 외에 황해도 각지와 평양 등에서 들여온 金地·紙·煙草·콩 등을 인천으로 보내고 방적사·석유·金巾 등의 수입품을 들여와 각 지방으로 산포하였다.40)

해주는 장연·載寧·瓮津·康翎·延安 등 연해 읍의 시장과 연계되어 개성과 별 차이 없이 번성하였고 주변에 結城의 東芝浦·西芝浦, 廣石의 泣川浦 등 여러 포구가 산재하여 곡물이 직접 인천으로 운송되었다.41) 평안도와 황해도로 들어오는 수입품은 동부 지역은 개성에, 서부 지역은 해주에 집산되었는데 황해도 지역의 수입품은 개성과 해주에서 육로를 이용해 대동강과 재령강안으로 산포되었다.42)

---

38) 『通商彙纂』 제2호 부록, "朝鮮國中部地方商況視察"(1894년 1월 22일).
39) 위와 같음.
40) 『通商彙纂』 제210호 "韓國京畿江原及忠淸道農商況視察報告書"(1902년 1월 14일).
41) 『通商彙纂』 제2호 부록 "朝鮮國中部地方商況視察"(1894년 1월 22일).
42) 『通商彙纂』 제186호 "韓國黃海道農商況視察復命書"(1900년 10월 30일).

<그림 2> 中部 및 함경도 연안지방의 주요시장 및 산지

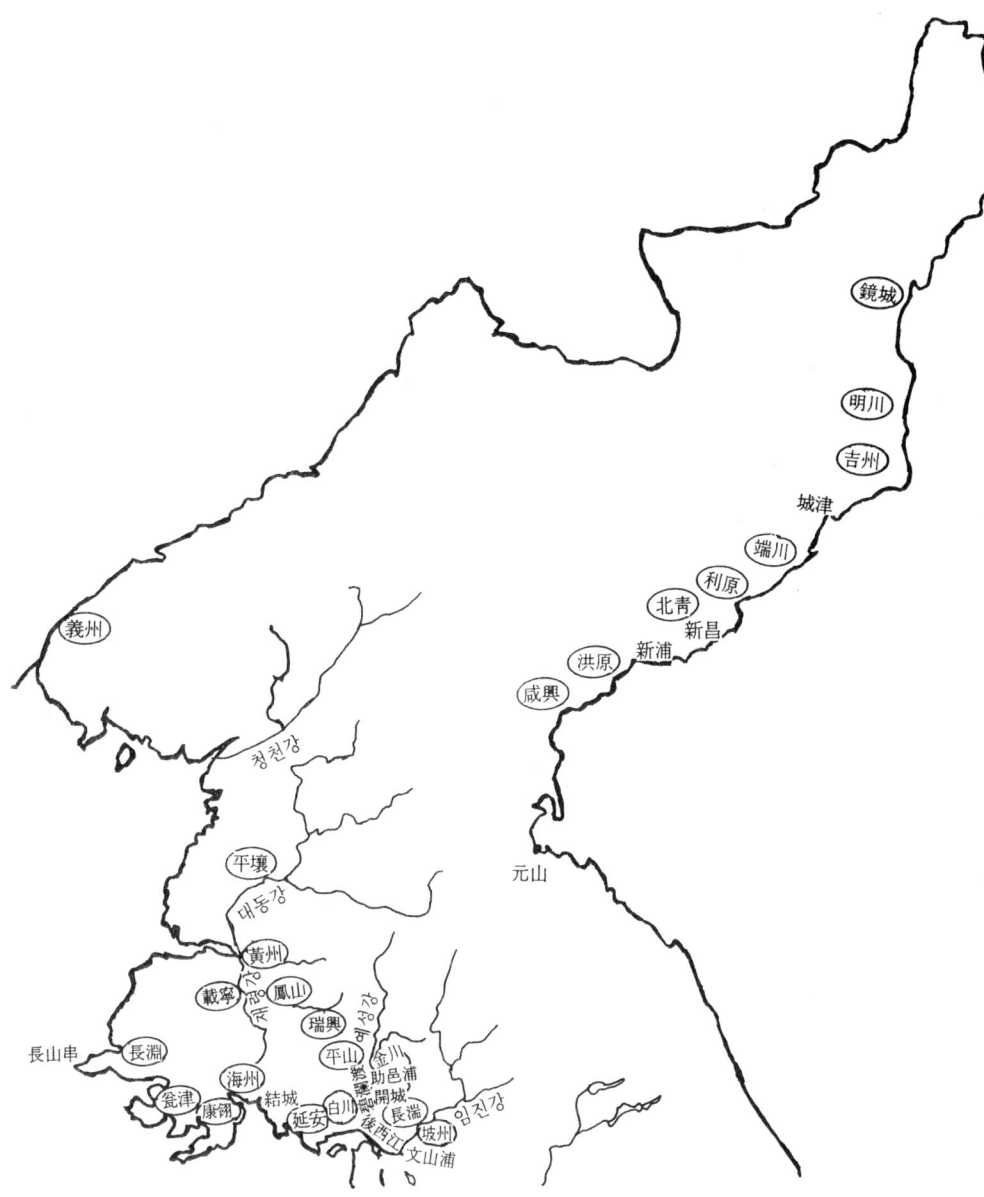

대동강 수운의 이점을 갖춘 평양은 서울 이북에서 가장 큰 시장으로, 주요 물산은 砂金·면화·연초·콩·쌀·細·蠶絲·우피 등이었고43) 객주들이 수출입품, 쌀류, 소금과 干魚類 등을 각각 전문적으로 취급할 정도로 상업이 번성하였다.44) 평양은 원래 황해도 장산곶 때문에 선박의 왕래가 어려워 인천보다는 원산과 거래가 활발하여 육로로 면화를 내보내고 명태를 들여왔다. 그런데 정부기선의 항행 이후 해로의 장애를 극복하여 황해도 각지에서 대동강을 통해 출하한 쌀과 평안도의 사금 등을 인천으로 내보내고 금건 등을 들여오는 등 인천과 거래가 활발해졌다.45) 평양은 면화는 함경도로 내보내고 잡곡·우피는 의주 및 인천과 淸 密商船으로, 연초·잠사·細類 등은 각지로 산포하였다. 또 함경도의 명태·和布·北布와 강원도의 皮類, 경상도의 安東布·蔚山和布·笠地·紙類, 전라도의 韓山布·紙 등을 들여왔으며, 금건은 助邑浦·해주·인천·청 밀상선·의주·원산 등으로부터 들여왔고 絹布類는 서울과 의주에서 늘여와 각처에 산포하였다.46)

---

43) 『通商彙纂』 제2호 부록 "朝鮮國中部地方商況視察"(1894년 1월 22일) 및 제157호 "韓國平壤情況"(1899년 12월 13일). 재령·信川·安岳·鳳山 등에서 수집한 미곡은 대동강을 따라 평양으로 운송되었다가 다시 대동강을 따라 인천이나 일본으로 수출되었고 그 밖의 평안도와 황해도 일대의 상업은 모두 대동강에 의존하였다(『通商彙纂』 제101호 "30年中鎭南浦商況", 1898년 5월 10일).
44) 『通商彙纂』 제157호 "韓國平壤情況"(1899년 12월 13일)
45) 『通商彙纂』 제2호 부록,"朝鮮國中部地方商況視察"(1894년 1월 22일) 및 제101호 "30年中鎭南浦商況"(1898년 5월 10일). 1896년 여름부터 이듬해 2월까지 평양에서 서울로 반출한 미곡은 5만 석이 넘는데 그 중 8/10이 일상이 매집하여 수출한 것이며(『通商彙纂』 제64호 "朝鮮國平壤雜事", 1897년 2월 20일), 종래 서울로 육송되던 사금은 기선편으로 인천으로 수송되어 1899년에는 월 평균 10貫目 정도가 인천과 서울로 운출되었다(『通商彙纂』 제157호 "韓國平壤情況", 1899년 12월 13일).
46) 『通商彙纂』 제2호 부록 "朝鮮國中部地方商況視察"(1894년 1월 22일).

이상의 중부 연안지방에서 상업을 담당한 주된 상인은 개성상인과 평양·해주상인이었다. 먼저 개성상인은 개성에서 상업이나 인삼제조·판매에 종사하거나 객주업을 겸하는 物主와 이들에게서 자금을 제공받아 각처를 순회하면서 물품을 매매하는 差人 등의 행상으로 구성되었다.47) 이들은 개항 이전에도 灣商과 함께 산지로 가서 해산물을 貿取하여 果川·新院 등 서울근교의 시장에 팔기도 하였지만48) 주로 특산물인 홍삼을 육로로 청에 수출하고 귀로에 청의 각종 緞疋을 수입, 판매하면서 자본을 축적하였다. 개항 후 이들은 금건과 방적사·석유 등의 외국품을 인천에서 직접 사들여와 서울을 비롯한 황해도·평안도·충청도의 각 지방에 공급하는 한편 평안도와 황해도에서 산출한 금·연초·콩·한지와 충청도·황해도 각 지방에서 생산한 곡물을 매집하여 인천으로 운송하였다.49) 인천에서 직접 수입하는 것이 8/10~9/10를 차지하므로, 개항 전에 주로 육로를 이용하던 이들의 활동이 해로를 이용하는 선상활동으로 바뀌었음을 확인할 수 있다.50)

개성상인은 청 무역상에게서 외상으로 6만 냥 어치의 물건을 받아 서울에서 장사를 할 정도로51) 거래규모가 엄청났다. 1900년경 무역상이라고 부를 만한 상인이 50軒이었는데 대개 점원이 4~5명씩 조

---

47) 李炳天,『開港期 外國商人의 侵入과 韓國商人의 對應』, 서울대 경제학과 박사학위논문, 1985, p.173.
48)『各廛記事』人卷, 嘉慶 16年(1811) 辛未.
49)『通商彙纂』제2호 부록 "朝鮮國中部地方商況視察"(1894년 1월 22일).
50)『通商彙纂』제186호 "韓國黃海道農商況視察復命書"(1900년 10월 30일). 1901년 개성에서 3, 4리 정도 떨어져 있는 堂湖와 인천 간에 大韓通運會社 기선의 운항이 개시되어 인천에서 당호까지 4시간밖에 소요하지 않는 등 인천과의 운수가 편리해졌으므로 인천과의 무역이 더욱 활발해졌다. 제5장 3절 참고.
51)『所志謄錄』戊子 7월 10일.

제5장 民間海運業의 발전과 船商의 활동 169

를 이루어 황해도 동부의 金川·平山·瑞興·鳳山·황주 등 山邑 각지와 평양 등 평안도 각지에 흩어져 상품을 공급해 이들의 발길이 이르지 않는 곳이 없다고 하였다.52) 이들의 활약으로 개성에 진출한 청상은 대개 소매상으로서 충청도의 공주·강경·예산 등에 진출한 청상에 비하면 보잘것이 없었고 1900년경에는 흔적이 거의 끊어졌다.53) 개성상인은 충청도로 진출하여 곡물을 매집하고 청상과 수입품의 판매권을 다투기도 하였다.54)

평양상인은 자산이 조금만 있어도 인천상인과 직접 거래하였고 진남포가 개항된 뒤에도 황해도와 평안도 산물은 평양상인에 의해 인천으로 반출되는 것이 많았다.55) 해주상인은 서울과 인천에서 수입품을 사들여 재령 및 서해안 지역에 공급하고 재령 등 황해도의 곡물을 매집하여 해주부근 포구의 객주에게 넘기거나 인천으로 운출하였는데, 이들의 활약으로 1900년경 황해도에서 쌀을 매집하여 수출하는 일본상인은 극히 드물었다.56) 1900년에 인천거류 일본 운송업자에 의해 인천과 해주 간에 기선이 운항하였으나 운임이 재래선박의 2배나 되고 기선 정박지가 黃江 月串이기 때문에 다시 육로나 수로를 이용해야 하는 불편이 있어 황해도의 화물운송은 종전과 다름없이 주로 艀船에 의존하였다.57)

---

52) 『通商彙纂』 제211호 "韓國京畿江原及忠淸道農商況視察報告書"(1902년 1월 14일) 및 제187호 "韓國京畿忠淸兩道農商況視察復命書"(1900년 12월 22일).
53) 『通商彙纂』 제186호 "韓國黃海道農商況視察復命書"(1900년 10월 30일).
54) 『通商彙纂』 제2호 부록 "朝鮮國中部地方商況視察"(1894년 1월 22일).
55) 『通商彙纂』 제259호 임시증간 "平壤34年貿易年報"(1902년 11월 26일) 및 제196호 "鎭南浦33年貿易年報"(1901년 7월 17일).
56) 『通商彙纂』 제196호 "鎭南浦33年貿易年報"(1901년 7월 17일) 및 제186호 "韓國黃海道農商況視察復命書"(1900년 10월 30일).
57) 『通商彙纂』 제186호 "韓國黃海道農商況視察復命書"(1900년 10월 30일).

(3) 경기·충청도 연안지방의 상품유통과 선상의 활동

제물포에서는 충청도·황해도·평안도 각지에서 선상이 선운하는 쌀·목면·마포·식염 등의 국산품이 객주를 거쳐 외국상인에게 판매, 수출되었다. 수원과 안성은 각각 3, 4리 이내에 氷井浦와 屯浦·軍門浦가 있어 수출품을 인천으로 운출하는 한편 서울로는 陸送하였다. 안성에는 추수기에 쌀이 장날마다 6, 70석~100석씩 출하되어 일부는 둔포·군문포로 나가고 일부는 수원과 서울로 육송되었다.58)

충청남도의 유통권은 둔포를 거점으로 하는 북부지방과 禮山 및 서해안의 서부지역, 江景을 중심으로 하는 금강 연안지역으로 나눌 수 있다.59) 둔포는 平澤과 稷山의 쌀산지를 끼고 있고 서해의 배가 들어와 쌀의 積出地이면서 어·염의 수출지이기도 하였다. 둔포에는 원래 객주가 없었으나 개항 후 쌀과 소금의 집산지가 되어 1895년 현재 쌀객주가 12~13호이고 소금객주가 10여 호나 될 정도로 선상의 출입이 빈번하였다. 무곡상은 평택·牙山·新昌·成歡·淸州·직산·木川 등에서 쌀을 매집하여 둔포와 군문포·長口浦 등을 통해 인천으로 운출하는 대신 金巾·방적사·석유·성냥 등을 들여왔다.60)

예산은 내륙 포구의 제시장 중 가장 지리적 조건이 좋아 서울의 화물을 남부지방으로 산포하는 요충이었고 주변의 九萬浦와 함께 大興·洪州·德山 등에서 집하된 쌀 등을 아산만을 거쳐 인천으로 이출하였다. 서해안의 保寧·藍浦·庇仁·舒川 등도 인천이나 서울에 쌀을 반출하고 수입품을 들여왔다.61)

---

58) 『通商彙纂』 제21호 "朝鮮國忠淸道地方巡廻復命書"(1895년 5월 1일).
59) 吉野誠, 앞의 논문, p.154.
60) 위의 논문, pp.156~157.
  『通商彙纂』 제21호 "朝鮮國忠淸道地方巡廻復命書"(1895년 5월 1일).
61) 위의 논문, p.158.
  『通商彙纂』 제21호 "朝鮮國忠淸道地方巡廻復命書"(1895년 5월 1일).

<그림 3> 경기·충청·전라·경상도 연안지방의 주요시장 및 산지

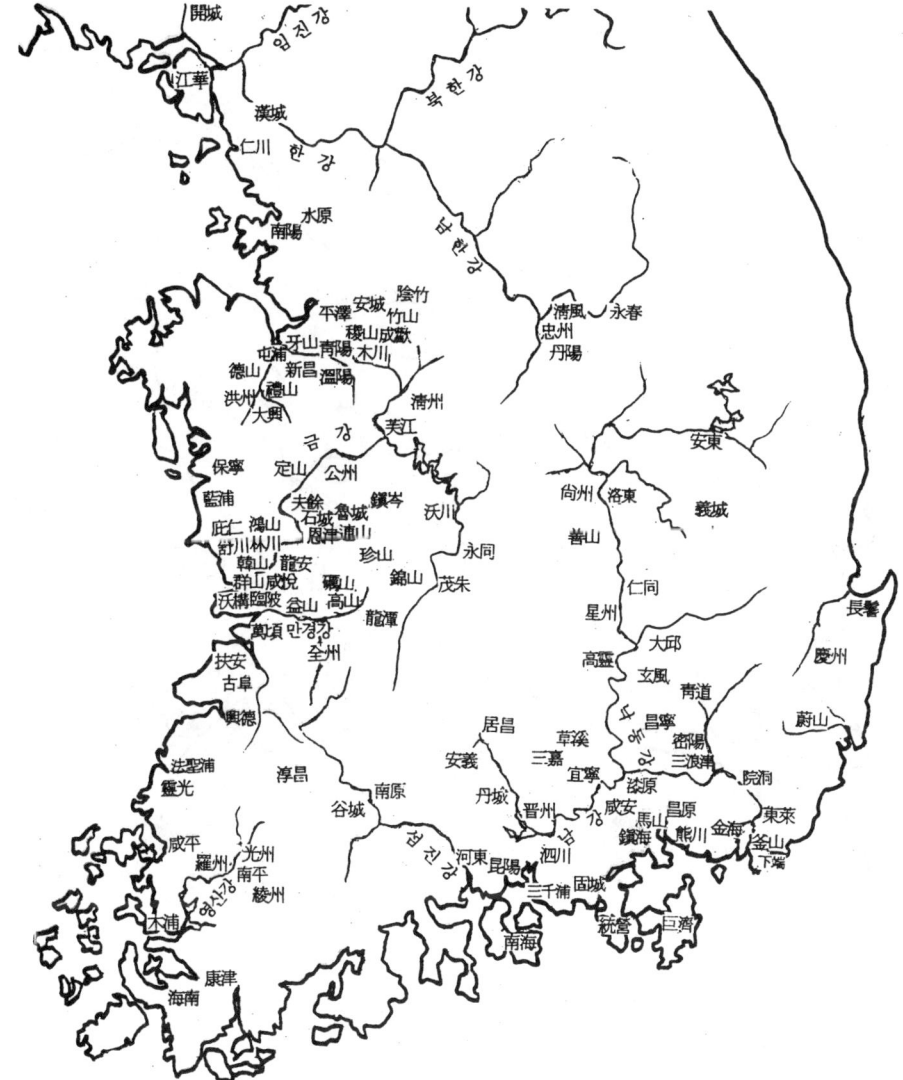

172　韓國近代海運業史硏究

<그림 4> 19세기 후반 錦江 연안지역

*　金正浩, ≪大東輿地圖≫, 1861에 표시

다음으로 강경을 중심으로 하는 금강 연안지역을 살펴보기로 하자. 1900년 말 일본영사의 조사에 의하면, 1년 동안 금강을 오르내리는 선박이 약 15,000척(1회에 1척으로 산정)인데 蓬船과 서양형 범선 등 대소의 각종 선박이 항상 폭주하여 유통권이 수십 리까지 뻗쳐 있었다. 이 중 봉선은 주로 국산품을 수송하였는데 적재량 50~300석의 봉선은 약 50척으로, 대개 인천·목포·제주 및 기타 연안 제포구를 왕래하였다. 50석 이하의 부선 등은 150여 척이나 되었는데 대부분 하류의 각 포구와 충청도·전라도 연안의 제포구를 왕복하였고 100석 이하의 河舟는 약 100척이었는데 중류의 제포구를 왕복하였다.62) 이 밖에 일본인 소유의 소증기선 江景丸이 曳船에 의하여 매일 군산을 왕복하며 강운업에 종사하였는데 주로 조선 상인이 이용하였고,63) 인천과 강경 간을 다니는 일인의 범선이 7~8척이나 되었다.64) 이들 일인 선박은 물론 모두 조선인의 명의로 영업하였다.

금강은 상류, 중류, 하류에 따라 수운편이 달라 兩岸 부근지방의 화물흡수력이 달랐다. 상류는 폭이 좁고 수심이 얕아 배를 이용할 수 없었다. 중류(芙江-강경)는 강의 깊이가 얕아 吃水가 낮은 적재량 70~80석의 하주밖에 운항할 수 없으나 강의 흐름이 완만하여 부강 부근과 금강 연안의 公州·定山·夫餘·鴻山·石城 등에서 산출되는 물산이 운송되었다.

하류(강경-군산)는 강폭이 넓고 潮高도 평균 1丈 이하였으므로 적재량 400~500석 이하의 선박이 항상 오르내렸다. 충청도의 恩津·

---

62) 『通商彙纂』 제188호 "韓國忠淸道錦江兩岸情況"(1900년 11월 21일).
63) 『通商彙纂』 제175호 "群山新航路開始"(1900년 8월 18일) 및 제196호 "群山33年貿易年報"(1901년 7월 9일).
64) 『通商彙纂』 제188호 "韓國忠淸道錦江兩岸情況"(1900년 11월 21일).

林川・韓山・舒川과 전라도의 龍安・咸悅・臨陂・沃構가 금강 연안에 위치하고 있고 충청도의 鎭岑・連山・魯城과 전라도의 全州・茂朱・錦山・龍潭・珍山도 금강 수운과 밀접한 관계가 있었다. 대표적인 시장은 論山・강경・黃山・熊浦・群山이었다. 군산이 개항한 이후에는 전주 일부와 임천 일부, 한산 일부, 서천・함열・임피・옥구, 익산 일부 지방은 군산으로 집산되고, 기타 강경으로부터 동쪽과 동북쪽・동남쪽에 있는 각 지방은 강경으로 집산되었다.65)

공주는 전라도・충청도・경상도가 이어지는 대로의 요충에 있어 봄(4월 초~5월 초)・가을(10월~11월)로 藥令大市가 열려 전국의 상인이 모여들었다. 공주는 전라도의 목면・마포・紙・우피 등을 예산으로 수송해 인천으로 이출하고, 서울에서 들어온 淸 견직물과 자본제 면제품 등을 충청남도 각지로 산포하였는데 화물의 수송은 熊津에 출입하는 100식 정도의 川船을 이용하였다.66)

금강유역의 중심에 있는 강경은 수륙교통의 요충이었으므로, 조선 후기 이래로 원산진・마산포와 더불어 3대 상업지로 손꼽혔다. 강경은 충청도뿐 아니라 남전주를 끼고 전라도 일대의 산물까지 집산하여 충청도에서 가장 큰 시장이었다.67) 매년 금강을 오르내리는 선박의 2/3인 1만여 척이 강경을 發着点으로 항행하면서 쌀・콩 등의 농산물・소금・해산물, 함경도의 명태, 수공업제품 등을 집산하였다.68) 1899년 군산 개항의 영향을 받아 시장세의 쇠퇴가 우려되었으나 군산과의 교통이 원활해지면서 오히려 번성하여 1895년경 船主人이 10호였던 것이 1902년에 36호로 늘어났다.69) 강경에는 쌀 출하기가 되

---

65) 『通商彙纂』제188호 "韓國忠淸道錦江兩岸情況"(1900년 11월 21일).
66) 『通商彙纂』제21호 "朝鮮國忠淸道地方巡廻復命書"(1895년 5월 1일).
67) 李榮昊, 「19세기 恩津 江景浦의 商品流通構造」, 『韓國史論』 15, 서울대, 1986.
68) 『通商彙纂』제188호 "韓國忠淸道錦江兩岸情況"(1900년 11월 21일).

면 장날마다 300~400석이 출하되었고 1900년경에는 1,000~2,000석이 출하되기도 하였는데 시세에 따라 부산이나 인천·군산으로 수출되었다. 수입품은 주로 인천과 부산에서 들어왔는데 그 중 인천이 6/10~7/10을 차지하였으며 일본 미곡상이 판매한 대가로 쌀을 매집하기 위해 들여오는 것도 많았다.70)

강경 옆에 있는 黃山浦는 개항 후 신설된 포구로서 1886년에 강경과 논산포의 객주들이 이 포구를 폐지하는 조건으로 세금을 대신 납부하기도 하였으나 이후 다시 복설되었다.71) 1895년경 황산포에는 6호의 객주가 있어 금강유역쪽으로 들어오는 수출입품 중 3/10~4/10를 취급하였고, 논산에는 左右岸에 9호의 객주가 있어 강경과 상호 경쟁하는 관계에 있었는데 지리적 조건이 강경보다 나빠 거래액은 강경의 절반에도 미치지 않았다.72)

그러면 상품별로 산지와 유통로를 살펴보기로 하자.73)

경기도와 충청도에서 생산되는 쌀은 일부가 육로로 안성을 거쳐 서울로 수송되는 것 외에는 거의 해로로 인천과 경강으로 반출되었다. 苧布는 강경·공주로 나갔고 우피는 육로로 인천으로 갔다. 남원·谷城·淳昌 등 섬진강 일대와 綾州·南平·나주 등 영산강 일대에서 생산되는 목면과 居昌·安義 등에서 생산되는 마포는 육로로 전주를 거쳐 공주나 강경으로 나가 충청도 서반부로 산포되었다. 금강상류의 청주, 한강상류의 忠州·永同 및 尙州에서 오는 목면과 강경

---

69) 『通商彙纂』 제21호 "朝鮮國忠淸道地方巡廻復命書"(1895년 5월 1일) 및 제228호 "韓國群山分館管轄內情況一班"(1902년 8월 14일).
70) 『通商彙纂』 제21호 "朝鮮國忠淸道地方巡廻復命書"(1895년 5월 1일) 및 제196호 "群山33年貿易年報"(1901년 7월 9일).
71) 『忠淸道關草』 1(奎 18070), 丙戌 8월 4일 및 丁亥 3월 25일·5월 15일.
72) 『通商彙纂』 제21호 "朝鮮國忠淸道地方巡廻復命書"(1895년 5월 1일).
73) 이하 위와 같음.

으로 오는 마포는 충청도 북부 및 동부로 산포되었다. 紙類는 전라도에서 들어왔고 함경도산 마포인 北布와 평양의 細는 서울에서 육로를 통해 들어왔다.

목면과 모시·삼베 등의 직물류와 紙 등이 주로 육송된 데 반해 명태, 말린 생선류 등은 北商에 의해 수입품과 함께 해로로 들어왔다. 소금도 선박에 의해 산포되었는데 해마다 12만 석의 소금이 군문포로 수송되어 안성을 거쳐 陰竹과 竹山 주변까지 산포되었다. 그 다음으로는 둔포에 2만~3만 석이 수송되어 안성을 거쳐 산포되었고 이 밖에 신창의 장구포, 禮山倉·구만포 등에서 각각 100~1,000여 석씩 수입하여 溫陽·예산·대흥·홍주 등으로 분배하였다. 금강유역에서 소금을 가장 많이 집산하는 곳은 강경과 논산인데 1년에 4만~5만 석씩 들여와 은진·노성·금산·무주·高山·礪山·珍山·沃川 등으로 공급하였다. 그 다음 집산지는 부강인데 여기서는 금강 상류지역으로 공급하였다.

주요 수입품인 金巾과 寒冷紗는 인천과 서울을 거점으로 하여 산포되었는데 육로로는 수원과 안성에서 강원도·경상도 북부 및 충청도 목면상에게 팔렸다. 수로로는 쌀을 수송, 판매한 선박이 귀로에 싣고 둔포·예산·보령 등으로 반입하여 근방으로 산포하였다. 강경과 논산 관하의 포구는 인천으로부터 오는 것의 3/10~4/10와 부산으로부터 오는 것의 7/10~8/10을 수입하여 전주 이북의 여러 읍 및 沿江 여러 읍에 산포하였다. 청 견직물은 경기도·전라도의 麻布商 및 木棉商의 還荷로서 육로로 안성·공주·수원으로 수송되었는데 거래액이 많았다.

중부 연안지방의 상품유통 실태를 통해 볼 때 쌀과 소금 등 중량이 많이 나가는 상품은 선상이 재래선박을 이용하여 강경포나 안성·수원·개성·공주와 같은 大場과 연계된 포구로 운송하였고 여기서 보부상에 의해 육송되어 각처로 산포되었으며 직물이나 한지 등은 육운되는 경향이 있었다.

(4) 전라도 연안지방의 상품유통과 선상의 활동

영산강과 섬진강의 강안에서는 많은 농산물이 생산되어 兩江의 수운편으로 수송되었다. 조선선박은 강안의 제포구와 海口를 연결시켜 주는 유일한 수단이었다. 영산강의 경우 하류의 목포에서 상류의 榮山浦까지 포구가 5~10리마다 있어 모두 약 40개 소나 되었고 상류는 700톤의 군함이 정박할 수 있을 정도로 강이 넓었다. 영산강을 왕복하는 선박은 4, 50~2, 300俵를 실을 수 있는 규모였고 운임은 화물 1개에 50~7, 80文이었는데 고용한 선박에 쌀을 실으면 그 밖의 잡화는 운임을 받지 않았다.

전라도의 대시장은 전주와 南原·南平인데 전주는 특히 전라도·충청도·경상도 물화의 집산지로, 서울 종로와 마찬가지로 紙房·藥房·米廛 등의 상설점포가 있어 장날 외에도 금건·방적사·성냥·도기·저포·마포·목면·紙 등을 항상 판매하였다. 전주는 원래 수운편이 발달하지 않았는데 서북방 4리 정도 떨어진 곳에 大場浦가 새로 개설되어 군산·인천·제주·나주 등지로부터 선박이 늘 출입하였다.74)

목포가 개항하기 전에는 靈光郡의 法聖浦와 興德縣 沙津浦가 전라도 서부지방의 상권을 장악하면서 부산과 거래하였는데75) 목포가 개항된 후 이들 포구의 거래선이 목포로 바뀌어 목포가 상업중심지가

---

74) 이상 『通商彙纂』 제115호 "韓國榮山江岸ノ商業"(1898년 10월 14일).
75) 1896년경 木浦津에는 2, 3척 정도의 조선선박이 繫留되어 있었는데 반해 법성포와 사진포에는 항상 30여 척이 계류되어 있다(『日韓通商協會報告』 제7호 "朝鮮新開港場たるべき木浦", 1896년 3월).

되었다. 1904년경에는 목포의 상업지역이 전라남도 각지로 뻗쳤는데 이들 지방과 목포를 연결하는 주요한 교통수단은 조선선박이었다.76)

목포가 개항되기 전에 전라도의 쌀은 주로 부산으로 이출되어 명태·청어 등으로 교환되었고 전라도 남서부에서 생산되는 생사·목면과 북동부에서 산출되는 紙類 등은 서울상인과 평안도상인이 반입한 綢緞 등과 거래되었다. 한지는 경상도 宜寧 부근 등에서 생산되어 부산으로 반출되는 것의 거래액만도 3~4만 원을 웃돌았는데 조선상인이 독점적으로 취급하였다. 전북지방에서 생산되는 한지는 대부분 경기도와 평안도로 나가 다시 청으로 수출되었다. 쌀과 해산물을 제외한 잡화의 거래에서 전라도는 부산보다 서울과 밀접하였다. 하지만 전라도 북부에 공급되는 金巾은 부산과 인천의 쌀시세에 따라 공급로가 달라졌다. 예를 들면, 1895년경 부산의 쌀시세가 인천보다 높자 전라도의 무곡선상은 인천보다 먼 부산으로 쌀을 수송하고, 돌아오는 길에 금건을 구입해왔으므로 부산쪽에서 오는 금건의 양이 많았다.77) 목포와 군산 개항 후 외국품 매입로는 인천·목포의 일본상인으로부터 들여오는 것이 6/10을 차지하고 군산의 일본상인으로부터 들여오는 것이 4/10의 비율을 차지하였다.78)

목포 개항 후 목포로 운출되는 쌀은 영산강유역의 제포구를 비롯하여 康津·海南 등 남부와 咸平·靈光 등 서부해안 여러 군과 扶安江과 萬頃江유역의 全州平原지방과 금강유역 등 각 방면에서 들어왔는데 조선선상이나 일본인 행상에 의해 조선선박으로 운송되었다.79)

---

76) 『通商彙纂』 제16호 "木浦ニ於ケル時局ノ貿易ニ及ボセル影響"(其二)(1904년 2월 25일).
77) 이상 『通商彙纂』 제23호 "朝鮮全羅道巡回復命書"(1895년 5월 28일).
78) 『通商彙纂』 제228호 "韓國群山分館管轄內情況一班"(1902년 8월 14일).
79) 『通商彙纂』 제198호 "木浦33年貿易年報"(1901년 8월 13일). 영산강 연안 포구 중 미곡출하가 많은 곳은 榮山浦·濟倉浦·三浦·都浦 등으로 각각

금강유역은 군산 개항 후 군산으로 집산되는 것이 많아졌으나 1900년에도 대부분 목포로 운송되어 일본으로 수출되거나 인천·부산·원산으로 반출되었다.80)

군산에 외국과의 직통항로가 개시되기 전까지는 쌀이 군산항을 거치지 않고 80~90%가 조선선상에 의해 강경에서 바로 인천·목포 등으로 수송되었고 歸航時 수입품이 兩港에서 들어왔다. 군산과 강경 간에는 조선선박의 왕복이 활발하였고 군산과 전주 간의 교통은 全州河의 수운을 이용하였는데 河口에 암석이 있고 潮勢의 영향으로 파선의 위험이 있었는데도 조선선박의 왕래가 그치지 않았다.81)

전라도 무곡선상은 각 개항장의 가격조건을 고려해 쌀을 수송하였으므로 쌀 유통로가 1901년을 전후로 바뀌었다. 군산은 개항 후 1900년까지는 운수교통의 불편과 금융기관의 미비, 군산항에 거류하는 일본상인의 자본빈약 등을 이유로 쌀이 집하되지 않고 조선선상에 의해 인천과 목포로 수송되었다. 그런데 1901년 4월부터 일본과의 정기 기선항로가 열리고 다른 개항장과의 교통이 편해지면서 일본상인의 금융상 융통이 가능해져 쌀 구입량이 증대하자 쌀의 유통로가 바뀌었다. 가장 성행한 유통로는 금강 수운을 이용하여 강경으로 일단 수송되었다가 강경의 조선선상에 의해 군산으로 가는 것이었다. 그 다음이 금강상류 연안에 있는 각 포구에서 직접 운송되는 것이었다. 다음은 금강하류 연안의 각 포구에서 오는 것과 전주방면

객주가 2~3호씩 있고 포구에 정박한 선박이 항상 10척 내외였다고 한다 (『通商彙纂』 제115호 "韓國榮山江岸ノ商業", 1898년 10월 14일).
80) 1901년 2월 목포항에는 외국기선마다 미곡을 가득 싣고도 남아 부두에 미곡이 산같이 쌓여 있었는데, 이러한 미곡출하의 증가는 그 지방주민이 정부에 상납할 조세를 구하기 위하여 미곡을 많이 팔았기 때문이다(『通商彙纂』 제189호 "木浦市況", 1901년 2월 22일).
81) 『通商彙纂』 제169호 "群山32年貿易年報"(1900년 5월 15일).

에서 육로로 수송되는 것이 있는데 그 양은 적었다. 마지막으로 부안강과 만경강에서 해로로 수송되는 것이었다.[82]

그 후 군산항의 쌀무역은 1902년 말에 이르러 개항 이래 미증유의 성황을 이루었다. 금강하류 양쪽 연안포구에서 수로로 수송되어 오는 현미·백미가 20~30표씩 대량으로 도착하였고 전주방면에서 육로로 人肩馬背에 의해 소량씩 운송되어 오는 백미가 하루에 500표 정도였다. 11월 이후에는 금강 중·상류에 있는 강경·논산·공주·부강 등의 포구로부터 玄·白粉米가 들어오고 부안·만경에서 수로로 다량의 쌀이 들어와 창고는 물론 해관부두 등에 쌀이 산적해 있어 기선이 빈번하게 왕래해도 매편마다 滿船이 되어 미처 싣지 못하고 부두에 쌓아 두는 것도 많았다.[83]

목포와 군산에서 일본으로의 쌀수출을 담당한 것은 오사카(大阪)商船會社 기선과 인천의 일본인 운송업자 호리(堀)商會소유 기선, 日本郵船會社의 임시 기선을 이용하는 일본상인이었고, 1901년경까지 군산이나 목포 부근의 조선상인으로 일본에 쌀을 직접 수출하는 자는 없었다.[84] 그러나 조선선상은 재래선박을 이용하여 각 포구에서 쌀을 개항장으로 수송해 일본·청국상인에게 판매하거나 서울이나 개성으로 轉送하여 국내무역에서 활발한 활동을 하였다.[85] 부안·古阜·나주·해남 諸郡에서 음력 11월부터 출하되는 쌀을 재래선박에 실어 목포로 수송하였는데 선박수가 많아 1901년 음력 12월 한때 波口

---

82) 『通商彙纂』 제231호 임시증간 "群山34年貿易年報"(1902년 6월 27일). 조선후기에도 호남지방의 선상의 활동이 활발하여 영남지방의 선상이 도내에서 행상하면서 東海의 산물을 취급하였던 것에 비해 많은 이윤을 남겼다고 한다(『英祖實錄』 영조 27년 2월 丁丑).
83) 『通商彙纂』 제256호 "群山最近貿易槪況"(1903년 2월 13일).
84) 『通商彙纂』 제231호 임시증간 "群山34年貿易年報"(1902년 6월 27일).
85) 1897년 목포에서 인천으로 수송하는 미곡의 절반 이상을 조선선상이 취급하였다(『通商彙纂』 제95호 "30年中朝鮮木浦貿易", 1898년 2월 25일).

場에 정박한 쌀선박만 140~150척에 달하였고 기타 선박을 합치면 200척이 넘을 정도였다.86)

實綿도 북관지방과 서울로 조선상선이 직수송하는 것이 많았고 모시와 紙도 조선선상에 의해 연안으로 반출되었다.87) 군산의 연안무역에서 명태매매는 거의 조선선상이 독점하여 일상의 거래액은 그 1/10에도 미치지 못했는데 그 이유는 군산의 주된 명태시장인 강경의 매매관습상 외상거래가 일반적이었는데 이것이 일상에게 불리하였기 때문이다.88) 개항 전부터 강경이 서해안의 명태집산지로 유명하였던 것을 상기하면 이 지역 조선상인의 상권이 여전히 강고함을 엿볼 수 있다. 청의 絹布와 삼베의 수입은 청상과 조선상인이 취급하였는데, 1901년 군산항에서 수입이 증대한 것은 조선상인이 경인지방에서 이 화물을 휴대하고 군산항을 거쳐 내지로 들어가는 자가 적지 않았기 때문이다.89)

그러나 한편으로는 연안무역의 상권을 일본상인에게 잠식당하고 있었다. 종래 일상은 수입면제품 등 서양제품의 轉輸와 日産의 판매에 종사하고 1889년경부터 북관지방 명태를 직접 매매하는 정도였다. 그러나 그들은 목포의 경우 1897년경부터 점차 국산품 잡화를 취급하기 시작하여 제주의 망건·삿갓·얼레빗과 평안도의 연초, 동래의 담뱃대, 평양의 合羽烟艸入, 거제의 大口魚, 부산의 청어 등을 구입해오고 조선상인의 독점판매품이었던 광주 등의 목면을 원산이나 서울로 반출하는 등 내지물산의 轉賣로 상권을 확장해 나갔다.90) 1901년 군산의 우피는 조선상인이 인천 등의 연안으로 수출하는 것

---

86) 『通商彙纂』 제189호 "木浦市況"(1901년 2월 22일).
87) 『通商彙纂』 제95호 "30年中朝鮮木浦貿易"(1898년 2월 25일).
88) 『通商彙纂』 제231호 임시증간 "群山34年貿易年報"(1902년 6월 27일).
89) 위와 같음.
90) 『通商彙纂』 제95호 "30年中朝鮮木浦貿易"(1898년 2월 25일).

도 있었으나 그 양은 적었고 일본상인이 거의 수출을 독점하였다.[91] 또 일본상인은 쌀의 연안무역에도 종사하였는데 그것은 오사카상선회사와 호리상회의 연안항로를 이용할 수 있었기 때문이다.[92]

(5) 경상도 연안지방의 상품유통과 선상의 활동

경상도의 주요한 장시는 晉州・統營・固城 등이었고, 쌀・콩・면포・소금・布海苔(김)・天草(해초류) 등의 상품이 집산되었다. 1900년 현재 진주에는 북문 밖에 곡물객주가 100여 호에 달하였고, 통영도 진주와 河東 廣坪洞, 固城 眷屯洞, 泗川 舊海倉浦・中宜浦, 昆陽 廣崖浦・辰橋浦・高浦 등의 각 포구 및 전라도에서 조선선박에 의해 운송되는 곡물이 많아 곡물객주가 78호에 이르렀다. 大場이 아닌 하동 광평동도 곡물을 실은 조선선박의 출입이 빈번하여 곡물객주가 20호나 되었다.[93] 따라서 경상도에서 무곡선상의 활동이 얼마나 활발하였는지 짐작할 수 있다. 부산항에 출입하는 무곡상선은 곡물을 팔고 돌아갈 때 수입품을 구입하였는데 그 매입규모가 2,000~3,000원에 달하였다고 한다.[94] 통영에는 거제・고성・남해산 해삼이 집산되어 해삼도고가 8곳이나 되었으며 개성상인과 동래상인이 주된 고

---

91) 『通商彙纂』 제95호 "30年中朝鮮木浦貿易"(1898년 2월 25일) 및 제231호 임시증간 "群山34年貿易年報"(1902년 6월 27일).
92) 『通商彙纂』 제231호 임시증간 "群山34年貿易年報"(1902년 6월 27일). 1903년 초 군산에서 일상에 의해 기선이나 범선으로 수출된 미곡량은 다음과 같다.

기 선 명	외국수출	연안수출	합계
大阪商船會社 기선	92,439俵	694俵	93,133俵
堀商會 기선	10,118	21,908	32,026

전거 : 『通商彙纂』 제256호 "群山最近貿易槪況"(1903년 2월 13일).
93) 『通商彙纂』 제181호 "韓國慶尙道西南部內地情況"(1900년 6월 18일).
94) 『通商彙纂』 제101호 "30年中釜山港貿易年報(續)"(1898년 5월 16일).

객이었다.95)

　경상도에서도 대부분의 화물은 조선선박에 의해 운송되거나 가까운 포구로 육송되었다가 수로로 수송되었다. 예를 들면, 진주의 특산물인 목면과 마포·곡류는 진주의 남쪽에 있는 三千浦와 서남쪽에 있는 구해창포로 일단 육송하였다가 다시 조선선박에 의해 통영이나 부산으로 수송하였다. 漆原郡의 곡물은 人馬便으로 마산포에 출하하는 것도 있었지만 上浦에서 조선선박으로 부산으로 수송하는 것이 많았고 이 밖에 鎭海郡·고성군·사천군·곤양군·巨濟郡·하동군·宜寧郡 등 경상도에서 산출되는 곡류는 거의 부산으로 수출되었다.96) 남해군의 콩과 거제군의 천초, 거제군·남해군 등의 포해태도 부산으로 수출되었다.97)

　경상도에서는 특산물인 한지와 마포를 경기도·충청도로 육송하는 한편으로 부산으로 출하하여 원산과 청으로 수출하였는데 의령군의 일부가 마산과 수출입품을 기래하는 것을 제외하고는 거의 부산과 거래하였다. 그것은 의령군에 있는 岍岩津이 의령·三嘉·丹城·咸安·진주에 출입하는 화물의 門戶로서 봄에는 200석 이상의 江船 5~6척이 정박하고 가을 추수 이후에는 10척 이상의 선박이 정박하였는데, 이 수로를 이용하여 부산으로 가면 마산으로 육송하는 것보다 곡물 1석당 운임을 35전 정도 절약할 수 있었기 때문이다.98)

　수입품은 쌀·콩·소금 등을 부산이나 마산으로 수송한 조선선박이 돌아오는 편에 들어왔는데 마산에서의 수입품 가격이 부산에 비해 훨씬 높았기 때문에 대부분 부산에서 들어왔다. 이를테면 南江 하

---

95) 『統營誌』(奎 12186)(1895년도).
96) 『通商彙纂』 제181호 "韓國慶尙道西南部內地情況"(1900년 6월 18일).
97) 『通商彙纂』 제189호 "韓國慶尙道沿海各郡情況"(1901년 3월 26일).
98) 『通商彙纂』 제217호 "韓國慶尙南道視察復命書"(1902년 4월 23일).

구에 있는 의령군은 곡물을 조선선박에 싣고 낙동강을 통해 부산으로 수출하고 그 歸船便에 수입잡화류를 싣고 왔는데 마산에서 수입하는 경우는 없었다. 칠원군 상포나 昌原郡은 마산으로부터 2~5리밖에 떨어져 있지 않았지만 마산보다 먼 부산에서 선편으로 수입품을 들여왔다.99) 마산은 개항하기 전에는 어물과 곡물을 실은 수백 척의 상선이 출입하여 해안에 빈 곳이 거의 없을 정도로 상업이 발달하였으나100) 부산이 기선의 빈번한 항행 등으로 시장권을 확대해 가면서 상권이 축소되었던 것이다.101)

藥令市가 열리는 대구 부근에서 산출되는 쌀·콩·우피 등은 낙동강의 수리를 이용하여 강선에 의해 下端으로 수송되었다가 포장을 다시 하여 海船으로 옮겨 부산으로 가서 일본으로 수출되었다.102) 낙동강 연안은 선박의 왕래가 빈번하여 하단과 鳴湖島 간에서 연간 수십 척의 조선선박이 침몰할 정도로 위험이 따랐으나 이곳을 지나는 선박은 끊이지 않았고103) 소금배 등을 繫泊하는 곳이 25군데가 넘었다. 이곳에는 모두 소금객주가 있어 소금 매매가 활발하였는데 거래량이 많은 곳은 開浦·武陵里·沙門·海坪·洛東이었다. 특히 洛東驛은 부산에서 서울로 통하는 중도에 있으면서 수륙교통의 요지였기 때문에 매매량이 많았고 여기서 매매되는 소금은 경상도 북부와 충청도 서부지방으로 산포되었다.104) 하단에서 낙동까지 일본소금을 싣

---

99) 『通商彙纂』 제181호 "韓國慶尙道西南部內地情況"(1900년 6월 18일).
100) 『慶尙道 咸安郡 叢瑣錄』 下, 庚寅(1890) 3월 15일.
101) 『通商彙纂』 제217호 "韓國慶尙南道視察復命書"(1902년 4월 23일).
102) 『通商彙纂』 제202호 "韓國釜山·大邱間運搬事情一班"(1901년 10월 14일).
103) 『通商彙纂』 제196호 "韓國洛東江河端三浪津間水運狀況"(1901년 7월 6일). 이 보고에서 '河端'은 '下端'을 잘못 표기한 것으로 보인다.
104) 『通商彙纂』 제19호 "韓國慶尙道巡回報告"(1895년 5월 15일). 즉 密陽의 三浪津, 宜寧의 泊津, 草溪의 加茂倉·栗旨, 玄風의 洗巖, 高靈의 開浦, 星

고 판매하던 鹽商 崔某에 대한 기록을 통해 낙동강 수운상황 및 소금 유통구조에 대해 살펴보기로 하자.105)

 1895년 5월 崔는 하단에서 鹽船 1척을 빌리고 선원을 고용하여 일본소금 220석을 싣고 1월 말에 출발하였는데, 院洞에서 석당 50文의 통과세를 징수당하고(1894년까지는 145문이었다고 한다 : 필자주) 시중가의 2배나 주고 땔나무를 강제로 사야 했다. 땔나무를 사지 않으면 船具를 빼앗겨 배를 움직일 수 없기 때문에 이곳을 지나가는 배는 어쩔 수 없이 모두 구입해야 했다. 원동에서 明里를 지나 飛山에 도착하면 강물이 얕아 배를 움직일 수 없었으므로 本船을 두고 小船 2척을 고용하여 소금을 나누어 싣고 낙동에 도착하였다. 낙동에서는 또다시 석당 20문의 세금을 납부해야 했고106) 객주에게 석당 100문의 구전을 지급하고 판매를 의뢰하였다. 판매대금을 받고 다시 하단으로 돌아오는 데 3~4개월이 걸렸다.

 이 기록을 통해 낙동강 연변에는 선박 임대업이 성행하여 선박이 없는 염상이 선상활동을 하는데 아무런 지장이 없었으나 하단에서 낙동까지 가는데 2차례의 세금 및 일종의 현물세를 징수당하여 이윤을 침탈당하였음을 알 수 있다.

 낙동강 수운에서 주목되는 것은 東萊府民이 운영하는 三浪場船 2척이 1778년부터 동래부와 삼랑진 간을 왕래하면서 동래부의 어·염·미역과 삼랑진의 곡물을 교환하는 商圈이 성립되어 있었다는 점이

州의 明德津·武陵里·茅田, 大邱의 沙門·舊江倉, 漆谷의 石田, 仁同의 倭館·陽村, 善山의 飛山·揷谷·龍水洞·導尾·海坪·梅亭·南山·石峴·梨谷, 尙州의 洛東·兎津·新村 등이었다.
105) 위와 같음.
106) 낙동에서 판매되거나 낙동을 통과하는 소금에 대해 징수하는 세금은 尙州牧使의 傳令에 의해 낙동 尊位가 징수하는 것인데 尙州砲兵의 비용과 목사의 醬代, 낙동을 통행하는 관리들의 숙박료 등 제잡비에 충당하였다.

다.107) 개항 후 밀양군민이 동래부민의 場船 운항권을 빼앗아 밀양군과 삼랑진 간에 장선을 개설하였다가 소송이 제기되는 등 갈등을 빚었는데 1899년에 양쪽 다 인가를 받아 부산항을 중심으로 하는 연안무역이 더욱 발전하게 되었다.108) 이 장선개설과정에서 우리는 일정한 지역 간에서 상선을 운항하려면 관에서 허가를 받아야 했고 쌀무역을 둘러싼 동래부·부산항 상인과 밀양군 상인 간의 상권경쟁이 치열하였으며 그만큼 개항 후 쌀의 상품화가 진전되었음을 알 수 있다.

(6) 함경도 연안지방의 상품유통과 선상활동

마지막으로 원산·성진항과 무역상 긴밀한 관계가 있는 함경도 지방의 상품유통과 함경도상인의 활동에 대하여 살펴보자.

咸興府는 대표적인 화물 집산지로서 주로 평안도와 경기도·전라도에서 목면·다시마·海布類·석유·燐寸·金巾·일본목면 등이 들어오고 사금·명태·北布·山皮·우피 등이 반출되었다. 吉州의 臨溟場은 端川의 사금과 明川·鏡城·길주의 마포, 해포 등의 집산지로서

---

107) 『東萊監理各面署報告書』 1(奎 18147), 光武 3년 7월 23일.
108) 그 과정을 살펴보면, 부산이 개항되고 15년이 지난 1893년에 密陽郡의 朴時重이 내무부의 關文과 밀양군의 完文을 받아 삼랑장선의 운항권을 빼앗았다가 동래부 沙上面과 부산항민의 호소로 혁파되었는데 1899년 7월에 다시 삼랑포와 부산 간의 장선을 신설하려고 하였다. 이에 대한 동래부와 부산민의 반대에 관찰사는 朴이 私船으로 通行하지 않고 굳이 官許名色으로 영업을 하려는 것은 바로 權利를 피해 헐가로 밀양에서 貿米하여 동래로 가서 고가로 팔려는 의도가 있다고 간파하고 동래부에 조회하여 장선의 신설을 革撤하길 청하여 혁파하였다. 그러나 결국 그 해 말 밀양군-삼랑포 간의 장선은 인허를 받아 종래의 동래부-부산항 간의 장선 2척과 나란히 영업을 하도록 節目을 成給받았다(『東萊監理各面署報告書』 1, 光武 3년 7월 23일 및 2, 光武 3년 7월 23일, 8월 22일, 10월 19일, 11월 13일).

함경북도의 대시장이었다. 특히 사금류는 집산량이 많아 장날에는 2, 3貫目을 매집하기 쉬웠다. 新昌은 임명장의 다음으로 화물의 집산이 매우 빈번한 시장으로서, 北靑과 洪原의 화물이 해로로 수송되어 왔다. 북청의 新浦는 명태산지이고 利原에는 富豪가 많아 북어포획에 종사하는 주민에게 자금을 대여하였고 콩의 생산도 많았다.109)

함흥·북청·이원·단천·길주 등의 北商은 원산과 부산 간 국내무역품 중 면포와 우피, 그리고 관혼상제에는 빠짐없이 상에 올라가는 명태를 주로 취급하였다.110) 원산항 최대의 수출품인 북청 신포산 명태는 개항 전에는 牛馬에 실어 내보냈으나 기선이 항행하면서 주로 기선으로 부산 및 인천으로 수송되었다.111) 북상은 명태를 부산으로 수송하여 부산과 마산, 전라도 각지에서 팔고 그 대금으로 부산에서 진주·義城·고성의 면포를 구입·수송하였는데, 북관지방 주민들이 上衣만 금건으로 해 입고 그 밖에는 모두 면포를 사용하였으므로 수요가 많았다.112) 종래 貢納으로서 경기도로 육송되었던 마포도 조세금납화에 따라 북상이 해로로 운송하였는데 내국산 중 그 양이 명태 다음으로 많았다.113) 경상도의 쌀·면포와 함경도의 명태·마포가 교환되는 관계에 있었던 것이다.

이 밖에 북상은 사금을 취급하였는데 원산항의 상업관행상 사금은 오로지 금건 및 기타 잡화와 교환하였다.114) 북상은 콩수출에 종사하

---

109) 『通商彙纂』 제22호 "朝鮮國咸境道北部巡廻復命書"(1895년 6월 11일).
110) 『通商彙纂』 제48호 호외 "28年中元山港商況年報"(1897년 5월 22일).
111) 『朝鮮通商三關貿易冊』(奎 20205) "光緒16年元山港口朝鮮貿易情形論略" (1890년 12월 30일). 기선은 대량 운송할 수 있고 수송비도 적게 들어 운송량이 많았다.
112) 『通商彙纂』 제11호 "元山港に於ける朝鮮産綿布ノ景況"(1894년 12월 7일).
113) 『通商彙纂』 제200호 "元山33年貿易年報"(1901년 9월 18일).
114) 『通商彙纂』 제11호 "元山港に於ける朝鮮産綿布ノ景況"(1894년 12월 7

는 경우 자금선대로 일본상인에 종속되기도 하였다.115)

조선상인은 해로를 이용하여 대외무역에 종사하기도 하였다. 1882년 인천에서 우피・布・김・五倍子 등을 기선에 싣고 일본 나가사키로 수출한 이래116) 조선상인은 외국기선을 이용하여 청과 일본 등을 왕래하여 무역에 종사하였고117) 조선선박에 의해 직접 쌀 등 상품을 수송하여 청과 일본에 수출하기도 하였다.118) 그러나 청・일본과의 직무역은 일반화되지는 않았다. 반면 露領 지방과의 직무역이 활발하여 함경도 선상은 재래선박을 이용하여 生牛・콩・燕麥(귀리) 등을 수출하고 금건・견직물・석유 등을 수입하였는데 금건은 성진항에서 일본으로부터 수입한 것에 비해 1疋에 40전이나 쌌다.119)

이상과 같이 조선선상은 대외무역의 진출은 활발하지 못하였으나 기선이나 서양형 범선을 이용해 연안무역에 종사하는 한편 기선보다 운임이 저렴한 재래선박을 이용하여 개항장과 가까운 연안 및 연강 포구 간의 유통을 주도하였다. 특히 각 개항장의 가격조건을 비교하여 거래지를 신축적으로 선택함으로써 지역적 가격차를 이용한 이윤취득을 극대화하고 외국상인의 상권침탈에 적극적으로 대응하였다.

일). 금건은 1894년을 전후하여 원산과 북관지방과의 기선운항이 개시되면서 판로가 점차 확대되었다.
115) 李炳天, 앞의 책, p.166
116) 『通商彙編』 "明治16年下半季朝鮮人近時商法景況", p.334.
117) 『仁川港警察署商船執照摘奸成冊』(奎 26196) ; 『統署日記』 고종 21년 7월 27일조 등 많은 사례가 있음.
118) 전라도 海南民 8인은 600석의 미곡을 싣고 일본 나가사키로 가다가 풍랑을 만나 표류한 바 있고(『京畿道關草』 4[奎 18067], 庚寅 11월 5일 關畿營), 三和港 상인들은 木船과 범선으로 土貨를 싣고 청과 일본으로 수출하였다(『皇城新聞』 光武 3년 4월 11일 雜報).
119) 『通商彙纂』 제160호 부록 "韓國東海岸漁業"(1899년 10월 21일).

3) 雜稅 징수의 강화로 인한 이윤침탈

대외무역의 증대와 유통경제의 성장에 따른 상품유통량의 팽창으로 선상은 이윤획득의 기회가 많아졌다. 그러나 봉건적인 유통구조 및 재정, 그리고 이를 이용한 宮房·각 衙門·지방관아·권세가 등의 자의적 수탈 때문에 선상의 자본집적에는 일정한 한계가 있었다. 따라서 關稅 외에 모든 세금을 면제받은 외국상인과의 상권경쟁에서 매우 불리하였다.

그러면 선상에게 부과되었던 雜稅와 그로 인한 선상의 이윤침탈에 대하여 살펴보기로 하자. 선상은 선박소유에 대한 재산세로서의 船稅와 行商에 대한 영업세를 납부하는 것 외에도 잡다한 명목의 잡세를 징수당하였다. 1885년경 8도의 선상은 선박의 사사로운 執捉과 10여 가지가 넘는 각종 잡세의 부담으로 船業을 유지하기 어려운 지경에 이르자 船契를 결성하고 나음과 같이 잡세를 혁파해줄 것을 호소하였다.

> 八道船人等 等狀 : 京江과 각 도 포구의 私設收稅와 船人討索의 폐단을 금지한다는 申飭이 한두 번이 아니었는데 근래 인심이 헤아릴 수 없어 무뢰배가 법령을 따르지 않고 船民을 위협하여 사적으로 收捧함이 여전히 많습니다.… 田稅·大同上納은 원래 定式節目이 있는데 京江 防納人들이 각 읍 色吏들과 부동하여 위력으로 내왕하는 선박을 執留하고 있습니다. 生死를 돌아보지 않고 험한 바다를 건너 간신히 강에 도착하면 公穀을 상납할 때 欠縮했다고 오히려 船格을 잡아 가두고 徵捧하곤 합니다. 어찌 억울하고 원통하지 않겠습니까? 각 도 포구의 船業資生하는 자는 이로 인해 지탱하기 어려운 지경입니다. 이에 우리들은 스스로 稧를 맺은 후 사실에 의거하여 이와 같이 仰訴하오니 선민 등의 불쌍하고 가엾은 형상을 통촉하소서. 경강과 각 도 포구의 수세는 우선 뒤에 기록한 것에 의해 다시 신칙해주십시오. 또 八道四都에 關文을 보내 사사로

이 선박을 執捉하는 폐단과 사사로이 걷고 收稅하는 폐단, 각처 포구의 監考輩가 세금을 토색하는 것 등을 일일이 혁파해주십시오. 만약 또다시 前習을 밟아 억지로 거두는 폐단을 일으키는 자가 있으면 적발되는 대로 체포하여 嚴刑遠配해주십시오.
　後 革罷條件
錦城堂收稅, 京江立牲債, 刑曹·漢城府 兩司와 各司收稅, 京江主人 乾口文, 水鐵稧收稅, 京江耆老所收稅, 山之都監收稅, 延安府 甁城에 사는 朴聖石의 수세, 海防營收稅, 德溫宮收稅, 水原府 等地 각 포구 수세, 南陽府 等地 각 포구 수세120)

　이후에도 선상들은 2푼씩 내던 鹽廛收稅를 3푼씩 더 내도록 무뢰배로부터 강요당하였고 京江主人들이 사사로이 沁稅契를 맺어 걷는 세금, 南江都主人이 水下鹽船에 강제 징수하는 乾口文 등 각종 잡세에 시달렸다. 이들은 이 때에도 잡세 혁파를 요구하며 그 대책으로 연해 각 읍의 포구에 선계를 설치하여 각 읍의 應役도 담당하면, 사사로이 선인들을 침어하고 선박을 집착하는 폐단이 없어질 것이라고 하면서 허락을 요청하였다. 議政府에서는 이 호소를 받아들여 軍需用의 해방영 수세 이외의 잡세는 모두 혁파토록 지시하고 선상들에게「節目」을 내려주었다121).

　이와 같이 8도의 선상들은 자의적인 선박집착과 잡세수탈에 대한 집단적인 대응책으로서 조선후기의 경강선상처럼 선계를 조직하였다. 그런데 1886년 11월 沿江船主들이 당시 상업을 주관하던 統理衙門에 선계를 혁파하고 통리아문에 부속하여 관할을 받게 해달라고 요청한

---

120) 『(議政府)節目』(奎古 4256-3) 乙酉 9월 24일(『各司謄錄』 63, pp.504~505).
121) 위와 같음. 심세계는 경강주인들이 甲子年(1864?)에 사사로이 맺어 선인들에게 수세하던 것인데 선인들에게 폐해를 주어 몇 년이 지나지 않아 혁파되었다.

사실이 주목된다. 그들은 等狀을 올려 날로 늘어나는 선계가 상인들의 폐단을 구제하는 방법이 아니고 모리의 수단이 될 뿐이라고 하면서 선계 명색을 혁파하고 각 포구의 상선에 憑票를 주어 潛商을 없애 安業케 해달라고 하였다. 이에 대해 통리아문은 뜻은 좋으나 본아문에서 마음대로 할 수 없다고 하며 거절하였다.122)

자구책으로서 조직한 선계를 스스로 혁파하고 통리아문에 소속되고자 한 선상들의 입장 표명을 통해 선계의 조직이 봉건권력의 침어에 대한 방어책으로서 큰 효과가 없었음을 알 수 있다. 정부에서 선상에 대한 자의적인 잡세수탈을 막겠다는 의지를 표명하고 선계의 조직을 허용하였으나, 잡세를 수취하는 자들은 궁방이나 각 아문·土豪 등 권력을 배경으로 하고 있어 엄격하게 단속할 수 없었던 것이다. 오히려 재정수요의 폭발적인 증가에 따라 재정위기에 봉착한 국가기관에서 상품화폐경제의 발전에 편승하여 재정보충을 구실로 잡세수탈을 강화하였다.

대표적인 예로서, 통리아문은 재정보충을 위한 수세를 목적으로 포구를 신설하여 객주를 차정하거나 영업세·유통세의 원활한 징수 및 상납을 위해 都旅客主人이나 監官을 차정하였으며 심지어 개항 이전부터 물가앙등의 주요한 원인이라고 하여 혁파해왔던 都賈를 복설하거나 차정하였다.123) 잡세의 남징으로 상품생산과 유통이 위축되고 물가가 앙등하자 정부에서는 여러 차례 각 도의 무명잡세를 혁파하도록 지시를 내리기도 하였으나, 잡세는 날로 증가하여 漁箭·鹽盆과 布·쌀·콩 등 각종 물품에 수세하지 않는 것이 없었고 이를 빙자하여 감관·差人·이서·도여객주인·도고 등의 자의적인 수탈이 중첩되었다.124) 여러 명목으로 부가되는 잡세의 자의적 수탈은 상업

---

122) 『內各司關草』 1(奎 18086), 丙戌 11월 4일.
123) 韓㳓劤, 『韓國 開港期의 商業硏究』, 一潮閣, 1970, pp.215~219.

이윤에 대한 침탈일 뿐 아니라 상품생산자이면서 소비자인 일반민에 대한 간접적인 세금수탈이기도 하였다.125)

선상은 통리아문에 의해 거의 공식화된 잡세 외에도 **親軍營·鑛務局** 등으로부터 過分稅나 포구세 등을 징수당하였다. 1892년 전라도 연해와 낙동강 연변에서는 부산항으로 토화를 싣고 갈 상인들이 징세를 피하여 육로를 이용하거나 지토선을 고용하여 인천으로 수송·판매하는 경향이 많았다.126) 멀고 운반비가 많이 들어도 인천으로 가는 것이 전라도와 낙동강을 경과하면서 무거운 세금을 부담하는 것보다 나았기 때문이다.

각종 잡세는 1894년 7월 재정개혁의 일환으로 "지금부터 各宮·各營 및 각 아문·營梱邑鎭에서 10년 이내에 신설한 잡세는 公用의 경중을 막론하고 名色의 여하를 묻지 않고 撤罷할 것"127) 이라고 하여 대부분 혁파되었다. 그리고 9월 정부는 전국 연해 각 군의 漁·鹽·船稅 등 海稅의 실사에 착수하여 度支部에 이속시켰다. 그러나 1896년 6월 이후 해세의 징수는 농상공부에서도 담당하였고 1898년 6월 탁지부에서 다시 해세징수를 담당하였다.128)

---

124) 『東萊關牒內案』 2(奎 18118), 壬辰 8월 4일 議政府來關.
125) 서영희, 「개항기 봉건적 국가재정의 위기와 민중수탈의 강화」, 한국역사연구회 편, 『1894년 농민전쟁연구』 1, 역사비평사, 1991 참조.
126) 『朝鮮通商三關貿易冊』(奎 20207) "光緖18年釜山港口朝鮮貿易情形論略".
127) 『書契所報關錄』 3(奎 18104), 甲午 7월 2일. 예를 들면 동래부에서는 영업세, 객주상무회사 수세, 港內 募軍牌稅, 항내 선세, 負駄稅, 동래부 海·漁基·靑魚大口魚稅, 商船保險會社 國旗稅, 龍湖洞·栽松洞鹽斗稅, 北外洞·堂後洞鹽斗稅, 牛皮月捧稅, 新排兵料錢, 添排兵料錢, 加排砲粮米 등 12가지 이상의 잡세가 있었는데, 이 개혁조치로 상무회의소 수세와 군수용 수세(신배병료전·첨배병료전·가배포량미)를 제외하고 모두 혁파되었다(『書契所報關錄』 3, 甲午 7월 4일 「東萊府京營屬各稅區別成冊」 및 7월 9일).
128) 楊尙弦, 『大韓帝國期 內藏院 財政管理 硏究－人蔘·鑛山·庖肆·海稅를 중심으로－』, 서울대 국사학과 박사학위논문, 1997, pp.233~235.

그런데 1896년 6월경부터 宮內府에서 선희궁 등 각 궁의 享需 보충을 명목으로 각 처에 감관을 파견하여 어·염·선세를 징수하기 시작하였다.129) 이후 어·염·선세의 관할권을 둘러싸고 탁지부와 궁내부 간에 논란이 계속되었다. 1898년 11월 어·염·선·藿稅, 즉 해세의 관할권은 궁내부에서 탁지부로 이관되었다가 다시 궁내부로 이관되는 등 정부재정과 왕실재정 간의 세원확충을 위한 분쟁이 끊이지 않았다.130)

정부에서는 선세를 '正供'으로서 국세에 편입시키기 위해 1899년 7월 칙령으로 「國內船稅規則」을 제정하여 농상공부 通信局 管船課에서 1년에 2번 걷도록 하고 기타 무명잡세의 징수는 일체 금지시켰다.131) 그러나 이후에도 선세 등의 징수권을 둘러싸고 농상공부의 船稅委員과 궁내부의 船稅派員·감관·海稅委員 간에 갈등이 여전하였다. 즉 1899년 10월 관선과에서 선세위원을 각 군에 파견하였을 때

---

129) 『訓令』 3(奎古 5121-2), 建陽 원년 6월 28일.
130) 『宮內府去來文牒』 3(奎 17882), 光武 원년 12월 9일 照會 제189호·照復 및 7, 光武 2년 6월 11일 照會 70호·照復, 光武 3년 6월 17일 照會 제65호·照復.
131) 『韓末近代法令資料集』 Ⅱ "勅令 제33호 國內船稅規則"(1899년 7월 12일), p.530. 선세는 선박의 톤수 및 裝載石數에 따라 다음과 같이 정해졌다.

선박종류 톤 수	화륜선	선박종류 톤 수	有帆船 및 無帆船
50톤~100톤	5元	24석 이하~過涉船	50錢
101톤~200톤	10원	25석~50석	1원
201톤~300톤	15원	51석~100석	2원
301톤~400톤	20원	101석~200석	3원
401톤~500톤	25원	201석~300석	4원
501톤~1,000톤	30원	301석~400석	5원
		401석~500석	6원
		501석 이상	8원

수원·남양·인천·안산 등 여러 지방에서는 이미 궁내부 內藏院과 각 궁에서 선세파원이나 감관을 파견하여 선세 등 해세를 징수하고 있었다.132) 이 밖에도 궁내부와 농상공부 등은 개항장과 각 포구에 객주를 설치하여 구문을 강제 징수하였다.133)

선세 등 잡세의 중첩적인 징수로 피해를 입게 된 연강 선인 수백 명이 서울의 남문 밖에 모여 총대 4, 5인을 뽑아 농상공부에 하나의 세금만 징수하도록 호소하자134) 정부는 1900년 3월 24일 詔勅으로 선상에 대해 농상공부에서 정한 선세 외에, 궁내부 파원·宮監·負商 의 수세 등 모든 잡세를 혁파하라고 지시하였다.135) 그러나 궁내부에서는 조칙을 무시하고 내장원 및 선희궁 선세의 징수를 계속 시행하였다.136) 1901년 7월경 궁내부에서 均役海稅委員을 13府에 파견해 첩세의 폐단이 다시 발생하자 이듬해 2월 해세위원은 소환되었고, 그 후 선세는 통신국에서 승격·독립한 通信院의 선세위원이 징수를 전담하였다.137)

그런데 선상들은 선세 자체를 공식적인 국세로 인정하지 않고 상납을 거부하였으므로 징수가 용이하지 않았다. 통신원 총판 閔商鎬가

---

132) 『皇城新聞』 光武 3년 10월 9일 雜報 "船稅難徵"·12일 雜報 "宮府派員", 11월 1일 雜報 "港船宮稅"·14일 雜報 "宮府船票" 및 光武 4년 2월 6일 雜報 "部院船稅", 3월 14일 雜報 "請禁兩稅".
133) 『皇城新聞』 光武 3년 11월 1일 雜報 "商客呼冤"(屯浦에 소금·미곡·새우 등 3물종에 대한 감관과 旅閣 설치 사례), 12월 11일 雜報 "宮府의 都旅客"(順天郡 新場浦에는 농상공부와 궁내부에서 각각 도여객주인을 파견하였는데 결국 宣禧宮에 부속되었다).
134) 『皇城新聞』 光武 4년 3월 24일 雜報 "船稅雜雜".
135) 『韓末近代法令資料集』 Ⅲ "詔勅 船商에 대한 無名雜稅를 革罷하는 件" (1900년 3월 24일), pp.55~56.
136) 『皇城新聞』 光武 4년 5월 5일 雜報 "莫適所從".
137) 『韓末近代法令資料集』 Ⅲ "詔勅 視察官·捧稅官·海稅委員·金鑛派員을 招還하고 驛屯土稅·海稅를 地方官으로 하여금 捧納케 하는 件"(1902년 2월 16일), pp.351~352 ; 『皇城新聞』 光武 6년 4월 8일 雜報 "船稅依前".

훈령을 내려 "本院소관의 선세는 國庫正供"138)이라고 하면서 지방관들에게 징수에 협조하도록 지시할 정도였다. 선상들은 선세를 "一船疊稅"라고 하면서 납부를 거부하여 수천 명이 장터에 모여 시위를 하거나 위원과 하인을 구타하였으며 위원을 결박하여 선세를 탈취하고 밤을 타서 도주하는 등 격렬하게 저항하였다.139) 규정된 선세 외의 잡세징수 금지령에도 불구하고 선상들은 규정 이상의 선세를 징수당하기도 하고140) 선희궁·궁내부·부상·여객주인 등에 의한 잡세수탈은 여전하였기 때문이다. 낙동강 연안에서는 1896년 이래 선상들로부터 곳곳에서 세금을 거둬141) 1904년에는 梁山 院洞의 내장원 염세 등 7군데에서 세금을 중첩적으로 걷었다.142) 坡州에서도 선상들이 "근일 잡세가 늘어나 소금 1石에 4, 5군데에서 징세하니 이익은 고사하고 本錢이 欠縮되어 지탱할 길이 없다"143) 고 호소할 정도로 이윤을 침탈당하였다. 선상은 자본축적은 커녕 자본금까지도 줄어드는 경영압박을 받기도 하였던 것이다.

이와 같이 선상은 연안무역의 발달에 따라 이윤획득의 기회가 많아졌으나 각종 잡세의 남징으로 이윤을 침탈당하고 국가기관이나 세력가의 선박집착으로144) 자유로운 상업활동의 제약을 받아 자본축적

---

138) 『皇城新聞』 光武 6년 2월 17일 雜報 "助稅船稅".
139) 『皇城新聞』 光武 3년 10월 4일 雜報 "巡檢護稅"·27일 雜報 "船人會集", 11월 9일 雜報 "船稅起鬧"·21일 雜報 "船稅派員의 困難" 및 光武 4년 6월 12일 雜報 "恩津船稅" 및 光武 5년 3월 23일 雜報 "商打委員"; 『度支部各部院等公文來去文』 7, 光武 6년 5월 24일 照復 通信院 "別紙".
140) 『皇城新聞』 光武 4년 8월 15일 雜報 "船人呼訴".
141) 1900년 8월 부산항 상민·객주 등 2,300여 명은 의정부와 농상공부에 전보로 낙동강 상하 각 포구에서 무명잡세를 혁파하고 量地衙門 감리가 강제 징수하는 구문을 혁파해달라고 요구하였다(『皇城新聞』 光武 4년 8월 21일 雜報 "釜港民電").
142) 『皇城新聞』 光武 8년 2월 13일 雜報 "新稅革罷".
143) 『皇城新聞』 光武 7년 4월 9일 雜報 "訴禁疊稅"

이 제한되었다.

2. 商會社의 설립과 무역활동

1) 상회사의 설립과 그 성격

외국상인의 상권침탈 위기에 대응한 조선상인의 움직임으로 주목되는 것은 1880년대 이후 객주와 일반상인을 중심으로 商會社의 설립이 성행하고 재래선박을 기선과 서양형 범선으로 대체하여 연안무역이나 운송업에 종사하고 일부는 청·일본과의 직무역을 시도하였다는 점이다.

상회사는 여러 사람의 자본을 합해 운영하는 合資會社로서 1883년 이후 상인·관료·왕실·수공업자 등에 의해 개항장과 주요 상업도시에서 설립되었다. 상회사 설립의 기본목적은 "洋貨의 販運과 土貨의 採辦을 暢銷케 해 각국 商民과 각축하여 이익을 다투는"145) 데 있었으므로 1880년대~1890년대 전반기에는 주로 무역이나 운수업 등 유통부문에서 활동하였다. 1890년대 후반기에 들어서서는 상업뿐 아니라 방직업·제지업·양잠업·연초업·광업·농수산업·금융업·해운업·육운업 등 모든 산업부문에 걸쳐 회사가 설립되었고 주식회사형태를 지향하여 근대적 기업으로서 발전하였으며 이 중에서는

---

144) 예를 들면, 1902년 목포항감리 閔泳采가 목포항 방파제의 건설을 위해 나무·돌 등 자재를 수송하려고 목포에 정박해 있는 선박을 집류하자 선박들이 다른 곳으로 갔다고 한다(『皇城新聞』 光武 6년 2월 4일 雜報 "築浦船減").
145) 『統署日記』 고종 26년 1월 28일.

1920년대까지 존속한 회사도 상당수에 이르렀다.146)

이같은 상회사의 존재는 개화파에 의해 富國强兵을 위한 무역진흥 방안으로서 소개되었다. 兪吉濬은 1882년 12월(음)「商會規則」이라는 글에서 '商社'의 설립을 통해 자본을 집중시킬 것을 제창하고 특히 기선이나 풍범선을 이용한 商船會社의 운영방법을 예로 제시하였다.147) 19세기 후반 선진국의 해운업이 風力과 潮力을 이용한 木製 범선에서 증기력을 이용한 鐵鋼製 기선으로 교체되면서 산업혁명을 완성하고 있었고148) 청과 일본이 서구열강의 영향으로 서양형 범선과 증기선을 동시에 도입하여 근대해운업을 발전시켜 가면서 조선에 침투하고 있었으므로 유통수단의 근대화가 시급함을 인식한 것이다. 그런데 당시 조선의 실정으로서는 기선 및 범선의 제조와 운용이 불

---

146) 상회사는 상회, 상회사, 상회소, 회사 등의 다양한 명칭으로 불렸다. 상회사에 대한 대표적인 연구로 다음의 글이 있다.
韓㳓劤,「開港後 商業構造의 變遷」,『韓國開港期의 商業硏究』, 一潮閣, 1970.
趙璣濬,『韓國資本主義成立史論』, 大旺社, 1973.
姜萬吉,「大韓帝國時期의 商工業問題」,『亞細亞硏究』 16-2, 고려대, 1973.
洪淳權,「"開港期" 客主의 流通支配에 관한 硏究」,『韓國學報』 39, 1985.
나애자,「개항후 외국상인의 침투와 조선상인의 대응」, 한국역사연구회 편,『1894년 농민전쟁연구』1, 역사비평사, 1991.
全遇容,『19世紀末~20世紀初 韓人 會社 硏究』, 서울대 국사학과 박사학위논문, 1997.
徐恩榮,「大韓帝國期 民營會社의 設立과 그 性格」, 경희대 석사학위논문, 1995.
이 밖에 근대적 기업의 등장과 이에 따른 자본주의적 발전에 대한 연구경향에 대해서는 나애자,「상공업의 변화」, 한국역사연구회 엮음,『한국역사입문』③, 풀빛, 1996 참조.
147) 兪吉濬,『兪吉濬全書』 4, 一潮閣, 1971, pp.89~103. 이보다 앞서 幼學 高穎聞이 서구문물의 도입에 관한 시무책을 건의하면서 대상인을 중심으로 상회소를 서울에 설립하여 영업세를 징수할 것을 주장한 바 있다(『日省錄』 고종 19년 9월 22일).
148) 古島敏雄・安藤良雄 編,『流通史』 Ⅱ, 東京, 山川出版社, 1975, p.319.
豊田武・兒玉幸多 編,『交通史』, 東京, 山川出版社, 1970, p.477.

가능하였으므로, 유길준은 우선 외국선박을 구입하고 외국인을 고용하여야 한다고 주장하였다.149)

이후 유길준과 朴泳孝 등은 閔氏政權의 협조를 얻어 발간한『漢城旬報』에서 상회사의 설립 및 운영방법에 대한 글을 실어 상회사의 설립을 고취하였다.150) 그리고 상회사의 발전을 위해 정부는 회사가 큰 손해를 입거나 자본에 결손이 나면 결손을 보상하여 자본금이 축나지 않도록 하고 회사의 이익이 자본금의 利息에 미치지 못할 때에는 정부에서 자금을 빌려주어야 한다고 하였다.151) 정부에서 民營會社에 자금을 지원하여 회사의 자본결손과 자본이식까지 보전해주어야 한다는 논리로서 민영이지만 官營會社과 다름없는 官督商辦의 형태를 지향하고 있었던 것이다.152)

조선 후기부터 상인들은 船契 등을 조직한 경험이 있고 개항 후 자본이 많은 외국상사가 무역과 해운업, 금융업 등 분야에 침투하여 상당한 이윤을 취하고 있는 것을 목격하고 있었으므로 다음 <표 11>과 같이 적극적으로 상회사를 설립하였다. 정부에서는 "서울과 지방의 회사는 비록 상민의 일에 관계되지만 朝家에서 일으키기를 권하여 暢旺토록 해야 한다"153)고 하면서 상회의 설립을 적극 권장하고 官許會社로 인가하였다. "한 사람의 힘으로는 자본이 풍부하지 않아 광범하게 貿置하여 이익을 興盛하게 할 수 없으므로 여러 사람이 會合하여 자본을 모으고 개미처럼 物産을 합하여" 商路를 크게 여는

---

149) 兪吉濬, 앞의 책,「商會規則」제18조.
150)『漢城旬報』제3호 "會社說".
151)『漢城旬報』제6호 "論華人三興致富" 및 제35호 "前兩江總督沈文肅公臆陳招商局歸倂旗昌公司不可失疏".
152) 李守龍,「漢城旬報에 나타난 開化·富强論과 그 性格」,『孫寶基博士停年記念韓國史學論叢』, 知識産業社, 1988, p.745.
153)『八道四都三港口日記』2(奎 18083), 甲申 10월 14일.

계책으로 삼아야 한다는 것이다.154)

<표 11> 1883~1904년 설립된 商會社 중 무역 및 운수업에 종사한 회사

연도	상회명칭	소재지	업 종	출 전
1883	大同商會	인천	무역	『統署日記』 고종 20년 8월 15일.
	順信昌商會	인천	무역	『通商彙編』 1883년 下半季, p.333.
1884	輪船商會社	한성	기선해운업 시도, 상업	『統署日記』 고종 30년 4월 18일.
	義信商會社	한성	무역·선운업·어업. 광업은 시도하다가 포기	『八道四都三港口日記』 2, 甲申 6월 29일.
	永信商會	한성	무역	『統署日記』 고종 21년 8월 21일.
	布木商會社	경상도		『統署日記』 고종 21년 6월 15일.
	博林商會	한성	무역	『統署日記』 고종 21년 6월 22일.
1885	太平會社	인천 만석동	무역	『統署日記』 고종 22년 11월 21일.
1886	大興商會	한성	해운업	『三港口關草』 1, 丙戌 8월 6일.
	濟興商會	인천	무역	『三港口關草』 2, 丁亥 3월 12일.
	信昌商會	전라도	무역	『全羅道關草』 1, 丙戌 10월 23일
1887	電察會社	부산	해운업	『統署日記』 고종 24년 11월 10일.
	大安商會	천안	상업	『京畿道關草』 1, 丁亥 4월 5일.
1888	三山會社	京江	해운업	『東萊府啓錄』 9, 戊子 6월 1일.
	濟生會社	부산	무역	『統署日記』 고종 25년 10월 2일.
	海產會社	부산	어업·상업	『所志謄錄』 戊子 7월 14일.
1889	槐興商會社	槐山	무역	『統署日記』 고종 26년 1월 23일.
	蓉湖會社			『所志謄錄』 己丑 8월 12일.
	汽船會社	부산	해운업	『九道四都關草』 己丑 4월 13일.
	廣城會社	인천	무역	『所志謄錄』 己丑 11월 24일.
1890	濟通會社	부산	무역	『統署日記』 고종 29년 윤 2월 23일.
	新福商會社		무역	『海關案』 2, 고종 29년 10월 17일.
1893	陸運會社	인천	운수업	『統署日記』 고종 30년 2월 10일, 26일.
1894	經理會社	원산	해운업	『通商彙纂』 제7호 "朝鮮國元山港經理會社設立"

---

154) 『公文日錄』 5(奎 18149), 乙未 4월 5일 在營. "民의 영업을 권장하고 官에서 보호하는 것은 通商各口에서 현행하는 公例"라고 하는 정부의 상업진흥책은 그러한 인식에서 나온 것이다(『統署日記』 고종 26년 1월 28일).

연도	상회명칭	소재지	업 종	출 전
1895	米商會社	경강	公錢上納 貿穀活動	『公文編案』 41, 光武 2년 2월 12일.
	公同會社	〃	〃	『公文編案』 22, 乙未 3월 4일.
1896	船商會社	〃 인천	홍삼무역 연안무역	『公文編案』 83, 建陽 元年 6월 30일.
	泰運會社	원산	해운업	『德源港報牒』 3, 光武 3년 2월 20일.
	德利會社	〃	연안무역	『德源港報牒』 1, 建陽 元年 12월 21일.
	永昌會社	〃	해운업	『德源港報牒』 2, 建陽 2년 7월 5일.
	天一會社	鏡城	연안무역	『慶興報牒』 1·2합, 光武 2년 8월 30일.
1897	廣通社	인천	해운업	『東萊港報牒』 8, 光武 원년 10월 25일.
1898	韓國郵遞 汽船會社	원산	해운업	『仁川港案』 光武 2년 8월 9일; 『農商工部來去文』 6, 光武 2년 11월 4일.
	元一會社	원산	〃	『農商工部來去文』 7, 光武 3년 3월 28일.
	輪運會社	원산	해운업	『德源港報牒』 5, 光武 2년 11월 2일.
	貿鹽會社		소금무역	『公文編案』 44, 光武 2년 11월 25일.
1899	協同汽船會社	부산	해운업	『通商彙纂』 제130호 "釜山元山及北關諸港間ニ韓國汽船航路開始".
	輪船會社	목포	從船業	『務安報牒』 2, 光武 3년 6월 12일.
	梁山郡商會社	梁山鳴湖	소금무역	『東萊監理各面署報告書』 1, 光武 3년 10월 11일.
	輪船從船會社	원산	從船業	『農商工部來去文』 7, 光武 3년 4월 8일.
	從船會社	평양	〃	『農商工部來去文』 8, 光武 3년 12월 27일.
	從船會社	인천	〃	『農商工部來去文』 9, 光武 4년 3월 21일.
1900	大韓協同 郵船會社	〃	해운업	『皇城新聞』 光武 4년 6월 13일 雜報.
	米商會社	結城 廣川場	상업	『皇城新聞』 光武 4년 3월 15일 雜報.
	輪運會社	인천	운수업	『皇城新聞』 光武 4년 8월 15일 雜報.
	仁漢輪船 合資會社	〃	해운업	『皇城新聞』 光武 4년 12월 22일 雜報.
1901	大韓運輸會社	원산	운수업	『皇城新聞』 光武 5년 2월 13일 廣告.
	大韓通運會社	인천	해운업	『皇城新聞』 光武 5년 3월 12일 雜報.
1902	元山港 協務會社	원산	〃	『皇城新聞』 光武 6년 5월 17일 雜報.
1903	商船會社	부산	〃	『皇城新聞』 光武 7년 6월 25일 雜報.
1904	造船會社	부산	조선업	『東萊港報牒』 8, 光武 8년 6월 14일.
	裕盛泰號會社	인천	해운업	『仁川報牒』 3, 光武 8년 5월 31일.

* 연도는 자료에 나오는 연대임.

상회사에 대해 정부에서 정한 규정이나 양식은 없었으나 회사를 창설하여 정부의 인준을 받으려면, 商會章程을 작성하여 통리아문이나 농상공부의 印章을 받고 매매활동을 보증하는 憑票를 지급받아야 했다.155) 인준의 조건으로 일정액의 납세 의무가 있었고 설립 후에도 새로운 분야의 영업을 시작하려면 관의 허가를 다시 받아야 했다. 이 때 역시 세금을 상납하는 조건이 전제되어 있었고156) 납세하지 않는 사설회사는 설립이 금지되었다.157) 통리아문에서 魚商이 설립한 海産會社를 인준하여 漁採權을 부여한 후 그 사원에게 무허가 어업회사를 고발할 수 있는 권리를 부여한 것은158) 그 단적인 예이다. 부산의 南沿會社는 수입의 1/10을 통리아문에 상납하는 대신 10년 동안 다른 관아나 회사의 기선 운항을 금지하는 독점운항권을 부여받았다.159)

상회사는 이 밖에도 정부의 특별한 보호를 받았다. 이는 다음의 각종 사례를 통하여 확인된다. 義信會社가 安東의 權達鎬·權漢哲에게 4,580냥을 맡겨 무역을 하다가 그들에게 횡령당하였을 때 통리아문에서 "상회는 私會라고 말할 수 없다. 准許하여 官許가 되었으니 이 돈은 公錢과 다를 바 없다"라고 하면서 浮費·이자와 함께 횡령한 돈을 독봉토록 지시하였다.160) 황해도 鳳山에서 貿穀활동을 하던 大

---

155) 韓㳓劤, 앞의 책, pp.211~220.
156) 『所志謄錄』 壬辰 3월 27일 義信會社 商民等 等狀. 의신회사는 1887년 통리아문에 開鑛허가를 신청할 때 督辦 金判書의 요구로 회사돈 1천 냥과 別銀 10냥쭝을 상납하였다. 그러나 1892년에 이르기까지 광업을 착수하지 못하자 의신회사는 관허취소를 요청하면서 상납금의 환급을 요구하였는데, 김독판이 보관해 두었던 1천 냥과 별은 2냥쭝을 잃어버렸다고 하여 별은 8냥쭝만 돌려받았다.
157) 『九道四都關草』 己丑 8월 9일, 12월 1일.
158) 『統署日記』 고종 26년 8월 9일, 11월 23일 및 고종 27년 2월 15일.
159) 『東萊統案』 1(奎 18116), 戊子 7월 20일 "南沿會社完文".
160) 『統署日記』 고종 22년 2월 16일.

同商會는 지방관의 방곡령으로 地租 200석을 執留당하였는데 "상회사의 교역은 다른 것과 自別하므로 즉시 그 곡식을 싣고 나가도록 하라"는 통리아문의 지시로 방곡령의 제한을 받지 않는 특권을 누렸다.161)

또 상회사는 객주의 分稅를 비롯한 잡세와 지방관·이서·監官·都賈·都旅客主人 등 세력가의 수탈로부터 정부의 보호를 받았다.162) 통리아문에서는 대동상회 사원이 화물을 매매할 때 잡세를 징수하지 말라는 關飭을 여러 차례 八道四都에 내렸다.163) 또 대동상회에서 우피를 구입할 때 海倉浦主人이 분세 15냥을 걷자 통리아문에서 "무역시 物種都賈와 分錢名目은 통상장정에 구애되어 朝令으로 금지한다"고 하면서 돌려주도록 지시하였다.164)

이와 같이 상회사는 일정한 세금을 상납하는 대가로 정부의 설립인가를 받은 관허회사로서 봉건적인 자의적 수탈로부터 영업의 보호를 받고 경우에 따라서는 영업 독점권을 부여받은 特權會社였다. 특권회사는 물가앙등의 주요한 원인으로서 각종 폐단을 야기하고 있던 도고를 혁파하고 허가제와 영업세제에 의해 특권회사 체제로 흡수 전환한 것으로, 본질적으로는 도고와 다를 바 없었다.165) 그래서 1886년 「監理釜山港通商事務書目」에서 "몇 명의 商民이 도고를 이루니 회사와 같다"166) 라고 규정하고 있다. 조직면에서도 상회사는 "船商多民이 楔를 체결하여 단지 船稅 몇 냥을 收納하는 것"167) 이라고

---

161) 『八道四都三港口日記』 1, 甲申 4월 23일.
162) 『八道四都三港口日記』 1, 甲申 4월 23일, 6월 29일, 9월 10일.
163) 『統署日記』 고종 20년 4월 16·22일, 8월 15·29일, 9월 8일.
164) 『統署日記』 고종 21년 4월 23일.
165) 韓沾劤, 앞의 책, p.215.
166) 『三港口關草』 1, 丙戌 3월 15일.
167) 『東萊監理各面署報告書』 1(奎 18147), 光武 3년 10월 11일.

파악되고 있는 것처럼 재래의 계의 성격을 벗어나지 못하였다.

이처럼 정부는 도고를 혁파하는 한편으로 회사의 활동을 보증해주는 빙표를 사원에게 지급하고 무허가 종업자에 대한 고발권을 부여하여 독점기업을 육성하려고 하였다. 그리고 정부에서 숱하게 내린 도고혁파령은 정부의 허가를 받지 않은 都賈潛商을 대상으로 한 것이었고 영업세·유통세 등의 징수를 목적으로 도고를 복설하거나 差定하는 사례가 많았다.168)

그러면 정부에서 도고에 대한 통제를 강화하고 관허회사에 영업독점권을 부여한 것은 어떤 의미가 있을까? 그리고 재래의 상인조직인 계에 기반을 두고 있고 도고와 다를 바 없이 보이는 상회사의 성격은 과연 도고와 차이가 없었을까?

1883년 외국상인의 개항장 밖으로의 행상을 허용함에 따라 유통구조가 변동하고 있었다. 일본상인이 주로 곡물을 매집하기 위해 개항장 밖으로 행상을 확대하고 청국상인은 주로 수입면제품을 판매하기 위해 행상하여 상권을 침탈하고 있었다. 심화되어 가는 외국해운업의 침투와 그것을 발판으로 한 외국상인의 상권침탈을 막기 위해서는 적극적인 대응이 필요하였다. 정부는 외국상인의 행상확대로 개항장에서 매매주선을 담당하던 객주가 배제되어 수출입품의 유통기구가 점차 외국상인에게 지배되어 가는 경향을 막기 위해 1889년 3개항장의 객주 중에서 각각 25명을 선정하여 각 邑을 할당해 매매주선 독점권을 부여하고 그 대가로 영업세를 징수하였다.169) 소수의 유력한 객주에게 유통지배권을 보장하고 영업세를 징수한 정책은 봉건적인 자의적 잡세를 면제하는 대신 특정한 상회사에 영업독점권을 부여하

---

168) 韓㳓劤, 앞의 책, pp.215~219.
   나애자, 앞의 논문(1991), p.210.
169) 위의 논문, pp.197~198.

고 영업세를 징수한 정책과 일맥상통하는 점이 있다.

　개항 후 시장의 확대로 상품화폐경제가 발달함에 따라 이윤이 증대하여 富를 축적해가던 상인들은 不平等條約 아래 노골화하는 외세의 경제적 침략으로 압력을 받고 있었다. 정부는 소수의 객주·일반 상인들에게 특권을 부여하여 보호 육성하는 대신 영업세를 징수하여 새로운 財源을 확보함으로써 開化政策의 추진으로 인한 재정난을 타개하려고 하였다. 따라서 이 시기에 정부에서 정책적으로 도고를 혁파하여 허가제와 영업세제에 의해 특권회사 체제로 흡수한 상회사는 독점권을 행사하는 점에서 도고와 다를 바 없이 보였지만 그 특권의 성격은 다른 의미를 지니고 있었다. 즉 상회사의 특권은 특권상인이 유통이윤을 최대한 확보하여 외래자본의 침투에 대항하고 상업을 진흥할 수 있도록 하기 위한 목적에서 정부가 부여한 것이고 정부는 이를 대가로 영업세를 징수하여 재정원천으로 삼았던 것이다. 특권상인 육성책은 봉건사회에서 근대사회로 넘어가는 과도기에서 자본의 本源的 蓄積을 위해 실시한 측면이 다분하다.

　그러나 특권상인 육성책은 특권상인의 독점권 행사로 이윤을 침탈당한 영세한 선상이나 행상 등의 소상인과 소상품생산자의 성장을 저지하였고 따라서 관허회사는 근대적 기업과는 거리가 있었다.170) 결국 관권을 빙자하여 독점권을 행사하면서 횡포를 저지른 海産會社·廣城會社·保險會社 등은 철폐되었다.171) 그리고 관허회사는 상인에 대한 보호와 지원이라는 원래의 의미가 점점 퇴색되고 부족한 재정을 영업세로 충당하려는 정부의 인준남발에 의해 수세원으로서의 의미만을 지니는 것으로 성격이 변질되어 갔다. 이는 1895년 4월 農

---

170) 韓㳓劤, 앞의 책, pp.220~223.
171) 『黃海道關草』 2, 庚寅 윤 2월 2일 ; 『全羅道關草』 3, 庚寅 5월 20일, 6월 2일 ; 『統署日記』 고종 31년 2월 27일.

商衙門에서 機張·蔚山·東萊·金海·熊川 등에 내린 다음의 關文에 잘 나타나 있다.

> 本衙門을 설치하여 官許章程을 시행하려 한 것은 商民이 화물을 널리 貿置하여 많은 이익을 거두도록 하기 위한 것이다.…그런데 지금 들으니 간사하고 不逞한 무리가 본아문을 속여 처음부터 자본이 없고 회원도 없는데 관허장정을 받아 州郡을 두루 다니면서 본아문이 상업을 권장하는 본 뜻은 생각하지 않고 혹은 都椎을 설치하고 分稅를 칭하여 어떤 상인을 막론하고 이 '官許' 2字를 빙자하여 토색질이 여러 가지라고 한다.172)

이처럼 정부에서 자본규모와 회원을 확인하지도 않고 관허회사 장정을 인준해준 것은 영업세징수를 목적으로 하였기 때문이다. 1891년 정부에서 商理局 관할하의 보부상과 별도로 鍮油社를 창설하여 鍮油商을 동섭, 관리하려다가 안성의 鍮店을 비롯한 유유상이 과도한 세금상납에 반발하여 회사에 소속되기를 거부하자 이미 반포한 「節目」을 환수하고 통섭을 포기한 것은 그 단적인 예이다.173)

결국 상회사는 1895년 4월 독점행위를 자행해 '百弊'가 발생하였다고 하여 보부상과 함께 혁파되었다.174) 봉건적인 특권상업세력의 억제는 甲午·乙未改革을 추진하고 있던 개화파의 자유주의 상업정책에 의한 것이었다. 그런데 관허회사가 혁파되었다고 해서 합자회사의 존재 자체가 부정된 것은 아니었다. 농상아문은 관허회사 중에서 실제로 자본을 모아 회사를 설립하여 번성한 경우에는 '私立會社'로 이

---

172) 『公文日錄』 5, 乙未 4월 5일 在營.
173) 韓㳓劤, 앞의 책, pp.171~172.
174) 『韓末近代法令資料集』 I, 農商工部 告示 제1호 "各會社로부터 官許章程과 商業憑票를 還收하는 件"(1894년 4월 14일), p.345.

름을 바꿔 부르고 그 회사에서 스스로 규칙을 세워 전처럼 이익을 늘리면 지방관이 각별히 보호하기로 하였다.175)

관허회사는 俄館播遷으로 개화정권이 무너지면서 복설되었다. 1897년 농상공부는 각 도 관찰사에게 훈령을 내려 상민의 청원이 있으면 지방 각 府郡에서 회사를 준허하여 장정을 내려주도록 지시하였다. 그 대신 인가를 빙자하여 도고행위를 하거나 분세를 강제로 징수하는 과거의 악습을 답습하지 않도록 엄히 지시하고 각 지방에 파견되어 있는 査檢委員에게 비밀리에 훈령을 내려 관할 회사를 지정해주고 폐단 여부를 조사하여 보고토록 하였다.176)

정부의 단속에도 불구하고 회사가 관허를 빙자하여 도고행위를 일삼는 폐단이 시정되지 않자 농상공부는 1897년 10월 회사청원을 수리하지 않기로 한다는 告示를 내리기도 하였지만177) 이 방침은 곧 철회되었다. 이후 각종 회사가 계속 설립되었고 정부는 1899년 민원에 따라 각 군의 典鋪·監考·여각·객주·회사의 상업을 인가하였다.178) 회사설립의 인준에는 1894년 이전과 다를 바 없이 세금상납 조건이 전제되어 있었고 회사는 그 대가로 吏胥의 수탈이나 객주 등의 무명잡세 징수로부터 보호를 받았다.179) 그리고 상회사는 宮內府 內藏院으로부터 독점권을 부여받아 다시 특권회사가 되었다.180)

---

175) 『公文日錄』 5, 乙未 4월 5일 在營.
176) 『農商工部去牒存案』 2(奎 18152), 建陽 2년 6월 7일. 이 때 조사대상이 되었던 회사는 全州 崔應在의 麯子회사, 전주 崔永純의 국자회사, 전주 白樂範의 전당포, 莞島突山 白景三의 加沙里草會社, 黃鍾煥의 羅州·唐津·珍島·靈岩 가사리회사, 莞島 鄭慶振의 가사리초회사, 진도 朴仁逸의 가사리초회사, 突山 智島 金鎭漢의 가사리초회사, 황종환의 順天·長興·興陽 가사리초회사이다.
177) 『農商工部去牒存案』 2, 光武 원년 10월 21일.
178) 『皇城新聞』 光武 3년 12월 27일 雜報 "各樣認許督稅"
179) 『皇城新聞』 光武 4년 3월 15일 雜報 "洪州米商"(홍주상인 金泳日 등 10인이 結城郡 廣川場에 설립한 米商會社의 예).

예를 들면, 1901년 徐午淳 등에 의해 설립된 大韓運輸會社는 전국 철도에 화물을 운수하기 위해 京仁·京釜 간 沿路에 지점을 설치하였다.[181] 1902년 1월 이 회사는 경인철도의 물품운송권의 인허를 정부에 요청한[182] 이래 1905년에 이르러서는 국내 화물의 상당부분의 운수를 맡았는데 부산의 상인들이 다른 운수회사를 이용하자 이를 외부에 호소하여 부산에 있는 모든 상회의 화물운수를 전담하기로 하였다.[183] 그 명분은 부산상인의 화물을 모두 맡아 상권을 회복한다는 데 있었다. 외국상인이 개항장 밖으로 행상을 할 뿐 아니라 개항장이 아닌 곳에서 불법적으로 상점을 개설하면서 상권을 침탈해가고 있었으므로 이에 대한 대응책으로서 회사에 독점권을 부여하는 방침을 다시 실시하게 된 것이다.

외국상인 및 이들과 결탁한 세력가의 이윤침탈로부터 소상인과 소상품생산자를 보호하기 위하여 상회사에 독점판매권을 부여하는 경우도 있었다. 전남 연해지방에서는 島民이 채취하여 판매하는 가사리를 토호와 吏校가 반 값으로 勒買하여 일본상인에게 專賣하는 폐단이 있었다. 이에 1903년 金永達 등의 상인들은 가사리를 시가대로 매매하지 않는 자의 횡포를 방지하기 위하여 목포에 加沙里會社를 설립하고 연해 각 군에 대리점을 설치하였다. 그런데 일상이 智島民 3인에게 가사리 값을 선대하고 가사리를 강제 구매하려는 사건이 발생하였다. 이 회사에서는 이를 외부에 호소하였고 외부는 훈령을 내려 외국인과 결탁하여 강제로 매수하는 것을 엄금하고 앞으로 외국

---

180) 姜萬吉, 앞의 논문, pp.149~152.
　　 須川英德, 「朝鮮―九世紀後半における商業政策」, 『朝鮮史研究會論文集』 27, 1990, pp.118~119.
181) 『皇城新聞』 光武 5년 2월 13일 광고.
182) 『皇城新聞』 光武 6년 1월 31일 雜報 "欲擔運物".
183) 『東萊港報牒』 9(奎 17867의 2), 光武 9년 4월 26일 訓令 제34호.

인이 가사리를 무쥐하려면 반드시 이 회사를 통하여 구매하도록 지시하였다. 목포에서 수입하는 가사리 1稱 당 300文의 영업세 징수가 부당하고 회사를 통한 매매가 자유무역을 저해한다는 일본측의 항의가 있었으나 警衛院의 징세만 철파되고 가사리회사의 독점판매권은 계속 유지되었다.184)

특권회사로서의 상회사는 상업의 자유로운 발전을 저해하였다. 하지만 상회사가 철폐되었다가 복설되어 다시 독점권을 부여받은 것은 청일전쟁 이후 본격화하는 제국주의열강의 자본침투에 대처하기 위한 것이었다. 즉 그것은 성장해가는 자본가에게 특권을 부여하여 보호, 육성함으로써 자본을 축적하여 외세의 침략을 막고 그들을 계급적 기반으로 하여 왕권을 강화하여 국권을 수호한다고 하는 光武政權의 '위로부터의 개혁구상'의 일환이었다.185)

상회사는 주로 지역상인이 중심이 되어 설립되었으나 신문광고를 통해 공개적으로 주주를 모집함으로써186) 점차 계조직의 성격을 탈피하고 주식회사 형태를 지향하였다. 예를 들면 1900년 6월에 1株에 3,000원인 주식 10주의 자본금 3만 원으로 10명에 의하여 설립된 大韓協同郵船會社는 1년 후 20만 원으로 자본이 늘어났고 운임수입으로 얻은 수익금을 출자자에게 배당하였다.187) 상회사는 청일전쟁 이

---

184) 『務安報牒』 8(奎 17864의 2), 光武 7년 5월 2일 訓令 제28호 ; 『日案』 6, 光武 7년 5월 26일.
185) 고종과 그 측근 관료를 중심으로 한 광무정권은 군주권을 국권과 동일시 하는 국가의식을 가지고 있었으므로 군주권의 제한과 민권의 신장을 주장하는 독립협회를 탄압하였다. 나애자, 「대한제국의 권력구조와 광무개혁」, 『한국사』 11, 한길사, 1994 참조.
186) 앞에서 예로 들은 대한운수회사는 전국 철도에 화물을 운송하기 위해 자본을 모집한다고 『皇城新聞』에 광고를 게재하였다(『皇城新聞』 光武 5년 2월 13일 광고).
187) 『通商彙纂』 제259호 임시증간 "木浦34年貿易年報"(1903년 1월 23일).

후에 특히 무역진흥에 필수적인 운수분야에서 집중적으로 설립되어 연안무역의 발전에 기여하였고 청일전쟁 이전에 청과 일본에 빼앗겼던 상권을 어느 정도 회복할 수 있었다.

2) 상회사의 무역활동

상회사 중 운수회사는 물론 무역회사의 경우에도 운송수단이 주로 선박이었다. 따라서 원격지 간 유통을 담당해온 선상이 이들 회사의 설립과 운영에 적극 참여했으리라고 생각된다.188) 그러면 먼저 무역에 종사한 상회사는 어떤 활동을 전개하였는지 대표적인 사례를 살펴보기로 하자.

최초의 상회사인 大同商會는 1883년 개항장 인천항에서 설립되었다. 청과의 무역에서 자본을 축적한 평안도 상인들이 주축을 이루고 관료들도 참여한 대동상회는 선박을 소유하여 주로 곡물·牛皮 등 평안도 산물로 황해도·충청도연안 등을 다니며 활발하게 무역에 종사하였다.189)

같은 해 順信昌商會가 參議 閔應植과 申箕善을 각각 사장과 부사장으로 하여 인천의 각국 租界 내에 설립되었다.190) 이는 조선상인은 조계 내에서 地段을 구매할 수 없다고 규정한 통상장정을 무시한 것으로, 막강한 관권을 배경으로 하고 있기 때문에 가능했던 것으로 보인다. 순신창상회는 주로 국산품의 수출과191) 조선주재 구미인들을

---

188) 앞에서도 언급하였듯이 상회사는 "많은 船商들이 楔를 체결하여" 조직한 것이라고 하였다(『東萊監理各面署報告書』 1, 光武 3년 10월 11일).
189) 『通商彙編』 "1883년 下半季", p.333.
190) 『通商彙編』 "仁川近況"(1885년 1월 21일) 및 "1885년 上半季", p.351 ; 『統署日記』 고종 22년 3월 27일.
191) 『通商彙編』 "1885년 上半季", p.351.

위한 수입무역에 종사하거나 여관업을 하였으며,192) 인천의 대표적인 상인조직으로서 외국기선에 탑승하여 일본이나 청으로 가서 직무역에 종사하는 상인의 보증을 서는 保人의 역할을 하기도 하였다.193) 이 밖에 동래부에서 징수한 엽전 8만여 냥을 지급받아 궁궐에서 쓸 종이를 미국의 타운센드상회(Morse and Townsend & Co.)에서 구입, 상납하기도 하였다.194)

그런데 상회를 실질적으로 운영한 것은 사원 徐相集(潗)이었다. 그는 1890년 일본 범선을 임대하여 불개항장을 다니며 연안무역에 종사하고195) 1893년에는 마포에 창고 등의 건물을 지어 경강을 거점으로 한 상업발전도 도모하였다.196) 순신창상회는 갑오개혁시 관허회사 철폐령에 따라 혁파되었으나, 서상집은 1895년에 公錢上納 및 貿穀을 위해 정부에서 설립토록 한 公同會社의 사장으로 취임하고197) 1897년 이후 朴明圭 등 인천항 객주들과 함께 仁川紳商會社를 설립하였다.198)

---

192) 河智姸, 「타운센드 상회(Townsend & Co.) 연구」, 『한국근현대사연구』 4, 한울, 1996, p.12.
193) 『仁川港警察署商船執照摘奸成冊』 9(奎 26196), 癸巳 3월 일. 이 때 保人 중 개항장 객주가 많은 것으로 보아 순신창상회는 객주와 대등한 위치에서 무역상이 외국을 드나들 때 보증을 선 것이 아닌가 한다.
194) 『統署日記』 고종 21년 9월 6·20일.
195) 『統署日記』 고종 27년 2월 6일.
196) 『統署日記』 고종 30년 3월 13일.
197) 『公文編案』 22, 乙未 3월 4일 "公同貿易會社稟目".
198) 趙璣濬, 「韓末 民族商人團體의 性格考-仁川紳商協會를 중심으로-」, 『學術院論文集』 13, 1974. 서상집이 순신창상회의 설립 직후부터 타운센드상회와 결탁하여 활동한 사실을 놓고 순신창상회가 타운센드상회의 소유가 아닌가 하는 논란도 있으나 이는 후일의 과제로 남겨두기로 한다. 이에 대해서는 金鎭植, 「1884~1897년 仁川港 民族商人들의 活動」, 『畿甸文化研究』 7, 인천교육대학, 1976 ; 河智姸, 앞의 논문 참조.
　서상집은 탁지부 전환국기사(1899. 11.~1902. 7.)를 지내는 동안 주답일본국공사 隨員으로서 일본에도 다녀왔으며(1900. 8.), 1902년 7월~8월

1885년 인천 萬石洞에 설립된 太平會社는 대동상회·순신창상회와 함께 인천의 대표적인 상인조직이었고 1888년에는 경상도에 지사를 설치하였다.199)

1884년 5월 한성에 설립된 義信商會는 경상도 金泉과 충청도 恩津 江鏡浦, 礪山 黃山浦에 지사를 설치하여 연안무역을 시작하고 일본과 직무역을 시도하였다.200) 의신상회는 前五衛將 鄭敎信, 오위장 金炳翰 등 전·현직 관료가 자금을 내고 실무는 일반상인이 담당하였다. 김병한이 강경포 지사의 사원으로서 일본으로 무역을 하러 갔을 때 吉州상인 李惟南이 동행하여 금전출납을 맡으면서 엽전 21,398냥을 횡령하였다고 고발하는 기록이 있다.201)

의신상회는 도량형이 통일되지 않은 점을 악용한 외국상인의 농간 때문에 조선상인이 부당하게 손해를 입자 공정한 거래를 확립하기 위하여 국내상인으로서는 처음으로 1885년 稱于所를 설립하여 도량형의 기준을 정하였다.202) 이것은 이후 정부와 상인들이 도량형의 통

인천감리 겸 인천부윤을 지내기도 하였다(『舊韓國官報』). 그가 일본상인과 결탁하여 치부한 사정에 대해서는 河智姸, 위의 논문, p.14 주 38) 참조.
199) 『統署日記』 고종 22년 11월 21일 ; 『慶尙道關草』 2, 戊子 4월 17일.
200) 『八道四都三港口日記』 1, 甲申 6월 29일 關忠淸道及恩津 및 2, 甲申 10월 14일 關安東 ; 『忠淸道關草』 1, 丁亥 정월 21일 ; 『全羅道關草』 2, 丁亥 4월 14일. 김천지사는 1884년 윤 5월 이전에 설치하였고 강경지사는 1884년 6월에 설치하려다가 무슨 연유인지 1887년 정월에서야 설치하였다.
201) 『慶尙道關草』 1, 丁亥 4월 5일.
202) 『統署日記』 고종 22년 7월 28일. 충청도에서만 수백 종의 斗衡이 사용될 정도로 도량형이 문란한 점을 악용하여 청·일상이 각각 자국의 두형을 사용함으로써 그 大小와 輕重을 헤아리지 못하는 조선상인에게 손해를 입히는가 하면 국산품의 구입시에는 후한 두형을 사용하고 그들의 수입품 판매시에는 박한 두형을 사용하여 농간을 부리고 있었다(『通商彙纂』 제21호 "朝鮮國忠淸道地方巡回復命書", 1895년 5월 1일).

일을 위해 노력을 기울이는 계기가 되었다. 1890년에는 일본에서 풍범선 豊瑞丸 1척을 구입하여 부산·원산 등 연해 각 지방을 항해하며 임운업에 종사하기도 하였다.203) 의신상회는 수천, 수만 냥의 자금을 일시에 동원할 수 있는 자본력을 바탕으로 사업분야를 어업으로 확장하고 광업으로도 넓히려고 하였다.204)

그러나 회사설립 1년 후인 1885년 8월부터 일본 遷有社의 상인 古藤昇一郎과 동업하고205) 일본어선으로 어채활동을 하였으며 광산개발을 위해 일인 馬木建三을 간사로 삼아 10년 간 고용하기로 하는 등 일본의 자본과 기술이 침투할 여지가 많았다. 일본의 무역을 통한 경제적 침략이 확대되고 있을 즈음에 일본의 상권침탈을 막기는 커녕 침략기반을 조성해주었던 것이다.

魚商들은 어업회사를 창설하여 직접 어채하고 판매함으로써 일본상인의 상권침탈에 대처하려고 하였다. 1887, 8년경 일본과 청국 어선의 조선연해에서의 어채행위가 성행하고 있었고 특히 일상은 국내에서만 유통되는 명태 등 어물을 구입, 수송하고 직접 판매함으로써 어물선상과 어물전의 이익을 침탈하고 있었다. 부산연해의 어상들은 조선의 장비보다 우수한 일본의 장비를 도입하여 어채권을 수호한다는 명분을 내세워 1889년 7월에 海産會社를 창설하고 일본어선 22

---

203) 『元山港關草』 1, 庚寅 정월 13일.
204) 의신상회는 1885년에 水衣器械船을 구매하여 東南道 여러 섬에서 어채에 종사하고 일본어선으로 제주도에서 採鰒에 종사하다가 제주도에서의 어채 금지령으로 중단하였으며 1887년에 정식으로 채복인가를 받았다(『統署日記』 고종 22년 4월 7일, 8월 6일 ; 『慶尙道關草』 1, 丁亥 3월 23일). 1886년에는 광업으로도 관심을 확대하여 통리아문에 납세하는 조건으로 경상도 昌原의 銅金鉛鑛에서 10년 간 開採하기로 하였다가 채굴에 착수하지 못하였고 1891년에도 사원 李明在가 鑛務局의 위임을 받아 창원과 龍潭에 가서 鑛務를 개설하였으나 실행하지는 못하였다(『統署日記』 고종 24년 3월 23일, 고종 28년 11월 17일 ; 『所志謄錄』 壬辰 3월 27일).
205) 『統署日記』 고종 22년 8월 21일.

척과 어구를 구입하고 일본인 어부 250여 명을 고용하여 연해에서 고래·멸치 등을 포획하였다.206) 1890년에는 北靑에 지점을 개설하여 동해안의 어채권과 어물판매권을 장악하기 시작하였다.207) 그러나 이 회사는 관허회사로서 부여받은 영업독점권을 남용하여 영세한 어부들의 반발을 샀고 더욱이 회사에서 고용한 일인 어부가 물의를 일으켜 1890년 5월에 혁파되었다.208)

1889년 인천에 설립된 廣城會社는 경기·전라·충청·황해·평안도 등의 각 沿浦에 지점을 분설하여 외국상인과 무역활동을 하였다.209) 사원 洪城孝 등이 정부에 인준을 요청하며 올린 다음의 呈簞에는 지점설치 목적과 운영방안이 잘 나타나 있다.

> 외국상인이 내지로 들어가면 조선상인이 그들과 거래하고 몰래 운반하여 바다로 나가려고 하는 등 밀무역이 성행하는데도 방지하지 못하고 있습니다. 지점에 사원을 파견하여 관리케 하거나 그 지방의 旅閣主人을 幹員으로 삼아 내지에서 행상하는 외상이 있으면 모두 이 지점을 거쳐 화물을 접하게 하고 무역이나 개항장으로의

---

206) 『所志謄錄』 己丑 7월 16일 "海産會社 委任 許璃呈簞"; 『海關往復照會存案』 1·2(奎 18114), 庚寅 정월 25일.
207) 『海關案』 2, 고종 27년 2월 28일 및 1, 고종 27년 윤 2월 15일.
208) 『日案』 고종 27년 5월 20일; 『全羅道關草』 3, 庚寅 5월 22일, 6월 2일. 그런데 1893년에 상민 劉錫·朴石基 등에 의하여 설립된 해산회사가 외국잠수기계를 가지고 영·호남 연해 등지에서 어채활동을 하다가 1898년 제주도에서 방곡령이 발포되어 旌義郡守에 의하여 콩 327석을 집류당하자 항의하는 기록이 있다(『濟州太穀事報告案』 [奎 20711], 光武 2년 8월 15일 外部報告書 제2호; 『全羅南北來案』 2[奎 17982의 1], 光武 2년 10월 9일). 또 1899년 12월에는 해산회사에서 연해 각 군의 침어로부터 보호해달라고 정부에 요청하기도 하였다(『皇城新聞』 광무 3년 12월 29일 雜報). 이로 미루어 해산회사는 1893년에 복설되어 광무연간까지도 활동한 것으로 보인다.
209) 『所志謄錄』 己丑 11월 24일 廣城會社 社員 洪城孝 등 呈簞; 『平安道關草』 3, 己丑 11월 24일; 『黃海道關草』 2, 己丑 11월 24일.

화물수송에 필요한 수레·선박·인부 등을 구하고 고용하는 일 모두를 간원이 관여하도록 하며 외국상인과의 매매내용에 대하여 貨色件數나 가격, 船主성명, 언제 어느 지방으로부터 물건을 싣고 어느 개항장으로 가는지 등을 기재한 淸單을 만들어 통리아문이나 감리서에 보고하고자 합니다.210)

외국상인의 밀무역을 통한 경제적 침략과 탈세를 방지하기 위해 지점을 설치하고 사원을 파견하거나 객주를 간원으로 삼아 지점에서 외상과의 거래를 모두 맡겠다는 것이다. 외국상인의 탈세방지가 명분이지만 내면적으로는 객주라고 하는 기존의 유통조직을 하부조직으로 흡수하여 유통지배권을 장악하려고 하는 의도가 엿보인다. 그러나 이러한 시도는 포구의 객주로부터 반발을 받았다. 19세기 이후 객주는 지방권력이나 궁방의 비호를 받아 '有文券主人'으로서 유통과정을 장악하고 있었고 외국상인은 물론 현지인도 이들을 통해야만 상품을 거래할 수 있었기 때문이다.211) 더욱이 광성회사는 사원들이 관권을 배경으로 횡포를 부려 분쟁을 야기하였으므로 3개월 만에 해체되고 말았다.212)

甲午改革 때 재정개혁의 일환으로 조세금납화가 실시되어 漕運制度가 철폐되었는데 중앙은행이 설립되지 않았고 서울에서의 곡가등귀가 예상되었으므로 甲午政權은 원활한 미곡유통을 위해 米商會社와 公同會社를 설립토록 하고 公錢의 收納과 미곡 貿遷을 담당케 하였다.213) 다음의 議案에는 1894년 7월에 미상회사를 설립하는 취지

---

210) 『所志謄錄』 己丑 11월 24일.
211) 『全羅道關草』 3, 丁亥 5월 4일.
212) 『黃海道關草』 2, 庚寅 윤 2월 2일.
213) 李榮昊, 『1894~1910년 地稅制度 연구』, 서울대 국사학과 박사학위논문, 1992, pp.74~75.

와 참여층이 잘 나타나 있다.

> 각 도의 上納을 純錢으로 許代함을 곧 關飭하게 되어 米商會社를 급히 설치하지 않을 수 없으니 都下의 米廛大行首 및 五江江主人, 貿米坐賈하여 商務를 익히 아는 자들은 모두 자본을 합하여 結社케 한다. 농상아문에서 官許文憑을 특별히 발급하고 규칙을 安定하여 公納에 편하게 하고 겸하여 상무를 흥왕케 한다.214)

자본이 풍부한 서울의 미전상인과 京江主人·무곡상 등을 망라하여 회사를 조직케 하여 上納錢을 가지고 무곡활동을 하게 함으로써 정부에 대한 조세상납에 차질이 없도록 하는 한편 미곡무역을 활성화하려고 한 것이다.

미상회사보다 몇 개월 뒤인 1895년 3월 같은 취지로 공동회사가 3개항장에 설립되었다. 1883년부터 순신창상회에서 사원으로 활동하였던 서상집이 사장으로 취임하였는데 그는 곡물상납의 이권보다 상권의 확장에 더 큰 관심이 있었다. 서상집은 창고가 없어 公錢으로 사들인 미곡을 경강의 江頭에 露積하고 있는 폐단을 시정할 것을 정부에 요구하여 당시 비어 있던 麻浦 別營倉을 수리하여 창고로 사용하도록 허락을 받았다.215) 이 때 서상집은 商路를 확장하여 다른 여러 나라들과 경쟁하기 위해서는 무엇보다도 연안무역을 확대하여야 하고 이를 위하여 운수를 창달하고 창고를 건립하여야 한다고 주장하였다. 오랜 무역활동의 경험을 통해 상권을 확장하려면 연안무역의 발전을 도모해야 하고 그 기반으로서 운수업과 창고업을 발전시켜야 한다고 확신하고 있었던 것이다.

---

214) 『韓末近代法令資料集』 I, "議案 米商會社設立에 관한 件"(1894년 7월 24일), pp.77~78.
215) 『公文編案』 22, 乙未 3월 4일 "公同貿易會社稟目".

두 회사는 **新舊公納錢**을 획급받아 무곡활동을 하였다.216) 1895년 4월 공동회사는 황해도 내 각 읍 신구상납전을 걷고, 흉년이 든 영남 지방의 **統營·固城·昌原·巨濟·蔚山·迎日·馬山浦** 등에 **貿米** 6천석을 운송하였다.217) 1896년 3월에는 서울의 미곡공급 부족으로 미가가 오르자 미상회사의 사원 **金興俊**이 호서지방의 **稅錢**으로 **振威·牙山·溫陽** 등에서 무미활동을 하였다.218) 공전을 이용한 무곡활동에 대해 미상회사는 서울의 미가등귀에 대비해 무곡하는 것을 업무로 삼기 때문에 일반 **私商**과 다르다는 인식을 가지고 있었다.219)

공동회사는 1895년 8월 이후 사업을 외국무역으로도 확장하여 **紅蔘·尾蔘** 등을 청의 **烟臺**로 수출하였다.220) 공동회사는 홍삼수출의 절대량을 확보하였을 뿐 아니라 해관에 의하여 발각된 **潛蔘**을 관리하고 정부에 보고하는 임무를 맡으면서 잠삼의 근수에 따라 포상을 받기도 하였다.221)

이처럼 조세금납화의 대안으로서 정책적으로 설립된 미상회사와 공동회사는 아관파천으로 갑오정권이 무너지고 조세징수권이 다시 군수에게 돌아감에 따라 그 존재 의의가 없어지게 되었다. 탁지부에

---

216) 참고로 1896년 2월 두 회사에서 공전을 획급받은 군을 살펴보면, 미상회사는 洪州府의 定山·溫陽·牙山·新昌·禮山·大興·洪州·結城·藍浦·保寧·鴻山·韓山·舒川·林川·德山·海美·唐津·沔川과 公州府의 稷山·天安·木川·公州·全義·燕岐·連山·恩津·魯城·扶餘·石城·鎭川의 공전을 획급받았다. 공동회사는 海州府의 安岳·海州·延安·鳳山·白川·長淵·載寧·信川·康翎의 공전을 획급받았다(『公文編案』 38, 建陽 元年 2월 19일).
217) 『公文編案』 20, 乙未 5월 5일 및 34, 建陽 원년 6월 9일.
218) 『公文編案』 38, 建陽 원년 3월 9일.
219) 위와 같음.
220) 『公文編案』 22, 乙未 8월 14일 ; 『度支部各部院等公文來去文』 17(奎 17877), 開國 504년 10월 28일.
221) 『公文編案』 17, 建陽 원년 1월 31일.

서 1896년 2월부터 공납전을 이들 회사에 획급하지 말고 각 읍에서 탁지부에 직접 상납하도록 훈령을 내렸던 것이다.222)

3) 상회사의 유통구조상의 위치와 경영

상회사의 활동 가운데 특히 주목되는 것은 의신회사·해산회사·태평회사·광성회사 등 유력 상회사에서 한성이나 개항장에 본사를 두고 주요 상업지에 지점을 설치하여 전국적인 상업망을 구축하려고 한 점이다. 이러한 시도는 정부의 상업진흥책에 의해 관허회사로서 객주의 분세를 면제받고 개항장에서도 상회사에서 수송한 상품은 객주를 거치지 않고 직접 거래할 수 있도록 보호를 받았기 때문에 가능하였다.223) 개항장과 내지시장에서 객주를 통하지 않으면 매매가 성립될 수 없는 유통구조에서 상회사는 예외적 존재로서 객주를 배제하고 독자적인 유통기구로서 성장할 수 있었던 것이다. 상회사의 위치는 1884년 일시적이나마 인천에서 객주와 더불어 수출화물의 중계권을 부여받았던 사실에서도 엿볼 수 있다.224)

그런데 1889년 정부가 인천과 부산에서 25家 客主專管制를 실시하여 객주를 통제하기 시작하였을 때 상회사도 개항장 객주의 중계를 거쳐야 했다.225) 이에 인천의 濟興商會는 순응하지 않고 임의로

---

222) 『公文編案』 38, 建陽 원년 2월 19일.
223) 『仁川港關草』 2, 己丑 11월 16일.
224) 1884년 4월 인천감리의 고시로 雜品을 제외한 모든 수출화물은 반드시 객주나 상회를 거쳐 報單에 기입한 후 수송하도록 하였으나, 이 고시문은 일본측의 자유무역에 저촉된다는 항의에 부딪혀 곧 철회되었다(『日案』 1, 고종 21년 윤 5월 8일 ; 『通商彙編』 "1~6月上半季商況報告總論", 1884년 9월, p.366).
225) 『仁川港關草』 2, 己丑 11월 16일.

상품을 매매하여 소속 상인이 처벌을 받기도 하였으나 객주와의 상권다툼을 치열하게 전개하였다.226) 정부는 절충안으로서 1890년 8월 객주와 상회사의 '通共發賣'를 인정하여 상회의 자본으로 구입, 수송한 화물은 상회가 직접 판매하고 각 읍의 토산품은 그 읍의 旅客主人이 매매를 주선하도록 하여 분쟁을 해결하였다.227) 이는 상회사가 객주와 함께 영업세를 부담하기로 하는 조건에서 성립된 것이었다.

이후 상회사는 정부로부터 개항장 객주와 같은 역할을 부여받으며 위치를 신장시켜 갔다. 1891년 정부에서 인천항에 査察所를 신설하여 국내외상인에게 무역품의 명단을 제출하게 했을 때 상회사는 객주와 함께 수출입품명과 시가의 변동을 5일마다 手本을 갖춰 통리아문에 보고하는 임무를 부여받았다.228) 그리고 순신창상회와 제흥상회 등은 인천에서 각처의 조선인 무역상이 외국기선을 이용하여 청과 일본을 왕래할 때 개항장 객주와 함께 保人으로서 보증을 섰다.229)

그런데 상회사는 각종 특권을 누리는 대신 납세액이 과도하였으므로 소상인은 거의 참여하지 못하고 주로 부유한 상인과 양반관료들이 투자하였다. 양반의 상업활동은 旅客主人權의 매매와 도고행위를 통해 조선 후기부터 성행하였는데, 상회사는 독점권을 행사하면서 수출입무역에 종사하여 많은 이득을 올릴 수 있었으므로 새로운 투자대상이 되었다.

정부에서도 양반의 참여를 적극 권장하였다. 예를 들면, 안성의 沈氏·李氏姓의 두 양반이 상회를 만들었을 때 그 읍의 향교에서 이를

---

226) 『仁川港關草』 2, 己丑 12월 1·9일.
227) 『仁川港關草』 3, 庚寅 8월 13일.
228) 『統署日記』 고종 28년 11월 11일.
229) 『仁川港警察署商船執照摘奸成冊』 9(1893년).

제5장 民間海運業의 발전과 船商의 활동 219

<표 12> 商會社 설립자 및 참여자 구성

회사명	설립자 및 임원·사원	출 전
大同商會	사장 申基周. 1886년 尹載駿으로 바뀜. 사원 康壽卿·盧尙迪.	『通商彙編』1883年下半季, p.313
順信昌商會	사장 參議 閔應植. 부사장 參議 申箕善. 사원 徐相濂·徐相鈺.	『通商彙編』1883年下半季, p.313
輪船商會社	金箕斗·金鼎九·姜基桓 등이 설립.	『統署日記』고종 30년 4월 18일.
義信商會社	前五衛將 鄭敎信 등이 설립. 사원 五衛將 金炳翰·李圭一·李明在·許㺚·張明昊, 前從仕郎 張晶輔.	『八道四都三港口日記』1, 甲申 6월 29일.
博林商會	사원 趙漢昇·趙載書·孫文在·宋泰亨·林秉天·金元相.	『內各司關草』1, 丙戌 3월 25일.
永信商會	사원 前主簿 金友善.	『內各司(關草)』1, 辛卯 3월 23일.
太平會社	社主幹事 安山의 金準若. 사원 富平의 金華成·崔完燁, 李致景.	『統署日記』고종 22년 11월 21일.
大興商會	사장 李丙善, 사원 金東憲.	『海關案』고종 23년 8월 12일.
濟興商會	사원 孫景文·鄭在奎·李芝叟·吳義瑞·洪大有·金允章·黃鶴叟·鄭在明. 이 중 홍대유 등 4명은 이후 개항장 객주가 됨.	『仁川港關草』2, 己丑 12월 1일.
信昌商會	淳昌·潭陽 등이 상인이 출사, 幼學 李載命을 회장으로 추대.	『全羅道關草』1, 丙戌 10월 23일.
大安商會	안성의 沈氏·李氏姓 양반이 설립.	『京畿道關草』1, 丁亥 4월 5일.
三山會社	機器局 帮辦 趙義淵이 창설.	『東萊府啓錄』9, 戊子 6월 1일.
濟生會社	前五衛將 洪周鉉, 前虞候 劉坰, 前主簿 金鼎九·金喜性·丁寬·白樂鎔 출자	『海關案』고종 25년 11월 8일.
汽船會社	간사 부산감리서 屬員 鄭顯哲·閔建鎬, 경찰관 朴琪淙. 사원 일인 松尾元之助.	『釜山港關草』3, 乙未 10월 13일.
海産會社	許㺚 등 魚商이 설립.	『所志謄錄』戊子 7월 14일.
濟通會社	사원 卞奉枌(植).	『海關案』고종 28년 2월 2일.
廣城會社	사원 洪城孝.	『所志謄錄』己丑 11월 24일.
新福商會社	상인 劉貞이 설립.	『海關案』고종 29년 10월 5일.
保險會社	사원 五衛將 洪城孝.	『統署日記』고종 30년 4월 23일.
經理會社	사장 親軍經理廳 經理使 閔泳駿. 부사장 外務督辦 趙秉植.	『通商彙纂』제7호 "朝鮮國元山港經理會社設立"(1894년 6월 12일)

회사명	설립자 및 임원·사원	출 전
米商會社	米廛大行首·五江江主人·貿米坐賈 등이 설립. 사원 金興俊.	『公文編案』38, 建陽 원년 3월 9일.
公同會社	사장 徐相濂. 사원 朴勝樑.	『公文編案』22, 乙未 3월 4일.
船商會社	都監官 劉鎭永 등 10인이 설립.	『公文編案』83, 建陽 원년 6월 30일. 『독립신문』建陽 2년 5월 8일 광고.
泰運會社	상인 朴有一이 설립.	『德源港報牒』3, 光武 3년 2월 20일.
德利會社	상인 韓秀卿·宋允夏 등 7인 설립.	『德源港報牒』1, 建陽원년 12월 21일.
天一會社	사원 李丙筠(秉均)이 설립.	『慶興報牒』1·2, 光武 2년 8월30일.
永昌會社	상인 金亨俊·李化實·金正敏 등 설립.	『德源港報牒』2, 建陽 2년 7월 5일.
廣通社	전경찰관 禹慶善이 일본 호리상회와 동업으로 설립. 사원 禹載命.	『仁川港案』光武 원년 10월 25일.
韓國郵遞汽船會社	전 원산항감리 金益昇 등이 설립.	『德源港報牒』5, 光武 2년 7월 9일.
元一會社	李根澈 등이 설립.	『東萊港報牒』8, 光武 3년 3월 31일.
輸運會社	朴露美 등이 설립.	『德源港報牒』5, 光武 2년 11월 2일.
協同汽船會社	부산객주 丁致國이 설립.	『農商工部來去文』7, 光武 3년 2월 17일.
輪船從船會社	文明元 등이 설립.	『農商工部來去文』7, 光武 3년 4월 8일.
從船會社	평양의 金濬九 등이 설립.	『農商工部來去文』8, 光武 3년 12월 27일.
米商會社	洪州商人 등 10인이 설립.	『皇城新聞』光武 4년 3월 15일 雜報
從船會社	安寅燮 등이 설립.	『農商工部來去文』9, 光武 4년 3월 21일.
大韓協同郵船會社	議政府贊政 李允用 등이 설립. 社長代辨 安永基. 總務 丁致國. 감독 黃最性.	『通商彙纂』제198호 "仁川港明治33年中貿易年報"(1901년 7월 30일) 및 제259호 임시증간 "木浦34年貿易年報"(1903년 1월 23일)
輸運會社	學部 學務局長 金珏鉉 등이 설립.	『皇城新聞』光武 4년 8월 15일 雜報
仁漢輪船合資會社	관료 李載克·閔泳喆·尹德榮 등 설립.	『皇城新聞』光武 4년 12월 2일 雜報
大韓運輸會社	總務長 徐午淳 등이 설립.	『皇城新聞』光武 5년 2월 13일 광고
大韓通運會社	外事課長 玄尙健 등이 설립.	『皇城新聞』光武 5년 3월 13일 雜報
元山港協務會社	객주·상인 등이 출자.	『皇城新聞』光武 6년 5월 7일 雜報
商船會社	宜寧상인 金一鎭 등이 설립.	『皇城新聞』光武 7년 6월 25일 雜報

저지하려고 하자 통리아문에서 '大安'이라는 사호를 주면서 "지금 宇內의 풍속이 商賈를 천하게 여기지 않는데 우리나라는 헛되이 門地를 숭상하고 있다. 선비가 상업을 한다고 해서 士族의 신분을 잃는 것은 아니다"230) 라고 하였다. 그리고 유식한 양반이 상업에 적극적으로 종사하여 놀고 먹는 선비가 생활을 영위해갈 수 있도록 선도한다면 국세가 떨칠 것이라고 보았다.

현실적으로 상업을 천시하는 유교적인 직업관이 무너져가고 있는 가운데 양반의 상회설립이 富强의 기초임을 강조하는 정부의 정책은 상당한 실효를 거두었다. 앞의 <표 12>는 상회사에 관한 자료 중에서 참여자의 명단을 정리한 것이다. 상회사 설립자 중에는 전·현직 관료들이 눈에 많이 띄는데 관직이 명시되지 않은 사람은 상인으로 보인다. 각 상회사의 定款이 거의 남아 있지 않아 경영형태를 알 수 없지만 양반관료는 대개 자본금을 내고 실무는 상인들이 담당하였을 것이다.

각 상회사의 설립에 자본제한 규정이 있었는지, 또 각 상회사의 실제 자본금이 얼마인지도 알 수 없지만 대표적인 상회사의 거래액이 수천에서 수만 냥에 달하였다는 기록과 개항장 객주와 함께 과중한 영업세를 부담할 수 있었던 사실을 통하여 자본 및 경영규모가 상당히 컸음을 짐작할 수 있다. 의신회사의 강경포지사 사원인 안동의 金炳翰이 일본인의 物貨를 成標하여 주고 맡아두었다가 마음대로 판 후 물건 값 4,412냥을 갚지 않아 그에게 소송당한 일이 있었다.231) 또 김병한이 일본으로 가서 무역을 할 때 길주상인 李惟南이 동행하여 錢政出納을 맡으면서 엽전 21,398냥을 횡령하였다고 하므로 일본과 무역을 하고 남은 금액이 2만 냥이 넘었을 것으로 보인다.232) 그

---
230)『京畿道關草』1, 丁亥 4월 5일.
231)『牒(呈)』제45호(奎 24491), 光緖 13년 4월 17일, 5월 9일.

리고 의신회사가 일본 遷有社 상인 古藤昇一郞과 동업을 하기로 계약을 체결할 때 쓴 돈이 5만여 냥에 달하였다고 한다.233) 제흥상회는 강화부의 金文五와 昇天浦의 李建五, 두 상인과 외상 거래하다가 물건 값을 횡령당하였는데 그 무역액이 22,000냥에 달하였고 이는 '血本'을 乾沒당한 것이라고 하였다.234) 三山會社가 경강에서 선운업을 하기 위해 일본에서 구입한 기선 1척 값은 2만 5천 냥이나 되었다.235) 앞에서 언급하였듯이 대한협동우선회사는 자본금이 3만 원에서 출발하여 20만 원이 되었고, 학부 학무국장 金珏鉉이 인천에 설립한 輪運會社는 1주에 100원인 주식이 100주가 되어 자본금이 1만 원이었다.236)

그러나 자본부족으로 외국상인으로부터 자금을 빌리는 경우도 있었다. 태평회사는 모은 자본이 부족하자 세창양행에서 수천 냥을 빌려 상업자금에 충당하였다.237) 대동상회 회원 盧尙迪은 영국인 鄧幹에게 2만 냥을 빌리고 1만 냥을 갚지 못하였는데 평안도 祥原郡 梧琴里의 객주에게 외상으로 물건을 방매하였을 때 받은 수표가 있자 이것을 제시하고 현금을 抽給토록 하였다.238)

한편 외국선박의 우수성이 널리 인식됨에 따라 1890년대부터 일본에서 서양형 범선이나 기선을 구입하거나 임대하여 무역활동을 하는 사례가 점차 늘어났다. 한성 長通坊의 永信商會는 1891년과 1893년에 사원 金友善이 범선 新豊丸·永好丸을 구매하여 연안무역에 종사

---

232) 『慶尙道關草』1, 丁亥 4월 5일.
233) 『統署日記』고종 22년 8월 21일.
234) 『統署日記』고종 24년 3월 12일 ;『仁川港關草』1, 丁亥 3월 12일.
235) 『東萊府啓錄』9, 戊子 6월 1일.
236) 『皇城新聞』1, 光武 4년 8월 15일 雜報 "輪運會社組織".
237) 『忠淸道關草』2, 己丑 5월 3일.
238) 『平安道關草』1, 丁亥 3월 4일 ;『統署日記』고종 24년 3월 4일.

하였다.239) 1890년 윤 2월에 설립인가를 얻은 부산의 濟通會社 사원 卞奉梳(植)도 일본에서 범선 松壽丸을 구입하여 선상활동을 하였다.240) 1892년 부산상인 劉貞에 의하여 설립된 新福商會社는 일인의 범선 神麴丸을 고용하여 강릉에서 멸치를 구입하여 판매하였고,241) 1893년에는 일인의 범선 幸昌丸을 빌려 4차례에 걸쳐 전라도 연해지방에서 토화를 구입·판매하였다.242) 1892년 상인 朴永壽은 일인 吉田藤作의 범선 住榮丸을 고용하여 여러 차례 강원도에 가서 멸치 등을 구매하여 다른 지역으로 싣고 가서 판매하였다.243) 또 같은 해 상인 李熙淳이 일본상인 鈴木의 풍범선 松壽丸 1척을 2,500원에 구매하고 월급 500원을 주기로 하고 선인을 고용하여 부산 등을 왕래하며 연안무역에 종사하였다.244) 1893년에는 상인 金先一이 일본 풍범선 富成丸을 고용하여 전라도에 가서 토산품을 7, 8차례 구입·판매하여 연안무역에 종사하였으며,245) 상인 劉大俊도 일본 풍범선을 구매하여 연안무역에 종사하였다.246)

객주상회사도 외국선박을 도입하여 연안무역에 종사하였다. 1892년 원산상회사원 朴化瑞는 일본 범선 盛運丸의 선주로서 내지에서 무역을 하였고 사원 徐允興은 상회사에서 구매한 일본 소기선 向陽丸(24톤)으로 연안무역에 종사하였다.247)

---

239) 『統署日記』 고종 21년 8월 21일 및 고종 28년 3월 23일 및 고종 30년 5월 18일.
   『牒(呈)』(奎 24401), 光緖 19년 8월 1일.
240) 『統署日記』 고종 27년 윤 2월 23일 ; 『海關案』 2, 고종 28년 2월 2일.
241) 『海關案』 1, 고종 29년 10월 5일.
242) 『海關案』 1, 고종 30년 4월 12일.
243) 『統署日記』 고종 29년 10월 30일 ; 『海關案』 1, 고종 29년 10월 29일.
244) 『統署日記』 고종 29년 1월 29일.
245) 『統署日記』 고종 29년 10월 6일 및 고종 30년 4월 22일.
246) 『釜山港關草』 1, 癸巳 6월 21일.
247) 『統署日記』 고종 29년 1월 16일, 2월 14일. 그러나 향양환은 원산항에

建陽・光武年間에 원산과 북관지방을 중심으로 활동하던 선상들은 회사를 설립하고 대개 동해안의 험한 해로에 견딜 수 있는 기선을 도입하여 연안무역의 발전에 기여하였다. 1896년에 원산항의 **韓秀卿・宋允夏** 등 7인의 상인은 德利會社를 설립하여 일본에서 **龜崎丸** 1척을 구매하여 각 포구를 다니며 선상활동을 하였다.248) 같은 해에 설립된 鏡城의 天一會社도 1898년에 **李丙筠(秉均)** 등 사원이 각자의 股金을 모아 기선 1척을 구매하여 국내 각 포구 및 개항장과 외국 개항장을 다니며 선상활동을 하였다.249) 이 밖에 1896년 6월 **轉運局**에서 사용하던 범선을 불하받은 **船商會社**는 선상의 상업활동을 편리하게 한다는 목적으로 10인의 자본금을 모아 경강과 인천에서 설립되었고 각 포구에 지점을 설치하였다.250)

이와 같이 대동상회를 효시로 많은 상회사가 개항장과 포구 및 내륙의 주요 상업지에 설립되어 무역에 종사하였다. 상회사는 개별적으로 활동하는 상인에 비하여 상권확장에 유리하였다. 그것은 무엇보다도 자본집중을 통해 영세성을 극복하여 연안무역은 물론 외국과의 직무역에 종사함으로써 외국상인과의 경쟁력을 갖출 수 있었다는 점을 들 수 있다.

둘째는 주요 개항장이나 포구에 지점을 설치하여 **局地性**을 극복하

정박해 있다가 그 해 가을 비바람으로 모래에 파묻혀 사용할 수 없게 되었다(『朝鮮通商三關貿易冊』 "光緖18年元山港口朝鮮貿易情形論略").
248) 『德源港報牒』 1, 建陽 원년 12월 21일 報告書 제4호.
249) 『慶興報牒』 1·2(奎 17870의 2), 光武 2년 8월 30일 訓令 제25호(『各司謄錄』 43, 국사편찬위원회, 1990 수록). 이 사료에는 설립연대가 분명히 밝혀져 있지 않고 "회사를 설립한 지 몇 년이 지난 1898년"이라고만 되어 있는데, 『農商工部來去文』 2(奎 17802), 建陽 2년 7월 5일 照會 제14호에는 설립연대가 1896년 7월로 분명하게 나타나 있고 이병균이 **李秉均**으로 표기되어 있다.
250) 『公文編案』 83, 建陽 원년 6월 30일 ; 『독립신문』 建陽 2년 5월 8일 광고.

고 유통권을 확장할 수 있었다는 점이다. 청국상인이 청일전쟁 후에도 일본상인의 상권을 능가할 수 있었던 기반이 여러 상인이 합자하여 우세한 자본력을 갖추고 조직적인 상업활동을 통해 긴밀한 상업망을 구축한 데 있었던 사실을 상기할 때 상회사의 합자형태와 지점설치는 외국상인에 대한 경쟁력 증진의 토대가 되었음을 알 수 있다.

셋째는 상회사는 정부의 보호를 받는 특권회사로서 관허의 대가로 일정한 세금을 상납하고 영업세를 납부하면 무수한 잡세의 수탈을 면하고 영업의 독점권을 누리기도 하였다. 개항장에서도 객주의 주선을 거치지 않고 직접 외국무역상과 거래할 수 있었으므로 자본축적에 유리하였다.

3. 民間海運業의 발전과 선박운항 실태

1) 민간해운업의 태동

상품생산이 충분히 발달하기 전에 자본주의열강의 침략을 받은 청국이나 일본과 마찬가지로 조선에서도 재래의 板船을 사용하고 있다가 서양형 범선과 증기선을 동시에 도입하게 되었다. 개항 직후부터 일본에 의해 개항장 간을 연결하는 기선항로가 열리고 서양형 범선이 각 개항장을 출입하며 무역에 종사하여 외국선박의 우수성이 인식되고 있었다. 그리하여 1882년 10월 각 국과 통상할 때 외국선박인 火輪船과 風帆船을 민간인이 구매하여 公私에 通用할 수 있다는 정부의 허가가 내린 이래 상회사는 물론 개별적으로 상업활동을 하는 상인들 중에도 외국선박을 구매하거나 고용하는 경향이 점차 늘어났다. 더욱이 수입품은 물론 국산품도 외국해운업자에 의해 기선편으로 수송되면서 개항장 간의 거래가 점차 외국상인의 손으로 넘어가고 있었으므로 운송수단의 근대화는 상권수호를 위해서도 절박한 과제가 되었다.251)

규모가 외국선박에 비해 작고 견고하지 않은 재래선박을 기선으로 대체하려는 움직임은 경강선인에게서 가장 먼저 나타났다. "京江舊船契"의 후예들은 1883년 8월 기선을 구매하여 상업활동을 하기 위해 자본을 모으고 사공을 모집하여 통리아문의 허가를 요청하였다.252) 이후의 사정은 알 수 없지만 1884년 2월 한성의 金鼎九·姜基桓·金箕斗가 輪船商會社를 설립하고 일본상인 奧川嘉太郞에게서 기선을 구매하기로 한 사실과 연관이 있는 것으로 보인다.253) 그러나 奧川이 사망하여 기선은 물론 선금 12,000냥도 받지 못하자 회사가 파산상태에 이르러 기선의 도입은 좌절되었다.

기선을 이용한 해운업은 1886년 8월 李丙善이 金東憲·김범식 등과 함께 한성에 설립한 大興會社에 의해 비로소 시작되었다.254) 대흥회사는 미국인 에드워드 레이크(Edward Lake, 樂只)에게서 기선 大登利(72톤)를 구입하여 大興船으로 이름을 바꾸고 연해포구를 항해하며 운송업에 종사함으로써 조선 최초의 민영 기선해운회사가 되었

---

251) 『通商彙纂』 제93호 호외 "29年中仁川商況年報"(1897년 9월 27일). 1896년 인천의 개항장 간 무역량의 절반 이상을 일본상인이 취급하였다. 1900년 6월 울릉도민은 合資로 開運會社를 설립하고 서양형 범선 1척을 구입하여 운수업에 종사하다가(『皇城新聞』 光武 4년 6월 20일 雜報 "鬱島船運") 이듬해 10월 다시 保合丸 등 2척의 배를 구입하였는데 그 이유는 "商權을 외국인에게 빼앗기는 까닭이 運載할 선척이 없기 때문"이라고 하였다(『皇城新聞』 光武 5년 10월 29일 雜報 "鬱島二船").
252) 『統署日記』 고종 20년 8월 16일.
253) 『統署日記』 고종 30년 4월 18일 ; 『日案』 2, 고종 30년 4월 18일. 이 회사에는 영국인도 참여하였다.
254) 『三港口關草』 1, 丙戌 8월 6일 關三港 "査本國商民 買用輪船 係是創有".

다.255) 대흥선은 통리아문의 지시로 沿路 각 지방관의 침어로부터 영업의 보호를 받았고, 정부에서 고용한 독일의 世昌洋行 기선 대신 목포의 稅米를 운반하기도 하였다.256)

그러나 조선인 사공 중에는 기선을 운행할 수 있는 항해사나 기관사가 없었기 때문에 일인 7명을 채용하였는데 화물수송량이 부족하여 이들 선원의 월급 661여 원을 체불할 정도로 경영난에 부딪혔다.257) 게다가 船價 1만여 달러의 미상환금 1,200여 달러에 대한 元船主 레이크의 지불독촉이 계속되고 대흥선 구매를 위해 미국인 菊波와 세창양행에서 빌린 돈을 갚지 못하여 채권자들의 상환독촉에 시달리게 되었다.258) 당초부터 자본부족으로 외국인에게서 자금을 차용하여 사업을 시작한 이병선은 별다른 대책이 없어 1887년 8월 부득이 대흥선을 公賣에 부쳤다.259) 그러나 根抵當權者인 레이크의 책략으로 대흥선은 원선가의 1/10로 落札되었고260) 이병선의 家産까지 차압당하였으나 여전히 채무액을 채울 수 없었다. 이후 이병선의 부채문제는 오랫동안 한국과 미국·독일 영사관 간에 외교상의 쟁점이 되었다.261)

최초의 민영기선해운업이 겨우 1년여 만에 영업을 포기한 것은 애

---

255) 『沿路各官關草』(奎 18084의 1)·『沿途各官關草』(奎 18084의 2) 합책, 丙戌 8월 6일 "沿路文憑"(『各司謄錄』 63, 국사편찬위원회, 1992, p.182) ; 『海關案』 1, 고종 23년 8월 12일 및 2, 고종 23년 8월 25일.
　　孫兌鉉, 「舊韓末의 民間海運」, 『韓國海運港灣史』, 海運港灣廳, 1980, pp.154~155.
256) 『統署日記』 고종 24년 윤 4월 23일.
257) 『三港口關草』 2, 丁亥 5월 5일.
258) 『統署日記』 고종 24년 5월 5일, 6월 25일. 이병선 등의 출자금은 3천여 달러였다고 한다(孫兌鉉, 앞의 논문, p.155).
259) 『統署日記』 고종 24년 7월 26일, 8월 21일.
260) 『朝鮮通商口岸貿易情形論』(奎 7558) "仁川海關稅務司史納機貿易情形論".
261) 『統署日記』 고종 25년 11월 9·10일 ;『仁川港關草』 1, 戊子 12월 12일.

초에 자본과 경험이 부족한데다 1887년 당시의 연안무역의 부진으로 영업실적을 충분히 올리지 못한 데 그 원인이 있다. 하지만 민간해운업에 대한 정부의 지원부족도 중요한 요인으로 지적되어야 할 것이다. 대흥회사는 관허회사로서 각종 봉건적 수탈로부터 영업의 보호를 받기는 하였지만 재정적인 보조를 전혀 받지 못하였고 세미운송을 맡았다고 하지만 그것은 어디까지나 세미운송 특권을 부여받은 세창양행 기선 希和船의 缺航에 따른 임시조처였을 뿐이었다.

2) 강운업의 발전

(1) 한강 강운

기선에 의한 인천과 용산 간의 한강 강운은 1886년 7월 조운을 목적으로 하여 轉運局이 일본에서 구입한 志摩丸을 海龍號로 개칭하고 그 해 민간인에게 임대하여 시작되었다고 하는데 구체적인 내용은 알 수 없다.262) 한강에서의 기선임운업은 1888년 7월 機器局 幇辦 趙義淵이 京江에 설립한 三山會社에 의하여 본격적으로 시작되었다.263) 선박은 1887년 10월 조희연이 직접 일본으로 건너가 코오베(神戶)에서 구입한 兩帆 기선으로, 선가가 2만 5천 냥이나 되었고 기선운항을 위하여 일인 사공 1인과 격군 6인을 고용하였다.264) 삼산회사는 이후 목조 소기선 1척을 더 구입하여 각각 三湖號(13톤)와 龍山號(16톤)로 명명하고 인천과 마포를 항행하였다.265) 그러나 한강의

---

262) 『仁川府史』, p.787.
263) 『統署日記』 고종 25년 7월 8일 ; 러시아大藏省(1900), 韓國精神文化研究院 편역, 『國譯韓國誌』, 1984, p.515. 조희연은 기선구매의 목적이 "我國京江貫卜次"에 있다고 하였다(『東萊府啓錄』 9, 戊子 6월 1일).
264) 『東萊府啓錄』 9, 戊子 6월 1·21일.
265) 『統署日記』 고종 25년 7월 8일 ; 『國譯韓國誌』, p.515.

流路가 때때로 변경되고 암초가 출몰하여 기선운항에 어려움이 많았는데 결국 삼호호는 1888년 11월경에 강화도 근처에서 좌초되었다.266) 용산호도 1890년에 운항을 중단하였다.267)

金鶴羽도 일본에서 기선을 구입하여 경강에서 운항하고 있었는데 1888년 7월 이전에 선박의 소유권이 外衙門에 넘어가 인천항 서리감리 禹慶善에 의해 운항되었다.268) 우경선은 외아문의 지시로 선장이 되어 외아문 主事 尹泰駉과 함께 일본 나가사키(長崎)로 가서 2만여 냥 상당의 석탄을 구매하였는데 이 때 미국인 4인과 조선인 격군 6인, 일인 격군 11인이 고용되었다. 같은 해 嚴基元과 金載燦에 의하여 설립된 運輸會社도 소기선으로 경강과 인천 간의 강운업에 종사하였고269) 외아문 주사 許燂도 일본 오사카(大阪)로 가서 지폐 5천 원을 빌려 一帆 화륜선 1척을 3천 원에 구입하여 경강에서 활동하였다.270)

이처럼 기선에 의한 한강 강운은 근대화정책을 수행하고 있던 관료들의 주도로 이루어졌고 이 때 축적한 경험을 바탕으로 우경선은 전운국위원으로서 利運社의 창립에 관여하고 실무를 담당하였으며 인천에서 廣通社를 창립하여 해운업에 종사하였다.

(2) 낙동강 강운

낙동강에서의 기선에 의한 강운은 1887년 부산에 설립된 電察會社에271) 의하여 시작되었다. 전찰회사는 소기선 1척을 구매하여 낙동강변의 각 포구와 경상도의 연해포구를 정기 운항하면서 운송업에

---

266)『仁川府史』, p.788.
267)『朝鮮通商三關貿易冊』(奎 20205) "光緖16年朝鮮通商三關貿易情形總論".
268)『東萊府啓錄』9, 戊子 7월 1일.
269)『所志謄錄』戊子 8월 3일 運輸會社員 嚴基元金載燦出單子.
270)『東萊府啓錄』9, 戊子 8월 13일.
271) 전찰회사는 電警會社라고도 하였다(『慶尙道關草』2, 丁亥 11월 10일).

종사하였다. 기항지는 부산을 기점으로 하여 대구·沙門·機張·蔚山·慶州·長鬐·昌原·統營·晋州·順天 등이었고 일본인 몇 명을 고용하여 기계 사용법을 학습하였으며 1888년 7월에 南沿會社로 개칭하였다.272) 남연회사는 수입의 1/10을 통리아문에 상납하는 대신 10년 동안 다른 관아나 회사의 기선운항을 금지하는 독점운항권을 획득하였다.273)

그런데 남연회사는 이듬해 1889년 4월에 "朝家의 처분을 받들어" 다시 汽船會社로 개명되었고, 정부는 장정을 작성하여 회사체제를 재정비하였다.274) 이 『汽船會社章程』에275) 의하면, 그 취지는 개항장 간의 국산품 운수도 외국기선에 의존하여 상권을 침탈당하고 있으므로 재래의 둔한 板船을 민첩한 기선으로 대체하여 상권을 회복하자는 데 있었다. 기선회사의 운영방침은 모두 11개 조항으로 된 이 장정에 잘 나타나 있다.

먼저 당시는 기선건조가 불가능하였으므로 기선을 구입하고 일인 항해사를 고용하되 국기를 달고 나라의 통제를 받도록 하였다. 항로를 3방향으로 나누어 3척의 기선을 정기 운항하는데 그 중 제1호는 부산항에서 경상·전라도 연해 각 포구를, 제2호는 부산항에서 낙동강 각 포구를, 제3호는 원산항에서 강원도·함경도 연해 각 포구를 왕래하기로 계획을 세웠다. 경상도·전라도·강원도·함경도 연해의 각 포구와 낙동강 연안을 왕래하며 土貨 즉, 국산품을 임운하기로 한

---

272) 『統署日記』 고종 24년 11월 10일 및 고종 25년 7월 20일 ; 『釜山港關草』 1, 丁亥 11월 13일.
273) 『東萊統案』 1(奎 18116), 戊子 7월 20일 "南沿會社完文…自該港(釜山港 ; 필자주) 監理署 從便磨鍊 就人貨稅中 按月通盤合算 十取其一扣除…而原限十年間 斷不許施於他衙及他公司之意 奉承處分"
274) 『釜山港關草』 1, 己丑 4월 13일 關釜監.
275) 『汽船會社章程』(奎 18135).

것이다. 이 회사에 중대사가 일어나면 통리아문에 보고케 하고 작은 일은 각 감리서에 물어서 처리하도록 하였다. 운임은 정가제로 하고 선박이 기항하는 포구에 汽船主人을 두어 화물매매를 알선하게 하며 구문을 공평하게 거두도록 하였다. 그리고 기선이 기항하는 각 포구에서의 잡세징수를 금지하고 회사가 어느 정도 발전하는 것을 기다려 일정한 稅錢을 통리아문에 상납하도록 하였다.

기선의 정기 운항을 원칙으로 하여 운수의 편의를 돕는 대신 기선을 상대로 하는 船主人을 따로 정하여 화물적재량의 부족을 방지하였으며, 정부의 보조금 지급 등 재정적인 지원은 없었으나 회사운영이 궤도에 오른 다음에 세금을 징수하기로 하고 종래 선상들에게 자의적으로 부과되던 각종 잡세의 수탈을 금지하여[276] 제도적으로 회사의 영업을 보호하려고 한 것이다.

이처럼 기선회사는 관허의 민영회사로서 출발하였으나 1890년 2월 부산감리서에 소속되어 그 관할을 받게 되었다. 간사를 부산감리서의 屬員 鄭顯哲・閔建鎬과 경찰관 朴琪淙으로 정한 것으로 보아[277] 사장은 부산항감리가 겸임한 것으로 보인다. 그러나 실질적인 경영자는 박기종이었고[278] 일본인이 사원으로서 참여하였다. 박기종

---

276) 실제로 기선회사는 각 연안의 잡세를 면제받았다. 1889년 4월 기선회사 기선이 운항할 때 낙동강 院洞에서 세금을 걷자 통리아문에서는 경상감영에 관문을 보내 각 沿邑에 지시하여 지방관리들은 일체 간섭하지 않도록 하라고 명령을 내렸다(『慶尙道關草』 2, 己丑 4월 13일).
277) 『釜山港關草』 3(奎 18077), 乙未 10월 13일 東萊府觀察使池錫永質稟書. 藤永壯, 「開港後の「會社」設立問題をめぐって」, 『朝鮮學報』 140, 1991, p.66.
278) 박기종은 개항 이전에 倭館貿易時 居間으로 활동하다가 개항 후 일본으로 파견된 제1, 2차 修信使의 通事로 수행한 이후 武官으로서 궁궐의 호위를 맡다가 甲申政變 이후 통사가 되었다가 1886년에 부산항 경찰관이 되었다(趙璣濬, 『韓國企業家史』, 博英社, 1974, pp.89~91 ; 藤永壯, 위의 논문, p.63). 甲午改革 이후에는 부산항경무관을 거쳐(1895년 4월 免本官) 외부참서관(1898년 8월)・중추원의관(1900년 3월~4월)을 지냈고 철도부

은 소기선 太輪丸(길이 7丈 5尺, 폭 미상, 톤수 33톤 77積, 속력 13 馬力, 선가 1,600원)을 일본 아사히(朝日)組의 理事 마츠오(松尾元之助)로부터[279] 구입할 때 자신의 명의로 구입하였고 기선의 운항은 마츠오가 담당하였다.[280]

기선회사는 장정에서 규정한 대로 3항로를 바로 개설하지 못하고 우선 태윤환으로 판선을 曳引하면서 부산과 낙동강 연안의 제포구간을 왕래하였다. 그 해 7월 마츠오에게서 소기선 此花丸을 구매하여 낙동강을 항행하였고[281] 같은 해 11월에는 태윤환을 吃水가 깊고 기계의 수리가 어렵다는 이유로 일본인에게 되팔고 마츠오에게서 다시 소기선 雄乃丸을 구입하였다. 당초 계획은 웅내환으로 낙동강뿐 아니라 강원도·경상도·전라도·충청도·인천항 등 연안을 두루 항행하며 화물을 수송하려고 하였으나[282] 실제로는 부산과 낙동강 연안 간의 강운업에 주력하였다. 웅내환은 바닥이 얕은 낙동강의 운항에 적합한 貨物平底船으로 曳引網을 이루어 상류까지 화물을 운송하였다. 즉 웅내환이 부산으로부터 낙동강 하구에서 약 80km 떨어져 있는 密陽까지 화물을 나르면, 여기서 거룻배에 화물을 싣고 사문까지 운송하고 다시 여기서 폭이 좁은 평저선에 화물을 옮겨 실어 부산에서 270여km나 떨어진 尙州까지 예인망에 의해 옮겼다.[283]

설운동을 전개하였다. 박기종의 철도부설운동에 대한 평가는 엇갈려 철도부설운동의 선구자라는 찬사를 받기도 하였으나(趙璣濬, 「韓國鐵道業의 선구자 朴琪淙」, 『日帝下의 民族生活史』, 民衆書館, 1971), 철도부설권을 매매대상으로 삼아 일본자본을 끌어들임으로써 일본의 금융지배를 받는 괴뢰회사를 설립하였다는 비판을 받기도 한다(藤永壯, 위의 논문).

279) 松尾元之助는 1875년에 부산으로 건너온 무역상으로서 이른바 '모험상인' 출신이었다(藤永壯, 위의 논문, p.67).
280) 위와 같음.
『海關往復照會存案』 1·2, 庚寅 정월 25일 去照 "船舶賣渡證憑".
281) 『海關往復照會存案』 1·2, 庚寅 7월 20일 去照, 8월 6일 來照.
282) 『海關往復照會存案』 1·2, 庚寅 11월 15일 去照.

그런데 1891년 11월 말 웅내환이 낙동강 하류에서 풍랑을 만나 침몰하고 선원도 사망하여 기선회사는 큰 손해를 입었다.284) 그 후 기선회사는 낙동강 연안의 강운업에서 연해의 해운업으로 사업을 확장하려고 하지만 소유한 기선이 없다는 이유로 1892년 2월 13일 일본 아사히組와 계약을 체결하여 기선을 15년 간 빌리기로 하였다.285) 그러나 그「約定書」의 핵심은 15년 간 기선운항에 관한 모든 권리를 아사히조에 위임하고 기선회사는 다만 운임수입의 1할을 이익금으로서 매달 할당받는다는 데 있었다. 즉 기선의 취급이나 운항, 운임의 결정, 기선운항에 필요한 경비지출 등 일체의 업무는 아사히조가 담당하고 기선회사는 기선이 기항하는 포구와 항구에 승객 昇降場과 화물 揚陸場, 창고를 설치하기로 하였으나 그것도 경비가 많이 들 경우에는 아사히조에서 부담하기로 하였다.

그런데 이 계약의 성립과정에는 일본영사 등 일본정부측이 깊이 개입되어 있었다.286) 일본정부는 연해항업에 종사할 만한 능력이 없다고 보이는 아사히조 대신 오사카(大阪)商船會社를 상정하고 아사히조가 획득한 조선연해의 항해권을 다른 '일본기선회사'에 양도할 수 있다는 점을「약정서」에 명시하도록 하였다. 또한 기선회사가 계약기한 내에 해약하면 손해배상금을 지불해야 한다는 점도 계약에 명시하도록 하였다.

이「약정서」의 내용은 계약체결일로부터 2주 후인 2월 27일에 부산감리로부터 통리아문에 보고되었고287) 통리아문은 즉시 장정의 반환을 지시하여 회사를 철폐토록 하였다.288) 계약의 내용이 정부에서

---

283)『國譯韓國誌』, p.516.
284)『朝鮮通商三關貿易冊』(奎 20206) "光緒17年釜山港口貿易情形論略".
285)『日本外交文書』1892년 3월 11일 (附屬書二) 約定書.
286)『日本外交文書』1892년 3월 11일.
287)『統署日記』고종 29년 2월 27일.

기선회사에 독점운항권을 부여하여 해운업을 육성하려고 한 의도에서 벗어나 오히려 일본 해운업의 침투가 초래될 수 있는 소지가 있다고 파악되었기 때문이다. 당황한 부산감리는 통리아문에 牒을 올려 1888년 7월에 10년 기한의 설립허가를 받았는데[289] 회사를 설립한 지 아직 10년이 되지 않았고 일본 아사히組와의 계약도 파기할 수 없으며 침몰한 웅내환의 손해금도 상환해야 하므로 철파지시를 철회할 것을 요청하고, 그 전말을 상세히 설명하기 위하여 主事 洪在箕를 통리아문에 파견하였다.[290] 이에 통리아문은 "曳輪은 우리 商民의 화물을 실어나르는 선척이 신속하게 주행하기 위한 방법이니 배 안에 물건을 실어 不通商口岸에서 팔아서는 안된다. 이 배는 단지 南沿의 각 포구에서 왕래하고 전과 같이 예륜은 1척으로 충당하여 貿來할 것"[291]을 조건으로 기선회사 철파령을 철회하였다. 기선회사가 선박 침몰이라는 불운을 겪어 경영상의 타격을 심하게 입은 위에 외국인과 맺은 계약을 파기할 경우 배상금을 물어야 하는 경제적 부담 등을 감안하여 철파지시를 철회한 것이다.

그 후 기선회사는 휴일이나 일몰 후 항행을 금지하는 규정 때문에 허비하는 비용이 많다고 호소하여 그 규정에 구애를 받지 않고 운항할 수 있는 특혜를 부여받았다.[292] 그리하여 1892년중 기선 2척이[293] 부산과 낙동강 연안 간에서 화물을 수송한 실적은 "1년 동안 부산을 왕래한 것이 모두 200차례인데 운송한 미곡과 土貨를 계산하

---

288) 『統署日記』 고종 29년 3월 4일.
289) 기선회사의 전신인 남연회사의 장정에 규정된 것을 가리킴.
290) 『牒(呈)』 제10호(奎 24217), 光緖 18년 3월 24일.
291) 『牒(呈)』 光緖 18년 4월 22일 통리아문의 題音.
292) 『海關案』 1, 고종 29년 4월 23일.
293) 1893년 7월 일본인의 시찰보고에 의하면, 기선회사의 운항선은 此花丸과 釜山號였다고 한다(藤永壯, 앞의 논문, p.72).

면 쌀·콩 11만 擔, 잡화 1천 건, 동전 8천 貫文에 달하였다"294)고 한다.

한편 기선회사는 1893년 6월에 목조 소기선 旭川丸(배수량 125톤)을 구입하여 부산과 전라도 연안포구 간의 정기항로를 개설하였다.295) 그러나 이 선박은 사실상 오사카상선회사의 소유였다. 1890년 이래 일본정부의 지원을 받아 조·일항로를 운영하고 있던 오사카상선회사는 이 기선으로 조선의 불개항장에도 침투하여 해운권을 확장할 수 있게 되었다. 일본측은 제주도에 욱천환을 기항하게 하여 제주도에서 많이 생산되지만 운송수단이 없어 수입할 수 없었던 잡곡과 절인 생선을 부산으로 운송하여 일본으로 직수입하는 계획을 세우기도 하였다.296)

그런데 1893년 흉작으로 쌀과 콩의 반출량이 현저하게 줄어 적하량이 부족하자 기선회사는 12월에 수리를 명목으로 욱천호를 일본으로 돌려보냈고 경영악화로 1894년에 휴업에 들어갔다가 1895년 9월경부터 다시 영업을 개시하려고 하였다.297) 그러나 이후의 활동사항을 알 수 있는 기록을 찾을 수 없으므로 기선회사는 정부의 인준을 받지 못한 것으로 보인다.

일본측 기록에 의하면 기선회사는 명의만 조선측에 있고 실권은 일인의 수중에 있으며298) 오사카상선회사측이 기선회사와 동업을 시도한 것은 일본의 해운권을 확장하고 조·일무역을 신장하기 위한

---

294) 『朝鮮通商三關貿易冊』 "光緖18年釜山港口貿易情形論略".
295) 『通商彙纂』 제17호, "明治27年中釜山港商況"(1895년 3월 30일) ; 『釜山港關草』 3, 乙未 10월 13일 ; 『國譯韓國誌』, p.516.
296) 『日本外交文書』 1893년 9월 25일, 10월 19일.
297) 『通商彙纂』 제17호, "明治27年中釜山港商況"(1895년 3월 30일) ; 『釜山港關草』 3, 乙未 10월 13일.
298) 『日本外交文書』 1893년 11월 15일.

것이라고 하였다.299) 기선회사는 원래 정부정책에 따라 국산품 수송을 원활하게 하여 상권을 확장한다는 데 그 설립목적이 있었고 그래서 낙동강 강운의 독점권을 부여받았다. 그러나 도중에 경영진이 기선을 직접 운항하는 것을 포기하고 경영방식을 일본 해운회사에 기선운항권을 주고 수익금의 일부를 취득하는 것으로 전환하였기 때문에 일본 해운업의 침투를 심화시키는 결과를 초래하였다.

3) 開港場을 중심으로 한 해운업의 발전

1890년대에 들어와 각 개항장에서는 기선이나 서양형 범선을 도입하여 선상활동이나 선운업에 종사하는 사례가 많이 나타났다. 1892년 부산에서는 재래선박보다 외국선박을 선호하는 경향이 뚜렷하여 선상이 蔚山海에서 많이 생산되는 '肥田魚'를 고용한 일인의 서양형 범선 4, 5척에 싣고 부산으로 와서 수출하였다.300) 인천에서는 1892년 한 해 동안 船牌를 발급받은 선박이 27척이나 되었는데 5척 정도가 민간인이 구입한 것이었다.301) 1893년에도 인천에서 조선인이 사들인 서양형 범선이 12척이고, 당시 인천의 연해항운에 종사하는 조선인 소유명의로 된 '외국형' 선박이 70~80척에 이를 정도로 외국선박 도입이 활발하였다.302) 그리하여 "通商口岸의 물화운수는 선척

---

299) 『日本外交文書』 1893년 10월 19일.
300) 『朝鮮通商三關貿易冊』 "光緖18年釜山港口朝鮮貿易情形論略".
301) 『朝鮮通商三關貿易冊』 "光緖18年仁川港口朝鮮貿易情形論略". 27척의 선박 중 4/5는 轉運局이 구입한 것이었다.
302) 『通商彙纂』 제8호 부록 "明治26年仁川港商況年報"(1894년 8월). 그런데 제4장에서 언급하였듯이 일인이 조선인의 명의를 빌려 불개항장으로도 기선항행을 하고 있는 것으로 미루어 이들 서양형 선박 중 일부는 명의상으로만 조선인의 소유였을 것이다. 또 이들 외국형 범선은 모두 일본에서 구입한 것이었다.

이 가장 긴요한데 본국 범선은 駛用에 신속하지 못하여 매번 외국 三板船을 購買通貨한다"303)고 할 정도로 개항장에서의 상업활동에서 서양형 범선의 이용이 일반화되었다.

그 가운데 기선 해운업이 민간 주도로 발전하기 시작하였다. 특히 건양·광무연간에 들어와 인천·부산·원산의 3개항장을 중심으로 정기항로를 개설하는 해운기업이 많이 들어서면서 연안무역의 신장에 크게 기여하였다. "挽近 이래로 각국 商路에 興旺한 원인을 궁구하면 제일 긴요한 것은 운반의 편리함과 遲速의 관계이니 輪船이 통행한 후에야 상로가 번성할 것"304)이라고 하여 기선운항이 상권확장에 절대적으로 유리하다는 인식이 확산되고 있었던 것이다.

기선회사의 설립과 기선운항에 관한 정부의 규칙도 새로이 마련되었다. 기선회사 인준은 감리서에 請願書를 올리면 稅務司가 규칙 및 장징을 成給하고, 감리가 윤선매매 文券과 일본영사의 인가증을 첨부하여 농상공부에 제출하면서 이 사실을 외부에 보고하는 절차를 거쳤다.305) 그리고 기선을 운항하려면 농상공부의 허가를 받고 농상공부의 조회를 받은 외부에서 총세무사에게 關飭하면 해당 개항장의 세무사로부터 선패를 발급받는 절차를 밟았다.306)

그러면 해운기업의 활동양상을 개항장별로 살펴보기로 한다.

(1) 인천의 해운업

앞의 제4장에서 살펴보았듯이 인천에서는 일본인의 호리(堀)商會가

---

303) 『仁川港案』建陽 원년 11월 20일 報告書 제21호. 조선의 재래선박은 平底船으로, 外板을 單板으로 하여 單造船이었다(金在瑾, 『韓國船舶史研究』, 서울대출판부, 1984, p.19).
304) 『德源港報牒』 2, 建陽 2년 7월 5일 報告書 제23호.
305) 위와 같음.
306) 『農商工部來去文』 7, 光武 3년 照復 제8호.

1893년부터 연안운송업을 시작하였고 1897년에 이르러서야 廣通社가 설립되어 조선인에 의한 해운업이 시작되었다.307) 그러나 광통사는 1893년 호리상회의 인천-평양 간 항로개설시 명의를 빌려주었던 禹慶善 등이 호리상회와 동업으로 설립한 것으로, 민족적인 기업이 아니었다. 광통사는 우경선이 利運社의 실무를 맡고 있었던 관계로 이운사 소유였던 기선 海龍號를 구입하여 연해 각 포구를 정기 운항하고, 영업을 개시한 지 반 년 만에 미곡출하가 집중되는 추수기에 대비해 일본 윤선 壽丸을 고용할 정도로 영업성적이 우수하였다.308) 해룡호와 수환의 항로는 각각 인천-군산-목포-부산-원산 간과 원산-鏡城 간(북관지방의 여러 포구 경유)이었는데 수환은 때때로 北端에 있는 富寧까지 항행하였다.309) 선박운항에 필요한 연료공급을 위하여 인천항의 서쪽 앞바다에 있는 月尾島의 땅을 매득하여 石炭庫를 건설하였고,310) 1899년에는 기선 京畿號 1척을 더 고용하여 사원 禹載命이 운항하였다.311)

이처럼 광통사는 창립 초기에는 급속하게 성장하였으나 경영부진으로 결손이 거듭되어 1901년에 기선운항이 중단되고 동업자인 호리상회에 소유권이 넘어갔다.312) 일인과 동업으로 회사를 설립하였지만

---

307) 『仁川港案』 光武 원년 10월 25일. 『仁川府史』, p.795에서는 광통사가 1894년에 설립하였다고 하고 『독립신문』 建陽 2년 2월 16일 광고에 의하면, 광통사가 창립된 지 10여 년이 되었고 1897년에 해룡호를 구매하기 전에 慶濟號를 운항하였다고 한다. 그러나 경제호는 일본의 堀商會 소유이고 1880년대 자료 중에서 광통사에 대한 기록을 찾을 수 없다.
308) 『東萊港報牒』 8, 光武 원년 10월 25일 訓令 ; 『仁川港案』 光武 원년 10월 25일 훈령 제22호 ; 『德源港報牒』 5, 光武 원년 10월 25일 訓令 제12호.
309) 『通商彙纂』 제109호 "韓國郵遞汽船會社航海開始幷現今北關各港回航汽船ノ狀況"(1898년 8월 5일).
310) 『仁川港案』 光武 원년 11월 11일 報告書 제30호, 26일 指令 제24호.
311) 『仁川港案』 光武 원년 10월 25일 訓令 제22호 ; 『海關案』 2, 光武 3년 11월 15일.

결국 조선인의 자본 및 항해기술 부족으로 인해 경영실권이 일인에 게 넘어간 대표적 사례 중 하나라고 하겠다. 외국인과의 합자회사는 외국인이 '불개항장에서의 외국선박 운항금지'라는 조약상의 제약을 뛰어넘어 실질적으로는 자국의 선박을 운항함으로써 항해권을 장악 하는 결과를 초래하였을 뿐이다. 이미 대부분의 기선회사에서 도입한 기선이 일본에서 건조된 것이고 고용하는 항해사나 기관사도 일본인 으로 충원되어 선박과 선박운항 기술을 전적으로 일인에게 의존하고 있는 상황에서 일인과의 동업은 買辦資本으로 나아갈 위험이 많았다.

이 밖에 한성의 前主事 魚允迪은 1899년 2월 소기선 1척을 구입 하여 마포와 황해도 金川 助邑浦 간의 연안항운업에 종사하였다.313) 인천 杻峴의 상인 李在璟은 같은 해 5월 일본상인에게서 소기선 天 草丸을 1년 간 임대하여 인천과 경기도·황해도·충청도 연안 제포 구를 연결하는 항로를 얻었고314) 1900년 2월에는 소기선 慶利丸을 일본상인에게서 월세 500元에 임대하여 같은 항로에서 운송업에 종 사하였다.315) 이재경은 그 해 7월에는 나가사키에 가서 기선 太草丸 을 구입하여 각 개항장과 제포구 간에서 항운업에 종사하였다.316) 또 1900년 6월~7월에는 한성상인 河天泓이 일본기선 江鏡丸과 大同江 丸을 구입하여 연안 제포구를 다니며 항운업에 종사하였다.317)

일본 운송업자와 결탁한 매판적인 기업과 관료·상인 등 개인에

---

312) 『仁川府史』, p.795.
313) 『皇城新聞』 光武 3년 2월 4일 雜報 "汽船新設".
314) 『仁川港案』 光武 3년 5월 31일 訓令 제45호.
315) 『農商工部來去文』 9, 光武 4년 2월 9일 照復 제6호 ; 『皇城新聞』 光武 4 년 1월 23일 雜報 "韓商과 慶利丸".
316) 『皇城新聞』 光武 4년 7월 24일 雜報 "李買太草".
317) 『海關案』 2, 光武 4년 6월 21일, 7월 20일. 일본측 기록에 의하면 하천홍 은 일본인에게 단지 명의만 빌려준 것으로 보이지만 확인할 수는 없다(제 4장 2절 2항 참조).

의해 소규모의 연안항운업이 전개되고 있는 가운데 1900년 정부의 지원을 받아 대규모의 해운기업이 설립되었다. 議政府贊政 李允用 등은 일인이 장악하고 있던 항해권을 회복한다는 목적으로 1900년 6월에 大韓協同郵船會社를 설립하여 우편물과 **貨客運送業**에 종사하였다.318) 이 회사는 1株에 3,000원인 주식 10주로 설립된 주식회사였고 점차 자본금이 늘어 1년 후에는 20만 원의 자본규모를 지니게 되었는데319) 많은 고관이 주주가 되었다.320) 이윤용이 사장으로 취임하고 사장 代辨은 安永基, 총무는 부산객주 출신의 丁致國, 감독은 黃最性이 맡았고 사원은 총사무원 李泳均 등 10명으로 구성되었다.321) 이 회사는 연해 각 항에 지점과 대리점을 설치하고 매년 1만 원을 정부에 납부하는 조건으로 정부소유 기선 蒼龍號(536톤)·顯益號(709톤)·潮州府號(1,027톤, 利運號라고도 불렸는데 1901년 6월에 漢城號로 改名함)를 불하받고 기선 順新號(97톤, 1901년 5월에 일본에서 協同號를 구입하여 개명함)와 日新號(147톤, 1902년 7월에 일본에서 주문·제작) 2척을 구매하여 모두 5척을 보유하였다.322) 이후

---

318) 『皇城新聞』 光武 4년 6월 13일 雜報 "協同郵船會社"; 『通商彙纂』 제198호 "仁川港明治33年中貿易年報"(1901년 7월 30일).
　　대한협동우선회사의 설립배경에 대해서는 제3장 4절 참고.
319) 『通商彙纂』 제180호 "仁川貿易季報(4월~6월)"(1900년 9월 14일) 및 제259호 임시증간 "木浦34年貿易年報"(1903년 1월 23일).
320) 『明治官報拔萃駐朝鮮日本國領事館報告』 下, 제5767호 "韓國郵船會社平壤仁川港航海業槪況"(1902년 9월 22일).
321) 『皇城新聞』 光武 4년 7월 12일 雜報 "蒼龍向支那" 및 10월 10일 雜報 "郵船會社買船"; 『通商彙纂』 임시증간 제259호 "木浦34年貿易年報"(1903년 1월 23일).
　　안영기는 通信司 전화과 주사직에 임명된 바 있고(1900년 5월 14일~15일) 1902년에는 중추원의관을 지냈다(『舊韓國官報』).
322) 『皇城新聞』 光武 4년 6월 13일 雜報 "協同郵船會社"·14일 雜報 "推船而還" 및 光武 5년 5월 23일 雜報 "新購協同" 및 光武 6년 7월 5일 雜報 "汽船新到".

제5장 民間海運業의 발전과 船商의 활동 241

창룡・현익・조주부호 3척의 정부선은 社勢의 확장에 따라 宮內府에 15만 원을 납부하고 구매하여 소유권을 확보하였다.323) 3척의 기선에 대한 船稅는 궁내부에서 징수하였다.324)

창룡호는 정부에서 불하받은 지 한달여 만인 1900년 7월 10일 우체선으로서 청의 烟臺로 항행한325) 후 연대－上海・太沽나 오사카 방면의 항로에 배정되었고, 현익호는 군산－목포－제주－부산－원산－북관지방 방면의 항로에 배정되었다.326) 이처럼 청・일본으로의 대외항로 및 연안항로를 개설한 후 협동우선회사는 정부에서 새로 불하받은 한성호와 새로 구입한 순신호・일신호를 각각 제주나 연대・상해・나가사키・코오베 방면과 군산－목포－제주 방면 및 진남포－만경대 방면에 배정하였다.327) 이들 기선의 경유지는 수시로 바뀌어 노선이 일정하지 않았으나 대체로 인천을 중심으로 만경대－진남포와 군산－목포－제주도－부산－원산－북관지방 등을 경유하는 연안항로를 개설함으로써 서해안과 남해안, 동해안 연변을 모두 항행하였던 것이다.

이전에 설립된 기선회사에서는 모두 조선인 항해사와 기관수가 없어 외국인을 고용하였는데 협동우선회사에서는 정부에서 일본에 유학을 보내 양성한 항해사를 선장으로 고용하였다.328) 그런데 기선운

---

323) 『皇城新聞』光武 4년 10월 10일 雜報 "郵船會社買船".
324) 『度支部各部院等公文來去文』 5, 照復 通信院, 照會 제40호 光武 5년 8월 12일.
325) 『皇城新聞』光武 4년 7월 12일 雜報 "蒼龍向支那".
326) 노선은 수시로 바뀌어 창룡호도 연안항로에 배정되고 현익호도 나가사키・烟臺・太沽 등지를 운항하였다. 이후 협동우선회사 기선이 운항한 항로에 대해서는『皇城新聞』光武 4년 9월 14일 이후 광고란 참조.
327) 한성호・순신호・일신호의 항로에 대해서는『皇城新聞』光武 5년 5월 23일 이후 광고란 참조.
328) 1904년 현재 일본 遞信省 관할 商船學校출신 金聲振이 현익호의 선장으로 고용되었고(『仁川府史』, p.551), 이 밖에 朴宗緖와 韓萬源・愼順晟 등

항에 문제가 있었다. 소기선 일신호·순신호는 객실을 갖추고 정기 운항하여 많은 이윤을 올렸으나 창룡호·현익호·한성호는 1880, 90년대에 정부에서 세곡수송을 위하여 구입한 것으로 순수한 화물선인데다 인천에서 북관지방까지 긴 항로를 운항하면서 화물을 가득 실을 때까지 며칠이고 동일한 항구에 정박하여 1航程에 수십 일이 소요되었으므로 이용자에게 불편을 주었다.329) 기선의 부정기적 운항에 따르는 비효율성 때문에 외국인은 거의 이용하지 않았다.

그러나 정부에서 官辦會社로 간주하여 회사의 지점과 창고설립을 지원하려고 하였고330) 1902년경부터 이 회사의 주주인 관료들이 적극 나서서 승객의 탑승과 積荷를 권유하면서 기선의 정기적 운항을 꾀하였으므로 점차 신용이 높아졌다. 어느 정도 궤도에 오른 협동우선회사는 1902년 5월부터 인천-진남포·만경대 간에 순신호를 정기 운항하면서 호리상회와 경쟁하기 시작하였고 그 해 6월 중순에 이르러서는 두 회사가 모두 운임을 절반으로 인하할 정도로 경쟁이 치열해졌다.331) 하지만 출혈경쟁으로 다액의 손실을 보았고 다른 항로에서도 日本郵船會社 및 오사카상선회사와 경쟁을 시도하였으나 패배하여 일본의 석탄상인에게 석탄대금을 제때에 지불하지 못하여 선박을 차압당하기도 하였다.332) 1902년 10월에는 현익호가 블라디보스

  이 상선학교에 입학하여 4년 동안의 수업을 마치고 1901년에 졸업장을 받음으로써 항해사와 기관사로 배출되었다(『日案』5, 光武 5년 8월 26일, 12월 29일).
329) 『通商彙纂』제259호 임시증간 "木浦34年貿易年報"(1903년 1월 23일).
330) 1901년 1월부터 정부는 군산의 각국 租界 내의 빈 땅에 우선회사의 지점과 창고를 건설하려고 노력하였으나 일본측의 방해로 좌절되었다. 제4항에서 상술함.
331) 『明治官報拔萃駐朝鮮日本國領事館報告』下, 제5767호 "韓國郵船會社平壤仁川港航海業槪況"(1902년 9월 22일).
332) 『仁川府史』, p.800.

토크(海蔘威)항에서 러시아 우편선 보여아호와 충돌하여 크게 파손되었으나 블라디보스토크재판소에서 선박을 집류하여 수리도 못한 채 4, 5차례나 재판을 받기도 하였다.333) 또 1903년 5월에는 한성호가 일본으로 항해하는 도중에 일본범선과 충돌하는 사고가 발생하여 배의 일부가 파손되었다.334) 이 때 협동우선회사측은 일본측으로부터 일방적으로 배상금지불을 강요당하였다.335)

이 밖에 협동우선회사는 운임수입으로 얻은 수익금을 항해상 필요한 경비로 지출하여 재투자하기보다는 출자자에게 배당하였기 때문에 사업규모의 확대와 내실을 기하기 어려웠다.336) 그러나 협동우선회사의 기선은 북관지방에서 생산되는 콩 등의 농산물을 원산으로 수송하거나 부산과 삼남지방에 명태 등의 해산물을 수송하였으며, 부산·목포·군산에서는 콩을 비롯한 농산물과 우피 등을, 일본·청으로부터는 수입품을 수송하여337) 조선상인의 상권확장에 기여하였다.

정부소유 기선을 불하받고 관료와 상인의 자본이 투입되어 일본해운업과 경쟁을 하면서 발전해가던 민족적인 해운기업은 러일전쟁을 맞이하여 일인의 수중에 장악되고 말았다. 1904년 2월 창룡호·현익호 두 기선이 일본 군수품의 수송을 위해 징발되었고338) 일인이 조직한 미쯔와(三ツ輪)商會가 창룡호·현익호·한성호의 운항을 대행하였다.339)

1900년 12월 李載克·閔泳喆·尹德榮 등 고관들에 의해 설립된

---

333) 『皇城新聞』 光武 6년 10월 27일 雜報 "請放社船".
334) 『皇城新聞』 光武 7년 5월 18일 雜報 "漢號遭難".
335) 安秉珆(1966), 「李朝時代の海運業」, 『朝鮮社會の構造と日本帝國主義』, 東京, 龍溪書舍, 1977, p.141.
336) 『通商彙纂』 제259호 임시증간 "木浦34年貿易年報"(1903년 1월 23일).
337) 安秉珆, 앞의 논문, p.141.
338) 『皇城新聞』 光武 8년 2월 25일 "韓艦借日".
339) 孫兌鉉, 앞의 논문, p.175.

仁漢輪船合資會社는 洪州 등 18개 읍이 해로가 험해 재래의 목선으로는 통행이 불편하다고 보고 일본기선 天草丸을 3개월 간 임대하여 홍주·泰安·인천 간에서 운송업에 종사하였다.340)

1901년 3월에는 外事課長 玄尙健 등에 의해 大韓通運(會)社가 설립되었다. 이 회사는 일인 아라키(荒木助太郞)가 한강 강운에서 사용하였던 住江丸(50톤)을 구매하여 注江號로 개칭하고 인천-강화의 月串-개성의 堂湖-해주의 龍塘浦 간을 격일로 항행하였다.341) 그 해 6월에는 기선 天草號를 구입하여 15일부터 주강호와 번갈아가면서 격일제로 인천-해주 간을 정기 운항하였다.342) 10월에는 일본의 기선학교에 유학을 갔다 온 韓萬源에게 위촉하여 일본에 직접 가서 기선 1척을 더 구입하도록 하였고343) 1903년 9월에도 기선 2척을 더 구입할 계획을 세울 정도로 사업을 확장하였다.344) 그리고 항로도 확장하여 1902년 1월부터 주강호로 홍주 漢津까지 운항하다가 4월에는 격일로 홍주 한진과 牙山 白石浦까지 정기 운항하여345) 해주-개성-강화-인천-홍주-(강경)-아산(-屯浦) 등을 두루 기항하였다.346) 황해도와 경기도·충청도의 주요 포구를 연결하는 이 항로는 특히 곡물의 수송에 편의를 주었으나 러일전쟁 후 일인의 경영으로 넘어갔다.

---

340) 『皇城新聞』 光武 4년 12월 28일 雜報 "天草貰入". 천초환은 보증금 1,275원을 天一銀行에 담보로 설정하고 빌린 것이다(『皇城新聞』 光武 4년 12월 22일 雜報 "貰船運物").
341) 『皇城新聞』 光武 5년 3월 12일 雜報 "航海營業" 및 광고.
342) 『皇城新聞』 光武 5년 6월 17일 광고.
343) 『皇城新聞』 光武 5년 10월 21일 雜報 "囑購汽船".
344) 『皇城新聞』 光武 7년 9월 14일 雜報 "輪船購入".
345) 『皇城新聞』 光武 6년 1월 6일 광고 및 4월 5일 광고.
346) 『通商彙纂』 제241호 임시증간 "仁川34年貿易年報"(1902년 9월 30일) ; 『皇城新聞』 光武 7년 10월 2일 광고.

1902년 1월에는 聲天會社 기선 三全號가 군산-法聖浦-목포-제주 간을 항해하다가 한달 만에 침몰하였고347) 이듬해 8월에는 閔丙奭이 내장원에서 수납할 미곡을 운송할 목적으로 商船會社를 설립하는 계획을 세우기도 하였는데348) 실제 활동상황은 알 수 없다.

인천과 원산에 설립된 裕盛泰(號會)社 摠務員 鄭在洪은 1904년 1월 기선 吉祥號를 구입하여 아산 백석포-홍주 한진-해주 용당포-개성 당호-강화 월곶·갑곶 등을 연결하는 연해항로를 열었다.349) 또 임대한 기선 五洋丸(500톤)으로 북관지방의 북어 등을 수송하였는데 오양환이 1904년 4월 원산항에 정박해 있다가 러시아 水雷에 격침되는 피해를 입었다.350) 유성태사는 1902년에 일본의 호리상회가 기선 慶寶丸을 운항할 때 명의를 빌려주기도 하였다.351)

1904년 2월에는 李廷來·朴基鎬 등이 기선 仁川號로 충청도 각 포구를 항행하였으니,352) 러일전쟁의 발발로 1904년 2월 10일부터 각 항의 우편선 항행이 중단되어 우편물을 육로로 발송하기로 한 것으로 보아353) 이후 기선 등 선박운항이 용이하지 않았을 것이다.

이상과 같이 대한협동우선회사를 비롯한 해운기업이 해상운수분야에서 자본주의적 경영을 발전시키고 민족자본을 형성하고자 노력하였으나 광통사 등의 매판자본과 결탁한 외래 해운자본의 방해와 러일전쟁의 발발로 좌절되고 말았다.

---

347) 『皇城新聞』 光武 6년 1월 8일 광고 및 2월 12일 雜報 "三全沈沒".
348) 『皇城新聞』 光武 7년 8월 4일 雜報 "商船會社".
349) 『皇城新聞』 光武 8년 1월 5일 광고.
350) 『仁川港案』, 光武 8년 5월 31일 報告書 제74호.
351) 제4장 2절 1항 참조.
352) 『皇城新聞』 光武 8년 2월 19일 광고.
353) 『皇城新聞』 光武 8년 2월 12일 雜報 "陸路發郵".

(2) 부산의 해운업

부산에서도 광무연간에 들어와 본격적인 해운기업이 설립되었다. 1898년 9월 李根澈 등에 의해 설립된 元一會社는354) 1899년 3월 일본기선 知多丸 1척을 임대하여355) 인천·원산 등 여러 항과 청·일본·러시아 여러 항을 정기 운항하면서 우편물과 화물 및 승객을 운송하였다.356)

1899년 1월 부산 객주출신의 丁致國은 協同汽船會社를 설립하고 일인의 기선 秀吉丸(총톤수 672여 톤 19, 登簿噸數 465톤 96)을 임대하여 부산-鹽浦-浦項-원산-함흥의 西湖-北青의 新浦·新昌-利原의 遮湖-端川-城津-吉州-明川-鏡城 간을 정기 운항하였다.357) 선장 이하 水夫·火夫 등 선원을 모두 일인으로 고용하였다. 그런데 정치국이 1900년에 인천에서 설립된 대한협동우선회사의 총무로서 실무를 맡아보고 있는 점으로 미루어 이 회사는 협동우선회사에 흡수된 것으로 보인다.

1899년 大韓曳船會社는 부산-마산 간 항로를 열어 堂島丸을 매주 왕복시켜 종래 부산과 마산 간 육로이용시 낙동강 지류 三川 때문에 수송이 불편했던 점을 극복하였다. 출입항시 승객이 20명 내외가 되었고 취급품목은 주로 곡물·엽전·명태·석유·성냥·목면·소금 등이었다.358)

---

354) 『農商工部來去文』 7, 光武 3년 3월 28일 照會 제6호.
355) 『德源港報牒』 5, 光武 3년 3월 20일 訓令 제14호 ; 『東萊港報牒』 8, 光武 3년 3월 31일 訓令 제24호 ; 『皇城新聞』 光武 3년 3월 30일 雜報 "雇貨外輪".
356) 『皇城新聞』 光武 3년 4월 8일 雜報 "元一輪船".
357) 『農商工部來去文』 7, 光武 3년 2월 17일 照會 제3호 ; 『東萊港報牒』 8, 光武 3년 2월 20일 ; 『通商彙纂』 제130호 "釜山元山及北關諸港間ニ韓國汽船航路開始"(1899년 3월 27일).
358) 『通商彙纂』 제136호 "韓國馬山浦情報"(1899년 5월 11일).

같은 해 12월 朴龍奎가 金聖佑·徐弼善 등과 함께 소기선 玉吉丸을 1년 간 임대해 전라·경상·강원도 간을 운항하면서 우체물과 貨客을 수송하였고359) 姜亨珍이 일본 범선 朝運丸을 구매하여 운수업에 종사하였다.360)

1903년에는 宜寧의 상인 金一鎭이 자본을 모집하여 부산에 商船會社를 설립하고 자본이 부족한 상인에게 융자도 해주었다고 한다.361)

(3) 원산의 해운업

원산에서는 부산과 인천에 비해 일찍이 기선해운업이 시작되었다. 그것은 원산 이북의 해로가 다른 지방에 비해 험하기 때문으로 보인다. 해운업을 최초로 시작한 것은 원산항 객주들이 설립한 元山商會所였다.362) 그런데 원산에서는 이전부터 일인이 원산감리와 통리아문의 묵인하에 조선인의 명의를 빌려 元山丸(27톤)과 壽都丸을 운항하고 있었다. 1893년 초 통리아문에서 이운사의 설립을 앞두고 조선인 명의차용을 허용하지 않겠다고 방침을 세우자 원산환과 수도환의 소유주들은 선박을 매도하려고 하였다.363) 이에 원산상회소에서는 원산

---

359) 『皇城新聞』光武 3년 12월 13일 雜報 "借船과 郵商物"; 『東萊港報牒』 4, 光武 4년 6월 23일.
360) 『東萊港報牒』 4, 光武 4년 6월 23일.
361) 『皇城新聞』光武 7년 6월 25일 雜報 "商船會社". 정부에 내는 세금은 매년 200원이었다.
362) 원산상회소는 1883년 11월에 南·北商 객주를 중심으로 당시 원산감리 등 관료와 함께 14명이 창설하였고(『春城誌』 국사편찬위원회 소장, 國史館 B 16 BBG-29) 1893년에는 李憲 등 7인의 객주와 1인의 관리로 구성되었다(『日本外交文書』 1893년 11월 15일). 활동내용에 대해서는 나애자, 「개항후 외국상인의 침투와 조선상인의 대응」, 한국역사연구회 편, 『1894년 농민전쟁연구』 1, 역사비평사, 1991, pp.182~184 참조.
363) 『日本外交文書』 1893년 11월 15일. 수도환은 원산상회소 사원 李容敏이 구매하여 연안무역에 종사하였다고 하는데 이는 명의만 빌려준 것으로

항 이북의 각 연안지방으로 화물을 운송하는 데 편의를 제공한다는 목적으로 원산항 관리와 함께 자본금 2,500여 원을 모아 원산환을 구입해 1893년 10월 말부터 원산-함흥-북청 간의 항로를 개설하였다.364) 그런데 원산환의 원소유주인 西嶋留藏이 상회소에 가입하여 기선운항을 전담하고 口錢을 취하기로 하였고 이 사업의 허가조건으로 親軍經理廳에 월 20원을 상납하였다.365) 원산환의 영업실적이 좋자 이듬해 2월 오사카상선회사로부터 기선 1척을 더 구입하여 理運丸이라고 명명하고 2척의 기선으로 원산항의 연안운수업에 종사하였다.366)

원산상회소의 해운업시도는 기선항해술이 없어 일인을 참여시키기는 하였지만, 前期的 성격의 상인자본이 관료자본과 결합하여 근대 해운업발전의 토대를 마련한 의의를 지닌다.

운송의 신속성과 편리함 등으로 화물량이 증가하여 수익성이 높자 1894년 초 친군경리청에서는 8,000여 원의 자금을 들여 위의 두 기선을 매입하고 회사를 설립하여 "經理會社"라고 불렀다. 經理使 閔泳駿이 사장으로, 外務督辦 趙秉植이 부사장으로 취임하였으며 원산항 감리 李承載가 실무를 맡아보았다. 그리고 항로를 확장하여 매달 3회씩 원산-함흥-洪原-북청-利原-단천-길주-명천-경성 간을 운항하여 함경도 연안항로를 독점하였다.367) 운송의 편의로 유통비용이

보이고 1893년 11월에는 金興錄의 명의로 월 50원의 상납금을 내는 조건으로 북관항해를 허가받았다. 『統署日記』 고종 29년 12월 25일 ; 『元山港關草』 3, 癸巳 9월 7일 ; 『牒(呈)』(奎 24402), 光緒 19년 8월 28일, 10월 7일 ; 『日本外交文書』 1893년 11월 15일 참고.
364) 『統署日記』 고종 30년 5월 18일 ; 『通商彙纂』 제7호 "朝鮮國元山港經理會社設立"(1894년 6월 12일).
365) 『日本外交文書』 1893년 11월 15일.
366) 『通商彙纂』 제7호 "朝鮮國元山港經理會社設立"(1894년 6월 12일).
367) 『通商彙纂』 제7호 "朝鮮國元山港經理會社設立"(1894년 6월 12일). 이 기

제5장 民間海運業의 발전과 船商의 활동 249

줄어 상품가격이 저렴해졌으므로 상품의 판로가 늘어나 동해안의 연안무역 발전에 기여하였으며 그 영향으로 慶興과 블라디보스토크에서 수입해오는 양이 감소하였다.368)

그러나 1895년에 기선구조가 취약한 이운환을 처분하고 원산환 1척으로만 원산-북청 간을 왕래하였고369) 1897년경에 원산항을 중심으로 운항한 기선에 대한 기록 중에 경리회사의 활동이 빠져 있는 것으로 미루어 경리회사의 영업은 그 이전에 중지된 것으로 보인다.

원산과 북관지방 간의 연안무역의 발전은 기선의 정기항로 개설을 요구하였다. 원산항 상인 金亨俊은 1897년 李化實·金正敏과 함께 永昌會社를 설립하였는데 규칙장정을 인준받기 위해 德源監理署에 제출한 청원서에서 기선 도입의 필요성을 다음과 같이 역설하였다.

> 挽近 이래로 각국 商路에 興旺한 원인을 궁구하면 제일 기요한 것은 운반의 편리함과 遲速의 관계입니다. 이로써 보니 輪船이 통행한 후에야 상로가 번성하겠기에 우리들이 근근이 자본을 내어 小火輪 泰興船 1척을 구매하여 내지의 不通商口岸을 왕래하여 상로를 넓게 열고 이익을 均便케 하겠기로 이에 청원하옵니다.370)

상로확장을 위하여 가장 필요한 것은 운수의 편리함과 신속성이므

록에서 경리회사를 가리켜 "牛官牛商"이라고 하였으므로 원산항 객주들은 이후에도 참여한 것으로 보인다.
368) 『通商彙纂』 제22호 "朝鮮國咸境道北部巡廻復命書"(1895년 6월 11일).
369) 『通商彙纂』 제48호 호외 "28年中元山港商況年報"(1896년 5월 22일).
370) 『德源港報牒』 2, 建陽 2년 7월 5일 報告書 제23호. 자금주는 원산리 豪商 金呂熙인 듯하다(『通商彙纂』 제81호 "朝鮮吉州地方視察報告", 1897년 10월 14일). 泰興號(99톤 48)는 원산-북관지방 간의 정기항로를 열어 매달 3차례 운항하였는데 그 항로는 원산-新浦-新昌-遮湖-端川의 梨湖-吉州의 臨湖였다. 『通商彙纂』 제81호 "朝鮮吉州地方視察報告"(1897년 10월 14일) 및 제107호 "明治30年中元山港商況"(1898년 7월 8일) 참고.

로 기선운항이 절실하다는 것이다. 이러한 인식에서 광무연간에는 기선의 정기 항해가 매우 활발하였다.

영창회사에 앞서 1896년 원산리의 宋之善은 기선 利榮號를 구입하여 원산-길주 간의 정기 운항을 시작하였는데 매번 화물을 다 싣지 못하여 선주나 물주 모두 선박의 협소함을 느낄 정도로 영업실적이 좋았다. 원산-길주 간의 항해에는 13일 정도 걸렸으며 이용자는 조선인이 90명에 일인이 4명으로, 조선상인의 이용이 절대적으로 많았다.371) 같은 해 원산 상인 朴有一 등에 의하여 설립된 泰運會社는 일본 소기선 1척을 구매하여 운송업에 종사하였고 배가 파손되자 다른 선박을 구입할 자본이 없어 1898년 10월에 일본 기선 松浦丸을 고용하였다.372)

1897년 한성의 金誠深은 함경북도 연안 각 군에서 생산되는 물품 중에 판매하여 수익을 올릴 것이 많은데도 실어나를 선박이 없어 수송이 불편하기 때문에 주민들이 殖利할 줄을 모른다고 하면서 풍범선 1척을 구입하여 원산-경흥 간의 운송업에 종사하였다.373)

외국기선과 국내 소기선의 운항이 많은 이득과 편의를 가져오고 있는 현실은 개항장 객주의 轉業까지 가져왔다. 1898년 2월 원산항 객주 田宅保는 기선해운업이 객주업보다 더 이윤이 남는다고 보고 일인소유 소기선 萩(之)浦丸(98톤 25)을 5년 기한으로 임대하여 원산-신포-신창-차호-단천-길주-명천-경성 간을 정기 항해하였

---

371) 『通商彙纂』 제63호 "元山北關間朝鮮汽船ノ航海及其他ノ情況"(1897년 2월 10일). 1900년 6월 원산감리서의 조사에 의하면 이영호의 선주는 宋亨均으로 바뀌었다(『德源港報牒』 3, 光武 4년 6월 29일 보고서 제30호).
372) 『德源港報牒』 3, 光武 3년 2월 20일 報告書 제5호.
373) 『慶興報牒』 1·2, 光武 원년 8월 21일 訓令 제14호 ; 『農商工部來去文』 2, 光武 원년 9월 3일 照會 제24호 ; 『德源港報牒』 5, 光武 원년 9월 26일 訓令 제6호.

다.374) 추포환은 앞의 이영호와 태흥호에 비해 機器가 완비되고 속력도 빨랐으며 화물의 품목별로 그 수량과 행선지에 따른 운임과 艀賃을 발표하여 물주의 편리를 도모하였기 때문에 다른 선박에 위촉했던 화물도 이 선박에 싣기를 희망하여 2월 23일의 初航부터 화물이 가득찼다. 그런데 선장 이하 선원은 모두 일인이었다.

1898년 7월 전 원산항 감리 金益昇 등에 의하여 설립된 韓國郵遞汽船會社는 郵遞司의 보호를 받아 우편물과 貨客의 운수업을 개시하여 海路통신을 본격적으로 열었다.375) 일본무역상으로부터 기선 瀨田川丸(191.33톤)을 1년 간 임대하기로 하고376) 선원으로 일인을 고용하였다. 항로는 원산을 중심으로 하여 남쪽으로는 鹽浦와 포항을 지나 부산으로 이어지고, 북쪽으로는 西湖-홍원의 前津-신창-신포-차호-단천의 梨津-길주-명천-경성으로 연결되어 부산과 경성 간의 개항장과 주요한 포구를 누투 거치는 것으로 하였다.377)

영업이 순조로왔고 총무원 김익승이 부산과 경성 간의 각 포구를 시찰하고 다시 연해주 블라디보스토크의 형편을 살펴본 결과 전망도 밝았으므로 영업을 개시한 지 불과 한 달 만인 8월에 선박의 추가도입을 꾀하였다. 즉 김익승은 기선 1척을 더 고용하여 郵路를 경성에

---

374) 『德源港報牒』 2, 光武 2년 2월 20일 報告書 제4호 ; 『通商彙纂』 제93호 "元山北關間定期船の增加"(1898년 3월 7일).
375) 『독립신문』 光武 2년 7월 4일 잡보 ; 『通商彙纂』 제109호 "韓國郵遞汽船會社航海開始幷現今北關各港回航汽船ノ狀況"(1898년 8월 5일). 이 때 김익승은 織造勸業長 사무장도 겸하였는데 일본인을 사무교사로 초빙하고 일인 직공을 고용하였다(『農商工部來去文』 6, 光武 2년 7월 2일 照會 제11호).
376) 뇌전천환의 임차는 1900년 3월 이전에 끝난 것으로 보인다(『皇城新聞』 光武 4년 3월 23일 雜報 "郵船免稅").
377) 『通商彙纂』 제109호 "韓國郵遞汽船會社航海開始幷現今北關各港回航汽船ノ狀況"(1898년 8월 5일) ; 『德源港報牒』 5, 光武 2년 7월 9일 訓令 제35호 ; 『東萊港報牒』 8, 光武 2년 7월 9일.

서 블라디보스토크까지 확장하고 지금까지 원산 이남으로만 판매하던 경성의 석탄을 블라디보스토크로 직수출하겠다는 내용의 청원서를 농상공부에 올렸다.378) 그 명분으로서는 우로의 대외확장은 **萬國郵便合同**에의 가입을 실행에 옮기는 것이 되고 석탄의 수출은 **鑛務**의 발달과 **國稅** 증진을 꾀할 수 있으며 관북지방민이 **開進**하는 도리도 생긴다는 점을 내세웠고 경성에 해관이 없어 관리하기 어려운 사정을 헤아려 그 대책까지 제시하였다.

그리고 사업확장을 위해 1898년 9월 이근철 등에 의해 설립된 부산의 원일회사와 동업하기로 하였다.379) 그 해 11월 정부에서는 영업확장을 허가하고 원산항 해관에서 **慶興府 雄基浦**에 **査檢官**을 파견하여 **郵船**을 **査檢收稅**한 후 항행토록 하였다.380) 1899년 1월 우체기선회사에서는 오사카로부터 소기선 **堂島丸**을 구매하고 **生祥丸**(58톤 3, 18馬力, 속력 8里, 함장 **橋本義明**)을 고용하였다.381) 원일회사에서도 같은 해 3월에 지다환을 고용하였으므로382) 동해안의 통신·교통 운수는 현저하게 발전하였다.

---

378) 『仁川港案』 光武 2년 8월 9일 訓令 제59호 ;『農商工部來去文』 6, 光武 2년 11월 4일 照會 제27호.
379) 『農商工部來去文』 7, 光武 3년 3월 28일 照會 제6호.
380) 『農商工部來去文』 6, 光武 2년 11월 4일 照會 제27호.
381) 『農商工部來去文』 7, 光武 3년 1월 19일 ;『皇城新聞』 光武 3년 5월 5일 雜報 "郵船擴張".
382) 주 355) 참조.

제5장 民間海運業의 발전과 船商의 활동

<표 13> 1896~1900년 원산과 북관지방 간을 운항한 기선

初航年度	船籍	선박명	톤수	소속 및 취급점	비고
1897	조선	蒼龍號	536	정부 소유. 독일 世昌洋行 취급	1900년 6월에 大韓協同郵船會社에 불하됨
	〃	顯益號	709	〃	
1896	일본	利榮號	86.53	宋之善 소유. 원산거류 日商 古賀店 취급	
1897	조선	海龍號	236	廣通社 소유	1900년 전 운항중단
	일본	壽丸	220	〃 임대	
	조선	泰興號	99.48	金呂熙 소유. 원산 日商 福嶋지점 취급	〃
1898	일본	萩浦丸	98.25	田宅保 임대(5년 간). 〃 高木店 취급	
	〃	松浦丸	152.98	李喆玉 임대. 〃 中村店 취급	
	〃	瀨田川丸	191.33	韓國郵遞汽船會社 임대. 〃 橫山店 취급	〃
1899	조선	堂島丸		〃 구입	〃
	일본	知多丸		元一會社 임대	〃
	〃	生祥丸	41.86	韓國郵遞汽船會社 임대	1900년 1월에 李宜秀 임대
	〃	相生丸	94.74	金政敏 임대(1년 간)	
	〃	日韓丸	22	申萬金 임대(5년 간)	범선
1900	〃	周陽丸	56	朴有一 임대(3년 간)	〃
	조선	京畿號		광통사 임대	

전거:『通商彙纂』 제109호, "韓國郵遞汽船會社航海開始幷現今北關各港回航汽船ノ狀況"(1898년 8월 5일);『德源港報牒』 3, 光武 4년 6월 29일 보고서 제30호.

이와 같이 한국우체기선회사는 신속한 해로통신의 필요성에 착안하여 설립된 후 우체사의 지원을 받아 순조롭게 성장할 수 있었고 당시 북관지방과 블라디보스토크 간의 활발한 교역에도 눈을 돌려 直貿易을 추진하였다. 그리하여 1900년 3월 단계에서는 사무원 朴永夏가 농상공부에 청원하여 德源(원산)과 吉城(길주) 두 항구에서 징수하는 선세를 면제시켜 달라고 할 정도로 유력한 해운기업으로 성장하였다.383)

같은 해 7월에는 李喆玉이 기선 松浦丸(152톤 98)을 차입하여 원산-북관 간의 정기항로를 개설하였고 1899년 8월에는 원산항 상인 金政敏 등이 자본을 모아 일본에서 기선 相生丸을 임대하여 북관의 각 포구에서 항행하였다.384) 1900년 1월에는 원산항 상인 李宜秀가 일본 소기선 생상환을 임대하여 내지의 각 포구를 다니며 운수업에 종사하였다.385) 이처럼 기선운항이 활발해지고 범선도 도입됨에 따라 1896~1900년 원산-북관지방 간을 정기 운항한 선박은 앞의 <표 13>과 같이 늘어났다.

이 중 1899년 1년 간 함경도 연안을 계속 항해한 것은 이영호와 추포환뿐이었다. 상생환은 8~12월 동안 항해하고 창룡호는 1·3·4·5·6·7·12월, 현익호는 1·2·4·8·9·10월에 항해하였고 이 밖에 범선이 4~7월 동안 항해하였다. 또 1900년 1년 간 함경도 연안을 정기적으로 운항한 기선은 이영호·추포환·상생환뿐이었고 경기호는 그 해 3~8월의 6개월 간만 항해하고 창룡호는 9·10월만, 현익호는 10월 1달만 항해하였다. 1899~1900년의 2년 간 이들 기선의 화객운송 실태를 살펴보면 다음 표와 같다.

<표 14-1> 1899년 北關行 기선의 원산항 發着港時 荷客 및 운임일람표

선박명	發着港數	화물수	화물운임	승객수		승객운임
				조선인	일인	
利榮號	36회	18,669개	10,370원	707명	133명	2,609원
萩浦丸	56	47,719	18,941	8,156	326	10,573
相生丸	20	14,441	5,455	945	235	3,173
蒼龍號	12	4,553	2,936	477	5	1,109
顯益號	14	2,628	1,914	332	3	738
합계	138회	88,010개	39,616원	10,617명	702명	18,202원

전거 : 『通商彙纂』 제184호 "元山32年貿易年報"(1900년 9월 29일).

---

383) 『皇城新聞』 光武 4년 3월 23일 雜報 "郵船免除".
384) 『德源港報牒』 3, 光武 3년 8월 11일 보고서 제25호.
385) 『德源港報牒』 3, 光武 4년 1월 21일 보고서 제6호.

<표 14-2> 1900년 北關行 기선의 원산항 도착시 荷客 및 운임일람표

선박명	着港數	화물수	화물운임	승객수		승객운임
				조선인	일인	
利榮號	24회	15,724개	4,978원	1,228명	5명	2,107원
萩浦丸	26	16,893	7,355	1,275	44	3,093
相生丸	27	20,000	10,277	1,920	6	5,200
京畿號	8	431	177	40	없음	113
蒼龍號	1	74	20	9	〃	24
顯益號	1	114	38	5	〃	9
합계	87회	53,236개	22,845원	4,477명	55명	10,546원

전거: 『通商彙纂』 제200호 "元山33年貿易年報"(1901년 9월 18일).

<표 14-3> 1900년 北關行 기선의 원산항 出港時 荷客 및 운임일람표

선박명	發港數	화물수	화물운임	승객수		승객운임
				조선인	일인	
利榮號	24회	14,017개	5,806원	1,057명	10명	2,093원
萩浦丸	27	17,903	8,069	1,371	35	3,139
相生丸	27	14,236	8,006	1,463	5	4,312
京畿號	10	844	344	133	2	316
蒼龍號	2	751	286	17	없음	36
顯益號	1	77	43	8	〃	16
합계	91회	47,828개	22,554원	4,049명	52명	9,912원

전거: 『通商彙纂』 제200호 "元山33年貿易年報"(1901년 9월 18일).

이 중 100톤 미만으로 화물집산이 많지 않은 함경도에서 운항하기에 적합한 이영호·추포환·상생환은 정기적인 운항으로 좋은 영업실적을 거두고 있다. 각 화물의 소유자에 대한 명시는 없지만 물주가 승객으로서 배에 타고 있을 것이고 승객의 대부분이 조선인이었으므로 함경도 연안항로를 이용하여 상업활동을 한 상인은 거의 조선상인이었음을 알 수 있다. 이 조사보고서에는 화물의 종류가 명시되어 있지 않지만 추포환의 운임표를 참고하면 대개 국산품으로, 목면·마포·쌀·콩·명태·소금·紙 등과 엽전이 주종을 차지하고 수입품으로는 金巾·석유·日産 소금·打綿 등이었다.386) 1898년에 해운 발달에 촉진된 북관지방 제포구의 상업이 급진전함에 따라 원산의 불개항장무역이 급신장하였는데387) 이 추세는 기선의 빈번한 항행으로 더욱 진전되어 갔다.388)

그런데 이영호·추포환·상생환은 함경도 연안의 운수교통권을 장악하여 운임이 매우 높았으므로 조선상인은 여전히 운임이 저렴한 재래선박을 이용하는 편이었다. 예를 들면 성진-원산 간을 운항하는데 36시간이 걸리고 코오베-원산 간은 120시간이 걸리는데 이 항로 일수로 기선운임을 환산하면, 위의 3척의 운임은 일본우선회사의 코오베-원산 간 운임의 4배 이상이나 되었다.389)

1901년 이후 원산과 새로 개항한 성진, 북관지방의 각 포구 간의 해운업에 전업적으로 종사한 것은 이영호·추포환·상생환의 3척뿐이고 창룡호·현익호·오양환·경기호가 부정기적으로 운항하였다.390) 그리고 1901년 6월 러시아에 귀화한 金秉學이 직접 生牛를 수출할 목적으로 일본 기선 幸照丸을 빌려 성진-원산-블라디보스토크 간의 항로를 열었다. 이는 성진항 최초의 대외무역항로로서 성진과 부근지방의 상품유통발전에 기여하였는데 그 해 11월에 항로를 폐지하였다.391)

---

386) 『通商彙纂』 제93호 "元山北關間定期船の增加"(1898년 3월 7일).
387) 『通商彙纂』 제140호 "元山港31年中貿易年報"(1899년 6월 28일).
388) 화물운송량에서 범선은 기선에 훨씬 미치지 못하므로 이 시기 북관지방의 운송을 주도한 것은 기선이었다. 1899년 한 해 동안 원산에서 북관을 왕래하던 범선의 원산항 출입수는 총 16회인데 운송화물수가 3,786개에 운임이 1,388원이었다(『通商彙纂』 제184호 "元山32年貿易年報", 1900년 9월 29일).
389) 『通商彙纂』 제171호 "城津32年貿易年報"(1900년 5월 14일) 및 제203호 "城津33年貿易年報"(1901년 10월 6일).
390) 『通商彙纂』 제231호 임시증간 "城津34年貿易年報"(1902년 6월 20일).
391) 위와 같음.

1902년 5월에는 원산항 객주와 상인이 출자하여 설립한 (元山港)協務會社에서 기선 金成丸을 고용해 운송업에 종사하였다.392) 1903년 4월에는 블라디보스토크에 거류하는 崔鳳俊이 일본기선을 고용하여 매달 3회 이상 원산-성진-블라디보스토크를 왕복해서 새우 등을 운반하였는데 그 운송량이 많아 일본우선회사가 영향을 받을 정도였다.393)

외국선박이 재래선박과 육로운송을 대체하여 운수교통이 크게 발달하면서 함경도의 연안무역의 발전이 촉진되었다. 종래 원산항에서 상인들은 음력 6월경 북관에서 麻布를 팔러 오고 9월경에 打綿을 사가지고 가는 사이에 상거래가 정체되었기 때문에 원산항 객주의 자금융통에 의존해야 했는데 교통이 편리해지면서 즉시 거래를 마칠 수 있게 되었다.394) 또 교통편의로 유통비용이 줄어 물가가 하락하였으므로 연안주민들은 1척의 선박이라도 더 늘어나 항해횟수가 증가하길 기대하였다. 조선인 기선에 의해 활발하게 연안항로가 개설됨에 따라 명태·마포 등의 조선상인의 취급액이 점점 늘어나 종래 일본상인이 장악했던 상권을 회복하였고395) 전라도와 함경도 간의 특산품교환이 보다 활발해져 조선상인이 상권을 장악해 나갔다.

당국에서 가장 추운 북방지방과 가장 따스한 이 지방과는 기후풍토의 상이에 의해 저절로 그 所産이 같지 않은 것이 많기 때문에

---

392) 『皇城新聞』 光武 6년 5월 13일 雜報 "內地汽船". 원산항 상인 李汝弼과 朴仁贊이 일인의 기선 正成丸(121톤)을 6개월 동안 빌려 함경도의 연안에서 운수업에 종사하였다고 하는데(『通商彙纂』 제221호 "韓國咸鏡道沿岸航海船ノ增加", 1902년 6월 24일) 동일한 사실을 잘못 기록한 것이 아닌가 한다.
393) 『通商彙纂』 1903년 改제12호 "城津浦鹽間 臨時汽船航路開始"(1903년 4월 20일).
394) 『通商彙纂』 제184호 "元山32年貿易年報"(1900년 9월 29일).
395) 『通商彙纂』 제200호 "元山33年貿易年報"(1901년 9월 18일).

이 두 곳은 서로 각각 반대의 산물을 진중하게 여겨서 북방으로부터 麻布·苧布·紬 등의 직물이 공급되면 남방으로부터는 목면·綿 등을 지급하고 또 北地의 명태의 공급에 대하여 南地는 절인 생선류·소금을 수송한다. 특히 남방의 미곡이 해마다 북지에 수송되는 양은 거액에 달한다. 그러므로 북방상인이 당지방 내지의 要所에 들어와 상업하는 자가 많고 남방상인이 북지에 들어가 있는 자도 적지 않다. 이러한 것은 국내 여러 지방에서 목격되지 않는 곳이 없지만 특히 이 지방이 그 현저함을 본다. 이들 韓商들의 북방과의 교통은 대부분 한국기선편에 의한다. 그리고 日商의 상품은 換·보험 등의 편리에 의해 일본기선으로 부산까지 送付하고 다시 北航汽船을 기다려 발송하므로 직접 수송의 편의를 결여하고 있음이 유감이라고 할 수 있다.[396]

전라도 조선상인이 대부분 조선기선을 이용해 북관지방과 직거래 함으로써 상권을 확대하는 데 반해 일상은 일본기선을 이용해 일단 부산으로 상품을 수송하고 부산에서 북관행 기선으로 옮겨 수송해야 하기 때문에 불리하였다는 것이다.

그리고 북관지방의 연안항해의 발달로 명태의 집산지가 변동되었다. 즉 종래에는 해로로 운송되는 명태가 모두 일단 원산에 집산되었으나 1899년경부터는 산지에서 직접 부산이나 인천으로 회송되어 부산이 명태의 제2의 집산지가 될 것으로 기대되어 저장창고를 건설하는 붐이 일어나고 있었다.[397]

이와 같이 1880년대 중반부터 한강·낙동강 연안과 개항장을 중심으로 선상과 객주·관료 등에 의해 외국기선과 범선 등 근대적인 선박을 도입하여 전업적으로 해운업에 종사하는 경향이 두드러지게 발전하였다. 대규모의 자본이 강운업과 해운업에 투입되어 운수분야에

---

396) 『通商彙纂』 제149호 "木浦31年中貿易年報"(1899년 9월 5일).
397) 『通商彙纂』 제186호 "元山32年貿易年報"(1900년 9월 29일).

서 자본주의적 경영이 발전하기 시작한 것이다. 그리고 조선기선의 개항장 출입이 빈번해짐에 따라 종래 일본인이 독점하고 있던 荷役業이나 從船業이 조선인에 의해 각 개항장에서 발전하였다.398) 부두노동자는 1890년대 말에 약 1만여 명으로 증가하였고399) 노동자조직이 발생하여 노동운동이 성장하고 있었다.400)

(4) 해운업발전의 한계

해운업의 발전은 다음 <표 15>와 같이 개항장을 출입하는 선박 수가 매년 증가하는 데서 엿볼 수 있다. 그러나 개항장에 출입하는 기선 전체에서 조선기선이 차지하는 비중은 30%를 넘지 못하였다. 특히 조선기선은 톤수에서는 전체의 15%에도 미치지 못하여 선박의 규모가 작았고 대부분 연안항로에서만 운항되고 있었다. 이에 비해 일본기선은 전체의 60~80%를 차지하여 절대적으로 우세하였고 대외항로를 거의 독점하였다. 이처럼 조선외 기선해운업의 비중이 낮은 것은 기선이 도입된 지 20년이 되지 않아 기반이 아직 취약했기 때문이다. 또한 해운업의 발전을 저해하는 요인이 내재적으로 존재하고 있었다.

우선 기선이나 서양형 범선을 직접 건조하지 못하고 외국에서 구입하거나 임대함으로써 선박수리와 개조, 船具의 구입 등을 모두 외국인에게 의존해야 했다. 造船所의 설립이 시도되기는 하였지만 실행되지 못하였다. 즉 順信昌商會의 사원이었다가 公同會社 사장을 지낸 인천상인 徐相漢은 인천항감리에게 소장을 올려, 매입한 외국선박을 수리하고 새로 建造할 때 외국인 工匠을 고용하기 때문에 이익이 남

---

398) 제4항에서 상술함.
399) 김광진·정영술·손전후,『조선에서 자본주의적 관계의 발전』, 1973 ; 열사람, 1988, p.129.
400) 목포항을 중심으로 한 부두노동자 조직의 실태와 노동운동에 대해서는 楊尙弦,「韓末 부두노동자의 存在形態와 勞動運動-木浦港을 중심으로-」,『韓國史論』14, 서울대, 1985 참조.

지 않으므로 인천항부근의 月尾島 南邊 漲灘地에 조선소를 설립할 것을 제안하였다.[401] 인천항 내의 상선이 파손될 때 수리하고 선박에 사용되는 물건을 비치하여 조달한다면 배로 운반하는 화물의 편의가 많고 선상의 이익이 흥왕하리라는 것이다. 인천항 감리는 조선소를 개설하면 종래 외국인에게 돌아가던 이익을 우리가 차지할 수 있다고 보고 외부에 조선소의 개설을 허락하는 지령을 내려주도록 요청하였다. 그러나 조선소의 설립은 실행되지 않았다.

<표 15> 조선기선과 일본기선의 入港數 비율

	조 선				일 본	
	隻數	톤수	척수 %	톤수 %	척수 %	톤수 %
1886	7	1,324	4	0.8	86.9	89.1
1887	19	4,156	10.5	2.6	94	95
1888	24	4,558	10.8	2.6	70.1	89.1
1889	10	2,159	4	1	81.1	89.2
1890	23	5,428	6	1.9	79.1	89.7
1891	23	5,217	4.8	1.6	80.7	86.4
1892	23	4,374	4.2	1.2	76.7	83.3
1893	141	34,662	24.1	9.7	65.9	78.7
1894	143	29,103	24.4	8.6	54.9	66.3
1895	144	38,403	23.7	10.3	45.1	36.7
1896	95	21,115	14.6	4.6	77.6	85.1
1897	214	52,609	26.3	9.6	63.9	76.1
1898	344	81,059	29.6	13.8	65.1	76.4
1899	421	86,648	25.9	11.6	70.7	80.9
1900	531	91,663	25.3	11.9	59.9	82.9
1901	529	107,733	21.7	11.9	73.6	82.6
1902	845	165,782	29.1	14.3	65.6	75.5
1903	842	142,726	23.7	8.7	70.4	78.6
1904	848	182,273	22.3	14.1	65.4	54.7

전거 : British Diplomatic and Consular Reports on Trade and Finance, Corea, 1887~1901년도판.

---

[401] 『仁川港案』 建陽 원년 11월 20일 報告書 제21호.

安秉珆(1966), 「李朝時代の海運業」, 『朝鮮社會の構造と日本帝國主義』, 東京, 龍溪書舍, 1977, p.143.

 러일전쟁 이전까지 기선과 서양형 범선의 조선업은 이루어지지 않았고 범선을 수리하기 위한 수공업적 조선업만 번성하였다.402) 18세기에 미곡 1,000~2,000석을 적재할 수 있는 대형 범선을 건조하는 기술이 京江船人에게 축적되어 있었으나 재래선박의 건조기술 수준으로는 기선은 물론 서양형 범선을 건조할 수 없었던 것이다.
 외국선박은 대개 일본에서 도입되었는데 앞에서 살펴보았듯이 재래선박이 2,000~3,500냥 정도였던 데 반해 서양형 범선은 10,000냥이 넘었고 기선은 25,000~50,000냥에 달하였으므로 선박구입비가 부족하여 外債를 도입하는 경우가 있었다. 또 항해술이 없어 일본인 항해사와 기관사를 고용하는 등 자본과 기술의 대외종속성을 면하지 못하였다. 민간자본의 축적이 충분하지 못한 싱대에서 근대 해운업이 정상적으로 성장하려면 일본과 같이 정부의 적극적인 자금지원이 필요하였지만 정부는 특정회사에 정부소유 기선을 불하하고 관허회사로 인가하여 잡세를 면제하는 것 외에는 재정궁핍 등을 이유로 보조금을 지급하지 못하였다.
 상품생산 및 상품유통이 충분히 발전하지 않은 점도 해운업 성장의 근본적인 저해요인이었다. 우선 곡물매입시 산출지에 가서 매집해

---

402) 공업으로서 소기선 정도를 건조하기 시작한 것은 러일전쟁 후 인천에 설립된 光田造船所에 의해 이루어졌다(『仁川府史』, p.1120).
1904년 부산에 造船會社가 설립되어 사무원 金裕稷이 외부에 소장을 올려 자금을 갹출해 외국 造船法을 도입하여 조선업을 하려고 하니 절영도 내의 薩摩堀浦를 인허해달라고 요청하여 인준을 받은 바 있다. 하지만 회사측에서 즉시 조선소를 건설하지 않았고 1906년에 같은 지역의 古浦를 동래항에 사는 金晟允에게 염전 개간을 위하여 허용해준 것이 상호 분쟁의 원인이 되어 양측 모두 인준이 취소되고 땅은 公有로 還付되었다(『東萊港報牒』 8, 光武 8년 6월 14일 및 光武 10년 2월 24일, 12월 11일).

도 20일 이상 체재해야 할 정도로 연해에 거액의 화물 집산지가 없고 쌀·콩 등 농산물 외에는 운송량이 많은 화물이 없어 화물적재량의 계절적인 차이가 심하였으므로 기선을 정기적으로 운항하기에 적자 위험이 따랐다는 점을 지적할 수 있다. 즉 평양과 같은 대집산지에서도 기선이 다달이 왕래할 때 미곡출하기 외에는 **積荷**가 없어 손실을 초래하였고 이 때문에 정부소속 기선의 연안항해가 항상 실패로 돌아갔다고 한다.403)

일본 해운업자에게 명의를 빌려주거나 동업관계를 맺어 불개항장을 항행할 수 있도록 도와준 매판적인 기선회사나 상인의 존재는 민족자본의 성장을 저해하였다. 각 개항장에서 조선인이 임차하여 운항하는 기선의 상당수는 실질적으로는 일본인이 경영하는 경우가 많았다.404) 그래서 정부는 조선인이 운항하는 기선이 외국인에게 명의만 빌려준 것인지 실제로 조선인의 경영에 의한 것인지를 조사하기도 하였다. 예를 들면 원산감리서에서는 1898년 4월 현재 원산항에서 보유하고 있는 소기선 이영호·태홍호·추포환 3척의 선주를 불러 조사하였다. 이영호와 태홍호는 구매하였다는 확실한 증거가 있어 아무런 문제가 없었으나 추포환은 선주의 장부에 선장 이하 회계사무·**機械手**·**水夫**·**火夫** 등이 모두 일본인으로 고용되었다고 기록되어 있기 때문에 "**借名挾雜**"의 혐의를 받았다. 이에 추포환의 선주는, 항해사와 기관사는 조선인으로 학교를 졸업한 자가 없는데다 외국인을 고용할 수 있다는 장정이 있어 일본인을 고용한 것이고 화부와 수부 등은 조선인을 고용하였으므로 장정을 위반하지 않았다고 주장하였다.405)

---

403) 『通商彙纂』 제93호 호외 "29年中仁川港商況年報"(1897년 8월 27일).
404) 『通商彙纂』 제171호 "城津32年貿易年報"(1900년 5월 14일).
405) 『德源港報牒』 2, 光武 2년 4월 3일 報告書 제12호.

1900년에는 외국선박의 구매와 고용인가 등의 업무를 맡은 通信院에서 종래 각 개항장 감리가 발급하였던 외국인선박의 임차에 대한 免狀을 직접 발급하는 것으로 전환해 발급절차를 까다롭게 함으로써 통제를 강화하였다.406)

이처럼 정부의 조사와 감독이 있었지만 일본인 운송업자와 매판자본가의 결탁을 철저히 단속할 수 없었다. 그래서 외국기선 및 범선의 무역 및 운송활동이 노골화하여 재래선박에 의해 소량의 화물을 수송, 판매하는 조선선상을 압박하였고 기반이 취약한 기선해운업도 지장을 받아 해상운수분야에서의 민족자본의 성장이 저해되었다.

4) 해운업발전에 대한 일본측의 방해

해운업의 발전에 따라 이와 관련된 荷役業이나 從船業이 발전하였고 수출입품의 거래가 활발한 租界 내에 기선회사의 사무실과 창고를 설립할 필요성이 절실해졌다. 그런데 하역업과 종선의 운영은 개항 직후부터 기선을 운항하여 해운권을 장악하고 있던 일본이 독점하고 있었다. 조선인은 해운업과 관련된 영업에 새롭게 진출하면서 기득권을 주장하는 일본인과 갈등을 겪고 방해를 받았다.

원산항에서는 일본인 雇軍이 그들의 艀船으로 외국기선의 하역업을 독점하여 많은 이득을 취하고 있었다. 1898년 4월 朴露美 등은 輪運會社를 설립하고 전 원산항감리 金益昇이 정한 회사규칙에 따라 본국 기선의 화물하역은 수운회사에서 담당하고 외국기선의 화물은 일본 부선의 고군이 부리기로 하였다. 그리고 내외국 기선의 하역작업에 고군으로 종사하였던 조선인 인부를 회사에서 전적으로 관리하

---

406) 『日案』 4, 光武 4년 6월 8일.

기로 하였다.407) 이 조치는 일본영사로부터 통상장정 제8관의 '일인은 개항장에서 朝鮮車船과 인부고용을 임의로 할 수 있다'는 조항에 위반된다는 항의를 받았으나, 원산항감리는 이 회사가 아닌 다른 회사에서 일하는 조선인 인부를 구속하는 강제력을 행사하였다.408) 일본공사는 다시 항의하였고 수운회사의 설립으로 영업독점이 불가능해진 데 대해 불만을 품은 일인 고군 수십 명이 김익승과 원산감리서 주사에게 행패를 부리는 사건이 발생하였다.409)

일본측의 항의가 집요하게 계속되고 조선인과 일인 간에 기선 하역업을 둘러싼 이해관계의 대립이 첨예화되자 외부는 수운회사측의 영업방식 즉, 수운회사에서 본국 기선의 하역을 담당하고 외국기선의 화물은 일인 고군이 부리기로 하여 양국 민인이 각각 영업을 나누기로 한 조치가 통상장정에 어긋난다고 하면서 양쪽 국민이 자유롭게 영업케 하도록 원산감리에게 훈령을 내려 분쟁을 해결하였다.410)

1899년 文明元 등이 원산항에 설립한 輪船從船會社도 일본인의 방해를 받았다. 원산감리서에서는 일본영사에게 조회하여 일인이 빼앗은 회사를 반환해주도록 요구하였으나 회사를 돌려받지 못하였다. 문명원 등은 농상공부에 청원하여 일인이 다시 간섭하지 않도록 장정과 상납액을 마련해주도록 요청하여 인가를 받았다. 농상공부는 외부에 조회하여 우리나라 윤선에 사람을 태우고 화물을 싣는 이익을 외국인에게 빼앗기는 것은 부당하니 앞으로는 종선의 영업을 원산항 종선회사에 전적으로 맡기고 외국인이 간섭하지 못하도록 원산감리

---

407) 『德源港報牒』 5, 光武 2년 11월 2일 報告書 제37호.
408) 『德源港報牒』 5, 光武 2년 11월 2일 訓令 제55호 ; 『日案』 4, 光武 2년 10월 4일. 원산 일본영사가 김익승이 창설한 艀船株式會社라고 한 회사는 수운회사를 가리키는 것이 아닌가 한다.
409) 『德源港報牒』 5, 光武 2년 10월 6일 報告書 제37호.
410) 『德源港報牒』 5, 光武 2년 11월 2일 訓令 제55호.

에게 훈령을 내리라고 하였다.411) 종선회사는 관허회사로서 인가를 받고 조선기선의 종선영업 독점권을 부여받게 된 것이다. 그러나 일인 船格輩가 회사원과 海關檢貨員, 감리서 使令 등을 구타하는 등 행패를 부리며 영업을 방해하였다.412)

평양군의 內港과 三和港에서도 1899년 평양군의 金瀿九 등이 자본을 모아 從船會社를 설립하였는데 역시 일인으로부터 영업의 방해를 받았다. 종선회사가 농상공부의 인허를 받은 후 평양군과 삼화항감리서에서 沿江 상민과 선인에게 회사설립 사실을 告示하여 영업을 하려고 할 때 삼화항의 輪船主人인 일인이 회사를 설립하려거든 자본금 중 500원을 일인에게 급부하라고 하면서 방해하였다. 조선에서 조선인이 영업을 하는데 아무런 상관이 없는 외국인이 부당하게 방해하는 데 분개한 외부는 이를 시정토록 일본영사에 요구하였으나, 일본영사는 그 일본인의 성명도 모르고 어떤 언유로 그런 일이 일어났는지 알 수 없는 상황에서는 취조할 도리가 없다면서 조사를 거부하였다. 그리고 적반하장격으로 일인이 조선인의 회사설립을 방해하는 것이 아니라 조선인이 운송사업에 필요한 艀船 등 설비를 갖추지 않고 경험도 없으면서 일인의 영업을 탈취하려고 하는 것이라고 강변하였다.413)

---

411) 『農商工部來去文』 7, 光武 3년 4월 8일 照會 제8호.
412) 『德源港報牒』 3, 光武 3년 9월 7일 報告書 29호.
413) 『農商工部來去文』 8, 光武 3년 12월 27일 照會 제52호 ; 『平壤報牒』 1(奎 17872), 光武 4년 2월 29일 報告書 제1호. 일본영사가 그 논거로 제시한 사실은 자료상의 제약으로 확인할 길이 없지만 다음과 같다. 1899년 9월에 崔某가 원산주재 일본영사를 찾아와 정부에 매년 80원의 세금을 상납하는 조건으로 평양에서 종선회사를 설립하기로 인가를 받아 기선을 취급하고 있으니 앞으로 모든 화물의 운송을 이 회사가 담당하게 되었음을 일인에게 고시해달라고 요청하였다는 것이다. 그런데 그 회사는 사실상 점포도 없고 艀舟도 없으며 운송업의 경험도 없는 유명무실한 회사로서, 일본상인의 화물운반을 담당하려는 것은 곧 농상공부의 인가를 빙자하여

이와 같이 조선인에 의한 종선회사 설립은 종선영업을 독점하고 있던 일인의 기득권에 상당한 타격을 주었다. 위기감에서 일본종선회사측은 조선인의 영업을 방해하였고 일본영사는 사건의 진상조사와 시정을 요구하는 조선정부의 정당한 항의에 성실하게 응하기는 커녕 조선 종선회사의 유명무실함을 강조하고 오히려 일인의 영업권을 탈취하였다고 강변하였던 것이다.

위의 종선회사와 달리 같은 해 12월 인천항에서 安寅燮 등이 설립한 從船會社는 會社規例에 따라 해관 총세무사로부터 杉板船(駁船) 7척에 대한 海關登記票와 輸運票를 발급받아 순조롭게 영업을 개시하였다.414)

한편 개항장의 무역증대에 따라 조계 내에 기선회사의 사무실과 창고를 건설할 필요성이 인식되었다. 목포상인들은 1899년 6월 務安港 감리서에 다음과 같은 소장을 올려 海關基地 내에 윤선회사의 창고부지를 배정해주길 요청하였다.

> 목포항의 彼我租地가 각각 定界가 있으니, 동쪽과 남쪽은 연해 요지로 해관기지와 각국 조계로 획정되어 있고 서쪽과 북쪽은 산에 연해 있는 벽지로 본국 상민이 구차하게 居接하고 있습니다. 대저 商旅 내왕과 貨物進出은 모두 선척이 湊泊하는 곳으로 말미암는데, 우리 상인들은 물러나와 바다에서 먼 곳에 있으니 무역을 할 때 이익이 모두 그들(외국상인 : 필자주)에게 돌아가고 손해는 모조리 우리에게 돌아와 商情이 언뜻 봐도 凋殘하고 생계가 점차 蕭條하여 장차 渙散을 면할 길 없습니다. 현재 들으니 海關定基 내에 辦公處所와 창고 등을 건설하고도 남는 땅이 있다고 합니다.…게다

일인의 영업을 빼앗으려는 것에 불과하다는 것이다. 평양의 종선회사가 유명무실하다는 일본영사의 주장이 억측에 불과한지 여부는 확인할 수 없다(『平壤報牒』 1, 光武 4년 2월 29일 報告書 제1호).
414) 『農商工部來去文』 9, 光武 4년 3월 21일 照會 제12호.

가 租界章程 10관에 '官辦 輪船會社는 定章에 遵照하니 역시 조계 내 조지에 公事房과 貨倉을 건설할 수 있다'는 말이 있는 바 지금까지 윤선회사로 擬定한 본항 임시 감리서 제2등 6호 地段은 땅이 너무 좁아 공사방밖에 건설할 수 없고 창고부지는 여지가 없으므로…공사방은 제6호 지단을 그대로 점유하고 창고는 海關空地에 照章 선정한다면 民情이 거의 浹洽하며 商務가 흥왕할 것입니다.415)

외국상인이 선박의 왕래가 빈번한 연해요지의 조계에 위치하여 상권을 장악할 수 있는 유리한 조건에 놓여 있는데 반해 조선상인의 위치는 연해에서 먼 곳에 있어 상권을 외국상인에게 빼앗기고 있었으므로 불리한 여건을 타개하는 방편으로 조계장정의 '官辦 輪船會社' 조항에 의거하여 조계 내에 윤선회사의 창고를 건설하려고 한 것이다.

외부에서는 목포상인들의 청원이 장정에 부합된다고 보고 해관 총세무사 브라운(J. Mcleavy Brown, 柏卓安)에게 인준토록 지시를 내렸으나 무슨 사정이 있었는지 1년 5개월이 지나도록 창고를 지으라는 정부의 허가가 없었다.416) 이에 상인들은 다시 무안감리에게 청원하였고 외부에서는 이를 시행하되 윤선회사는 官辦이므로 사무실을 정부에서 건설하고 창고는 商辦이므로 상인의 자본으로 건설토록 지시하였다.417)

---

415) 『務安報牒』 2, 光武 3년 6월 12일 報告 제29호.
416) 『務安報牒』 3, 光武 4년 11월 20일 報告 제91호.
417) 『務安報牒』 4, 光武 5년 3월 2일 報告 제17호. 1901년 5월 한성의 南義煥이 상업권장을 위해 자본을 내서 창고를 지으려고 한다면서 무안항의 한국조계 내의 官有地 일부를 제공해주길 청하였으나, 그 지역이 이미 윤선회사에 인준해준 각국 조계 내 2등 6호 지단이라고 하여 거절당하였다 (『務安報牒』 4, 光武 5년 3월 2일 報告 제17호).

이 때 관판회사라고 거론된 윤선회사가 구체적으로 어떤 회사인지는 알 수 없으나 정부에서 관허회사로 인정하여 사무실을 정부예산으로 지어주고 창고건설은 회사를 설립한 상인들이 부담하게끔 한 것으로 보인다.

목포에 이어 군산항에서도 1900년 2월 沃溝港감리 趙性協의 제의로 각국 조계 내의 빈 땅에 관판 윤선회사 사무실과 창고를 건설하려고 하였으나 일본의 집요한 방해로 좌절되고 말았다. 그 경위를 살펴보기로 한다.

외부는 대한협동우선회사를 관판회사로 간주하고 1901년 1월 각국 조계 내의 빈 땅인 94호 지단에 우선회사의 지점과 창고를 건설하도록 인가하였다.[418] 조계 내에서 경찰권을 비롯한 지방행정권을 행사하고 있던 외국인 居留地會 紳董公司는 관판회사를 조계 내에 설립하려면 조선정부가 각국 대표와 회동하여 租地를 경매해야 한다고 하면서 항의하였고 1902년 말 옥구항 조계에서 地區를 경매할 때에도 협동우선회사가 私辦이라고 하면서 기지점유를 허용하지 않았다.[419] 이러한 사정을 호소하는 우선회사 총무원 李泳均의 청원서를 받은 통신원에서는 조계장정에 의거하여 지단을 회사에 劃付할 것을 요청하는 내용으로 외부에 조회하였고 외부에서는 옥구감리에게 훈령을 내려 회사부지를 구입하도록 지시하였다. 우선회사에서 운영하는 한성호·현익호·창룡호가 모두 정부의 소유이고 회사는 통신원의 인가를 받아 설립되었으므로 우선회사는 관판 윤선회사에 해당되고 따라서 각국 조계장정 10관의 적용을 받을 수 있다는 논리였

---

418) 『沃溝港報牒』 1(奎 17868의 2), 光武 4년 2월 1일 質稟 제11호 및 2, 光武 5년 6월 12일 報告 제16호 ; 『沃溝訓令』(奎 17868의 3), 光武 5년 4월 26일 訓令 제17호.
419) 『沃溝港報牒』 2, 光武 5년 6월 12일 報告 제16호 ; 『沃溝訓令』 光武 6년 11월 22일 訓令 제66호.

다.420)

 그러나 일본영사는 이러한 군산항 거류지 제1등 94호 지단의 公賣에 대하여 협동우선회사의 자격 여부를 다음과 같이 문제삼으며 항의하였다.421) 조선정부가 감리에게 스스로 '官의 소유'라고 훈시한 사실만으로는 그 회사가 실제로 정부의 소유인지 인지하기 어렵고 조선정부에서 그 회사가 '관의 소유'라는 조건을 공표하여 각국 정부와 인민이 납득할 수 있게 해야 한다. 설령 회사가 관의 소유라고 하더라도 공적으로 지단을 매수해야 하고 거류지 지구를 보유하지 못한다는 것은 거류지규칙 제10조에 명백히 규정되어 있으며 다른 항에 어떤 사례가 있든 이는 알 바 아니다. 즉 우선회사가 확실히 관판이라고 해도 조계 내 조지에 건설할 수 있을 뿐이지 기지를 획정하지 못하는데 이 회사는 사적으로 설립한 것이므로 조지를 얻을 수 없다고 강경하게 항의하고 공개적으로 경매할 것을 强請함으로써 일본해운업의 침투와 일본상인의 상권확장에 타격을 줄 관판 윤선회사의 지점 및 창고 건설을 막고자 한 것이다.

 이처럼 각국 조계 내 제1등 94호 지단을 처리하는 문제를 둘러싸고 조선정부와 일본측은 서로 공박만 하고 타결하지 못하고 있다가 러일전쟁을 맞이하였다. 그 후 1906년 3월 각국 거류지 회의에서 일인 會頭 등의 제의로 그 지단을 日本民役所에 대여하기로 결정하였다.422) 정부에서는 이를 인정하지 않고 감리서에 다시 교섭하도록 지

---

420) 『沃溝訓令』光武 6년 11월 22일 訓令 제66호 ; 『沃溝港報牒』 2, 光武 6년 12월 3일 報告 제50호. 앞에서 살펴보았듯이 한성호 등 3척의 기선은 1900년 10월 대한협동우선회사에서 정부에 15만 원의 대금을 치르고 소유권을 확보하였으므로 정부의 소유라고 하는 것은 대외적 명분을 내세우기 위한 것이다.
421) 『沃溝港報牒』 2, 光武 6년 12월 3일 보고 제50호.
422) 『沃溝港案』(奎 17868의 1), 光武 10년 3월 26일 報告 제6호.

시하였으나 일인 회두는 지단을 대여할 뿐이지 영구히 주는 것이 아니라고 강변하고 거류지 소관사무에 해당하는 이 일은 거류지회의에서 인계받은 일이므로 감리서에 의논할 필요가 없다고 하면서 교섭을 거부하였다.423)

쌀을 비롯하여 물산이 풍부한 전라도를 배후지로 하고 국내외 무역품이 활발하게 집산되는 군산항에 대한협동우선회사의 지점과 창고를 설립하는 문제는 조선 해운업의 발전과 무역진흥, 상권보호를 위하여 반드시 이루어져야 했다. 그러나 각국 조계 내에 조선 기선회사의 창고가 건설되면 일본상인의 미곡매집과 수입품 판매 등에서 타격을 입게 될 것이므로 일본측은 1901년~1906년의 6년 간이라는 오랜 시일을 끌면서 협동우선회사의 부지획정을 방해하였다. 그리고 마침내 乙巳條約 이후 조선을 실질적으로 지배하게 된 일제통감부 권력을 배경으로 일인 거류민이 부지를 탈취한 것이다.

---

423) 『沃溝港案』 光武 10년 5월 5일 報告 제8호.

제6장 結論

　지금까지 18세기 후반 이후 船商層 내부에서 船主와 物主가 분리되어 상품운송을 전업적으로 담당하는 운송업자가 증가하고 있던 경향이 개항 후 촉진되어 자본주의적 경영형태의 해운업이 발전해가는 과정을 살펴보았다. 그리고 한편으로는 선상이 기선보다 운임이 저렴한 재래선박, 즉 蓬船을 이용하여 개항장과 沿岸 및 河岸의 포구 간의 유통을 주도한 사실을 고찰하였다.
　해운업의 발전과정은 외국해운업의 침투에 대응하여 진전되었으며 처음에는 정부의 주도로 官營海運業이 발전하다가 그 주도권이 점차 民間海運業으로 넘어갔다. 그런데 그 과정을 체계적으로 이해하고 발전단계를 파악하려면, 관영해운업과 민간해운업의 전개과정을 유기적으로 연관시켜 살펴보아야 하고 이를 위해 시기구분이 필요하다. 본 장에서는 결론에 대신하여 앞에서 서술한 해운업의 발전과정을 크게 4시기로 구분하여 <관영해운업의 태동기>, <관영해운업의 운영 및 민간해운업의 태동기>, <관영해운업 및 민간해운업의 성장기>, <관영해운업의 쇠퇴 및 민간해운업의 주도기>로 나누어 요약, 정리하기로 한다.

첫째, <관영해운업의 태동기, 1882년 말~1886년>에는 기선의 우수성이 인식되어 기선을 도입하려는 움직임이 정부와 민간에서 나타났다. 이러한 계기는 1882년 말 대외무역에서 민간인의 외국선박 구매를 허용한다는 정부의 조치와 1883년 1월 **統理交涉通商事務衙門** 산하의 **郵程司**에서 체신과 교통운수의 발달을 위해 **官**과 **民**의 회사 설립을 장려하기로 한 방침으로 마련되었다. 이 때 수립된 정부의 해운정책 방향은 외국 기선회사의 기선을 조선 **海域**에 취항토록 하여 그 기선으로 세곡의 원활한 운송을 도모하는 것과 외국 기선회사에 민간자본을 참여시켜 합작회사를 설립함으로써 이윤율이 높은 해운업을 육성해 상업진흥을 꾀하는 방안으로 진행되었다. 그러나 후자는 실행되지 않았고 정부에서 1883년~1886년에 걸쳐 영국의 **怡和洋行**과 독일의 **世昌洋行**이 운항하는 기선을 이용하여 세곡을 운송하려고 한 시도도 별다른 성과가 없었다. 정부는 1885년 7월 세곡운송기구로서 **轉運署**(**轉運局**)를 설치하고 재래선박을 기선으로 대체하여 세곡을 운송한다는 방침을 세웠으나 차관제공을 대가로 세창양행에 일정량의 세곡운송권을 부여하여 손해배상의 부담을 안았고 기존 **賃運業者** 등의 반발을 받아 폐단만 야기하였다.

한편 정부의 외국선박 구매허용 조치가 있은 후 1883년 경강선인을 선두로 기선을 구입하여 상업활동을 하려는 움직임이 나타났고 1884년에 **商會社** 중에서 해운업에 종사하기 위해 일본인으로부터 기선을 구매하기로 계약을 한 일도 있었으나 뜻하지 않은 사고로 좌절되었다.

둘째, <관영해운업의 운영 및 민간해운업의 태동기, 1886년 7월~1892년>에는 정부에서 기선을 구입하고 전운국에 세곡운송을 전담시켜 관영해운업을 본격적으로 운영하는 한편 민간 해운회사의 설립을 인가하여 관허회사로서 각종 봉건적 수탈로부터 영업의 보호를 하고 서양형 선박의 구입 및 운항절차를 제정하여 민간해운업이 발전할 수 있는 기초를 마련하였다.

먼저 관영해운업의 운영실태를 살펴보면, 1886년 전운국은 정부소유 기선으로 직접 세곡을 운송하기 시작하였고 세곡운송량이 많을 때에는 외국기선, 주로 일본기선을 고용하였다. 그런데 정부는 기선 구입비를 외채에 의존하였을 뿐 아니라 항해기술자를 고임금의 외국인으로 충원하면서 기술자를 양성하려는 노력을 전혀 기울이지 않았으며, 기선을 세곡 등 官用貨物의 운송에만 활용하였기 때문에 해운업 및 상업발전에 기여하지 못하였다.

현물상납으로 인해 중간과정에서 농간이 개재되는 조세상납구조의 개혁이나 기존의 세곡 임운업자의 활로 모색 등의 대책없이 재래선박을 기선으로 대체하기만 한 정부의 정책은 재래선박의 致敗의 폐단을 제거하였을 뿐이다. 오히려 商船의 강제 징발로 인한 선상의 상업활동 위축과 기선도입 비용을 떠맡은 민중의 봉건정부에 대한 불만을 야기하여 그 원한이 1894년 농민전쟁 때 폭발하였다. 마침내 전운국이 혁파되고 재정개혁의 일환으로 조세는 전면 金納化되어 漕運制度도 폐지되었다.

그러면 민간해운업은 어떠한 단계에 있었을까? 1886년 최초의 민간 해운기업으로서 설립된 大興會社는 겨우 1년여 만에 영업을 포기하였다. 그것은 애초에 자본과 경험이 부족한데다 연안무역의 부진으로 영업실적을 충분히 올리지 못하여 적자운영을 면치 못한 데 원인이 있지만, 정부에서 그 기선을 적극적으로 활용하는 방안을 모색하지 않았고 자금지원을 전혀 하지 않은 점에서도 원인을 찾을 수 있다.

1888년 이후 주로 관료들에 의해 한강에서 소기선에 의한 운수업이 시도되고 있는 가운데 1887년부터 낙동강에서 운수업에 종사하고 있던 電察會社는 1888년 南沿會社로 이름을 바꾸고 정부로부터 영업독점권을 부여받았다. 남연회사는 정부의 지시로 1889년 다시 汽船會社로 개명하고 부산감리서에 소속되어 정부의 통제하에서 관료들에 의해 운영되었다. 재정적 지원은 없었지만 낙동강 강운의 독점권을 부여하고 회사의 운영이 궤도에 오른 다음 세금을 징수하기로 하고 雜稅 수탈을 금지하는 등 기선회사의 영업을 적극적으로 보호한 정부 정책의 밑바탕에는 종래 개항장 간의 국산품 운송을 외국기선에 의존하고 있기 때문에 상권을 침탈당하고 있다는 인식이 있었다. 그러나 기선회사의 경영을 맡은 관료들이 기선이 난파되는 사고가 발생한 후 기선의 운항을 포기하고 일본의 해운회사에 기선운항권을 주고 수익금의 일부를 취득하는 방식으로 회사를 운영하였기 때문에 오히려 일본 해운업의 침투를 심화시키는 결과를 가져왔다.

그러면 1888, 89년 단계에서 정부가 특정한 회사에 영업독점권을 부여하여 민간해운업을 육성하려고 한 것은 어떠한 의미가 있을까? 이 시기에는 청국이 1884년 초에 중단하였던 기선운항을 재개함으로써 直貿易을 본격화하여 일본과 더불어 조선의 해운권과 상권을 둘러싸고 각축을 벌이고 있었고, 일본상인이 주로 곡물을 매집하기 위해 개항장 밖으로 행상을 확대하고 청국상인은 주로 수입면제품을 판매하기 위해 행상하여 상권을 침탈하고 있었다. 심화되어 가는 외국해운업의 침투와 그것을 발판으로 한 외국상인의 상권침탈을 막기 위해서는 적극적인 대응이 필요하였다. 바로 이 시기에 정부는 외국상인의 상권침탈을 막기 위해 소수의 유력한 객주에게 유통지배권을 보장하고 영업세를 징수하려고 하였다. 이는 봉건적인 자의적 잡세를 면제하는 대신 해운업에 종사하는 특정한 상회사에 영업독점권을 부여하고 영업세를 징수한 정책과 일맥상통하는 점이 있다. 상회사는 1883년 이후 설립된 자본집중 형태의 상인조직으로서, 정부의 보호를 받아 한성이나 개항장에 본사를 두고 주요 상업지에 지점을 설치하여 전국적인 상업망을 구축하려고 하였고 1890년 이후 영업세를 부담하는 조건으로 정부로부터 객주와 함께 '通共發賣'를 인정받아 성장해갔다.

 개항 후 시장의 확대로 상품화폐경제가 발달함에 따라 이윤이 증대하여 부를 축적해가던 상인들은 불평등조약 아래 노골화하는 외세의 경제적 침략으로 압력을 받고 있었다. 이에 정부는 이들에게 특권을 부여하여 보호 육성하는 대신 영업세를 징수하여 새로운 재원을 확보함으로써 開化政策의 추진으로 인한 재정난을 타개하려고 하였다. 따라서 이 시기에 정부에서 정책적으로 都賈를 혁파하고 허가제와 영업세제에 의해 特權會社 체제로 흡수한 상회사는 독점권을 행사하는 점에서 도고와 다를 바 없이 보였지만 그 특권의 성격은 다른 의미를 지니고 있었다. 즉 상회사의 특권은 특권상인이 유통이윤을 최대한 확보하여 외래자본의 침투에 대항하고 상업을 진흥할 수 있도록 하기 위한 목적에서 정부가 부여한 것이고 정부는 이를 대가로 영업세를 징수하여 재정원천으로 삼았던 것이다.

 이러한 특권상인 육성책은 특권상인의 독점권 행사로 이윤을 침탈당한 영세한 선상이나 행상 등의 소상인과 소상품생산자의 성장을 저지하였으나 봉건사회에서 근대사회로 넘어가는 과도기에서 자본의 本源的 蓄積을 위해 실시한 측면이 다분하다. 이 때문에 1894년에 자유주의 상업정책을 지향하는 甲午政權에 의해 혁파되었던 상회사는 光武政權에 의해 복설되었다. 즉 광무정권은 '위로부터의 개혁'구상을 바탕으로 청일전쟁 이후 본격화하는 제국주의열강의 자본침투에 대처하기 위해 특권상인을 보호 육성하고 자본을 축적하려고 하였던 것이다.

 셋째, <관영해운업 및 민간해운업의 성장기, 1893년~1899년>에는 1893년 정부에서 利運社를 창설하여 세곡뿐 아니라 화물과 여객을 수송하는 단계로 나아갔고, 민간에서도 외국선박의 구매와 고용이 활발해지는 가운데 기선운항이 상권확장에 절대적으로 유리하다는 인식이 확산되어 개항장을 중심으로 정기항로를 개설하는 해운기업이 많이 들어서서 해운업에서 자본주의적 경영이 발전하였다.

이운사는 5척의 기선으로 沿岸航路와 청과 러시아를 연결하는 對外航路를 개설하였으나, 기선의 대금을 완전히 상환하지 않아 기선을 직접 운항하지 못한 경우도 있었고 봉선에 의해 賃運活動을 하는 船人의 방해를 받았으며 경영방식이 불합리하여 영업실적이 부진한 편이었다.

조세금납화로 세곡운송이 불필요해지자 갑오정권은 이운사의 운영권을 상인들에게 위임하여 이운사를 관기업에서 사기업으로 전환함으로써 해운업을 활성화하려고 하였다. 그러나 일본이 沿岸航權을 획득하기 위해 이운사 기선을 맡아 운항할 것을 끈질기게 교섭하였다. 당시 재정난에 처해 있던 조선정부는 13만 원의 차관을 저리로 제공받는 대가로 이운사 소속기선을 日本郵船會社에 위탁, 경영하도록 계약을 맺었다. 이로써 조선의 연안해운권은 일본에게 독점되어 해운업의 발전이 저지될 위기에 처하였다. 하지만 俄館播遷으로 들어선 새정권이 일본우선회사와의 계약을 파기하였고 1897년 기선을 세창양행에 위탁, 운항하였다.

취약한 기반의 해운업이 민족자본을 토대로 발전하려면 외국해운업의 침투에 적극적으로 대응하여야 했다. 그러나 정부는 해운권 침탈에 대한 인식이 철저하지 않았고 따라서 외국해운업의 침투가 날로 심화되었다. 조선의 대외무역을 거의 독점하면서 중계무역의 이익을 다툰 청과 일본은 개항 직후부터 유통비용의 절감을 통한 상권확장을 위해 직무역을 꾀하여 直通定期航路를 개설하였다. 항로개설을 통한 해운권의 장악은 정치·군사적 세력확장의 초석이기도 하였으므로 청과 일본은 자국의 기선회사에 보조금을 지급하여 기선을 정기적으로 운항시켰다. 일본은 조선쌀의 주요 수요지이면서 金巾 등 자본제 면제품·방적사·일본목면·잡화 등 수출품의 집산지인 오사카(大阪)·코오베(神戶)·나가사키(長崎)를 기점으로 하여 조선의 3개 항장을 연결하는 항로를 열었고 청은 동양제일의 자본제 면제품의 집산지인 上海와 인천을 연결하는 항로를 열어 상권을 다투었다.

청일전쟁으로 청의 기선운항은 중단되었고 이후 일본과 러시아 해운업이 경쟁하였지만 러시아기선은 주로 청상이 이용하고 러시아상인의 진출이 미미하여 상권신장과는 거의 관련이 없었고 대개 정치·군사적 목적에 의한 것이었다. 따라서 청일전쟁 후 조선에 진출한 외국해운업 중 무역증대와 관련하여 해운권을 확장한 것은 일본뿐이었다. 일본의 해운업은 청일전쟁 후 새로 설치된 목포·군산 등 개항장에 직통항로를 개설하여 쌀의 대량유출을 꾀하였다. 개항장이 增設되고 일본과의 직통항로가 개설됨에 따라 연안무역은 외국무역으로 전환하였고 이에 따라 연안무역에 종사하는 조선선상의 상업은 위축되었다.

또 일본의 연안 운송업자들은 조선인을 매수해 명의를 빌려 조약상 외국선박의 항행이 금지되어 있는 연해 포구나 한강·대동강·금강 등으로도 침투하여 화물의 대량수송을 주도해 나갔다. 그러나 조선정부는 조선인의 명의만을 빌린 외국선박의 불법적 운항에 대해 엄격하게 단속하지 않았을 뿐 아니라 오히려 일정한 상납금을 받는 조건으로 그러한 불법행위를 묵인하기도 하여 침투가 조장되었다.

그러면 1893년 이후 민간해운업에는 어떠한 변화가 나타났을까? 종래 주로 관료에 의해 소기선으로 강운업이 시도되었던 단계에서 벗어나 객주·선상 등 상인과 관료에 의해 개항장을 중심으로 하는 연안항로가 열려 연안무역의 발전에 기여하기 시작하였다. 특히 함경도 연안의 해로가 험하여 상업발달이 저해되었던 원산에서는 원산항 객주들에 의해 설립된 元山商會所가 1893년 원산항 관리와 함께 자금을 모아 기선을 구입해 원산과 그 이북의 함경도지방 간의 항로를 개설한 이래 상인이나 관료가 회사를 설립하거나 개별적으로 기선에 의해 전업적으로 운송업에 종사하는 경향이 늘어났으며 海路通信도 본격화되었다. 조선기선을 이용하는 것은 주로 조선상인이었다. 종래 육로운송에 의존하던 상인들은 해로수송의 편의로 유통비용을 절약하고 거래처를 원거리로 확장하여 상권을 확대해 나갔다.

이 시기에 해운회사는 기선을 구입한 후 監理署에 청원서를 제출하여 章程을 받아 설립되었는데 장정이 남아 있지 않아 구체적인 경영실태를 알 수 없다. 동일한 항로에서 여러 해운업자가 활동하고 있는 것으로 미루어 부산의 기선회사가 누렸던 영업독점은 없었던 것으로 보인다. 그런데 해운회사나 운송업자 중에는 일본인 운송업자와 결탁하여 명의를 빌려주거나 동업하여 買辦的인 활동을 함으로써 해운업에서의 민족자본의 성장을 저해하는 경우도 있었다. 그러한 매판자본가의 전형인 禹慶善은 이운사의 설립과 운영실무를 담당하는 한편 이운사의 설립 직후부터 일본의 호리(堀)商會와 결탁하여 호리상회 기선이 불개항장인 평양으로 침투할 수 있도록 도와주었고 호리상회와 동업으로 廣通社를 설립하여 일본의 해운권침탈을 도왔다.

넷째, <관영해운업의 쇠퇴 및 민간해운업의 주도기, 1900년~1904년>에는 정부에서 일본의 商船學校에 유학생을 파견해 항해사와 기관사를 육성하는 한편 정부소유 기선을 민간회사인 大韓協同郵船會社에 불하함으로써 관료주의적 경영의 한계에 부딪힌 관영해운업이 중단되고 민간해운업이 주도하는 체제로 나아갔다.

대한협동우선회사는 1900년 관료와 객주 등 상인이 합자하여 일본인이 장악하고 있던 항해권을 회복한다는 목적으로 설립되었고 근대적인 주식회사형태를 지향하였다. 이 회사는 정부에서 불하받은 기선 3척과 새로 구입한 2척의 기선으로 서해안·남해안·동해안 연변을 두루 항해하는 연안항로를 개설하였다. 또 이 회사는 烟臺·상해·太沽 등 청국의 주요 항구와 일본의 나가사키·코오베·오사카 등의 주요 항구를 연결하는 대외항로를 개설하여 일본의 기선회사들과 치열하게 경쟁을 벌이면서 민족적 기업으로서 성장해 나갔다. 그러나 정부의 재정지원을 받지 못한 상태에서 일본정부의 지속적인 자금지원을 받고 있던 일본 해운업자와 경쟁해야 했으므로 열세에 놓여 있었고 러일전쟁의 발발로 기선을 일본군대 및 군수품 수송에 징발당하였다.

이 밖에 인천과 부산·원산을 중심으로 해운업분야에서 민족자본이 형성되고 있었다. 민간해운업은 자료미비로 경영형태를 구체적으로 파악할 수 없는 경우가 많아 자본의 성격을 명확하게 규정할 수는 없다. 하지만 일본의 운송업자와 결탁한 일부 매판적인 해운업자를 제외하고는 대부분 기선의 도입에 의한 근대해운업의 발전이 상업진흥과 외국상인의 상권 및 해운권침탈을 막기 위한 절대적인 수단이라고 인식하고 있었고 실제로도 조선상인의 상권신장에 기여하였으므로 민간해운업에 투입된 자본은 대체로 민족적인 성향이 강하였다.

정부에서도 1900년에 농상공부 산하의 通信局을 通信院으로 승격시켜 해운관련 업무를 관장하게 하고 해운권을 회복하려는 노력을 기울였다. 즉 조선인의 외국인선박 賃借에 대한 절차가 까다로와지고 조선인 명의의 외국선박에 대한 통제가 강화되었다. 그러나 러일전쟁에서 승리한 일본의 압력을 받아 1905년에 일본선박의 자유로운 항행을 허용하게 됨에 따라 해운업분야에서의 민족자본의 성장은 저지되었다.

이와 같이 1880년대 중반부터 대규모의 상업자본과 관료자본이 강운업과 해운업에 투입되어 운수업분야에서 자본주의적 경영이 발전하기 시작하였다. 그러나 각 개항장에 출입하는 조선 기선의 총 선박수가 출입기선 전체의 30%를 넘지 못하였고 톤수에서는 15% 미만에 불과하여 일본 기선이 압도적으로 우세한 비중을 차지하고 있었다. 이것은 조선의 해운업이 시작된 지 20년도 되지 않았기 때문에 어쩔 수 없는 것으로 생각할 수 있다. 그러나 조선의 해운업발전이 부진한 데에는 내재적인 요인이 있었다.

우선 해운회사 중에는 선박구입비가 부족하여 外債를 도입하기도 하였고 대부분 항해술이 없어 외국인 항해사와 기관사를 고용하여 자본과 기술의 대외종속성을 면하지 못하였다. 상품생산 및 상품유통이 충분히 발전하지 않아 쌀·콩 등 농산물 외에 운송량이 많은 화물이 없어 화물적재량의 계절적인 차이가 심했기 때문에 기선의 정기적 운항에 항상 적자위험이 따랐다. 또 명의를 빌려주거나 동업관계를 맺어 일인 운송업자의 불개항장 항행을 가능하게 한 매판적인 기선회사나 상인의 존재도 해운업발달의 장애였다. 이에 대한 정부의 조사와 감독이 있었지만 철저하지 못하였으므로 외국기선 및 범선의 불개항장에서의 무역 및 운송활동이 노골화하여 재래선박에 의해 소량의 화물을 수송, 판매하는 조선선상을 압박하였다.

자본주의적 관계가 아직 충분히 발전하지 않은 단계에서 외부의 충격으로 시작된 해운업이 정상적으로 성장하여 일본 해운업과 경쟁하기 위해서는 적극적인 민간해운 육성책이 필요하였다. 그러나 정부는 官許會社로 인가하여 잡세를 면제하는 것 외에는 재정궁핍 등을 이유로 실질적인 재정지원을 거의 하지 못하였다. 그러므로 민간해운업은 국가권력의 지속적인 자금지원을 받고 있던 일본의 해운업과의 경쟁에서 패배할 수밖에 없었고 결국 러일전쟁에서 승리한 일제에 의해 성장기반이 완전히 무너졌던 것이다.

<附錄>

1881~1901년 조선의 개항장에 출입한 각국 선박(入港)

연대	국명	인천						부산						원산						합계	
		서양형범선		거룻배		기선		서양형범선		거룻배		기선		서양형범선		거룻배		기선			
		척	톤	척	톤	척	톤	척	톤	척	톤	척	톤	척	톤	척	톤	척	톤	척	톤
'81	합계	7	629.6 台1艘	2	616 石	9	3,922	134	10,401	271	24,804 石	41	12,831	7	628.6 台1艘	2	616 石	9	3,922	482	30,176톤 12,572台 2艘 26,032石
'82	합계							130	9,398	81	7,247 石	33	1,279	5	436	1	308 石	12	5,246	262	26,359톤 7,565石
'83	청 일본 영국	31				6 20 7		258	11,341			1 61 4	920 20,560 3,182								
	합계	31				33		121	9,267	157	16,258	63	12,598	7	640	-	-	13	5,697	425	
'84	합계	13	1,168	27	3,506	20	10,518	64	4,764			12,887		51	19,832	11	990	-	-	11	5,346	389	59,011

전거 : 1881·1882·1884년은 『通商彙編』에서 작성.
　　　1883년은 British Diplomatic and Consular Reports on Trade and Finance, Corea 1885년도판에서 작성.
　　　1881·1882·1884년도에는 국가별 통계자료가 없음.

연대	국명	서양형범선		中·日各式 거룻배		기 선		합 계	
		척	톤	척	톤	척	톤	척	톤
1885	조선			무보고					
	일본	97	7,783	191	2,788	115	57,986	403	68,557
	청	無	無	32	594	1	761	33	1,355
	독일	無	無	無	無	20	7,478	20	7,478
	영국	無	無	無	無	2	1,618	2	1,618
	기타	無	無	1	5	無	無	1	5
	합계	97	7,783	223	3,387	138	67,843	459	79,013
1887	조선	6	460	—	—	19	4,156	25	4,616
	일본	142	11,818	383	7,361	148	153,158	673	172,337
	청	—	—	5	107	無	無	5	107
	독일	無	無	無	無	12	4,165	12	4,165
	미국	無	無	無	無	1	72	1	72
	합계	148	12,278	388	7,468	180	161,551	716	181,297

전거 : 『朝鮮通商三關貿易冊』, 1885~1886년도판과 1887~1888년도판에서 작성.

<附錄> 283

연대	국명	인천 범선 척	인천 범선 톤	인천 기선 척	인천 기선 톤	부산 범선 척	부산 범선 톤	부산 기선 척	부산 기선 톤	원산 범선 척	원산 범선 톤	원산 기선 척	원산 기선 톤	합계 척	합계 톤
'86	조선	3	259	7	1,324	−	−	−	−	−	−	−	−	10	1,583
	일본	42	2,364	56	34,609	311	8,925	69	69,905	−	−	28	37,541	506	153,444
	독일	1	466	13	4,708	2	166	1	340	−	−	2	891	19	6,566
	기타	22	403	−	−	−	−	−	−	−	−	−	−	22	403
	합계	68	3,482	76	50,641	313	9,091	70	70,245	−	−	30	38,437	557	161,996
'88	조선	2	163	23	4,542	1	96	1	16	−	−	−	−	27	4,817
	일본	97	4,769	48	35,687	654	14,470	77	79,888	14	1,298	30	40,510	920	176,622
	청	15	240	14	4,355	−	−	−	−	−	−	−	−	29	4,595
	독일	−	−	27	9,620	−	−	1	387	−	−	−	−	28	10,007
	합계	114	5,172	112	54,202	655	14,566	79	80,291	14	1,298	30	40,510	1,004	196,041
'89	조선	2	163	9	1,923	−	−	1	236	−	−	−	−	12	2,322
	일본	93	3,431	69	52,956	816	21,235	93	90,043	51	4,523	40	48,616	1,161	220,804
	청	13	133	17	12,278	−	−	3	1,193	−	−	−	−	33	13,604
	독일	−	−	15	6,262	−	−	−	−	−	−	2	774	17	7,036
	노르웨이	−	−	1	444	−	−	−	−	−	−	−	−	1	444
	합계	108	3,727	111	73,863	816	21,235	96	91,472	51	4,523	42	49,390	1,224	244,210
'90	조선	14	995	20	4,720	−	−	3	708	1	85	−	−	38	6,508
	일본	157	7,229	93	70,394	1,012	27,246	165	127,515	18	1,630	41	49,987	1,486	284,001
	청	41	272	18	7,660	−	−	−	−	−	−	−	−	59	7,932
	독일	−	−	30	11,895	−	−	1	403	−	−	−	−	31	12,298
	노르웨이	−	−	5	2,220	−	−	2	488	−	−	−	−	7	3,108
	합계	212	8,496	166	96,889	1,012	27,246	171	129,514	19	1,715	41	49,987	1,621	313,847
'91	조선	28	1,931	23	5,217	−	−	−	−	−	−	−	−	51	7,148
	일본	212	9,877	125	81,987	729	19,377	212	149,674	33	2,480	44	48,359	1,355	311,754
	청	27	422	17	10,841	−	−	−	−	−	−	−	−	44	11,263
	독일	−	−	17	6,851	−	−	2	806	−	−	−	−	19	7,657
	영국	−	−	−	−	−	−	1	715	−	−	1	715	2	1,430
	러시아	−	−	−	−	−	−	15	9,803	−	−	15	9,090	30	18,893
	합계	267	12,230	182	104,896	729	19,377	230	160,988	33	2,480	60	58,164	1,501	358,145
'92	조선	62	3,412	12	3,692	8	696	2	466	5	298	9	216	98	8,780
	일본	232	10,829	132	85,377	472	13,501	227	157,799	38	2,233	54	55,884	1,155	325,623
	청	31	757	17	14,243	−	−	−	−	−	−	−	−	48	15,000
	독일	−	−	15	6,045	−	−	−	−	−	−	−	−	15	6,045
	영국	−	−	−	−	−	−	3	426	−	−	−	−	3	426
	노르웨이	−	−	21	9,324	−	−	1	444	−	−	−	−	22	9,768
	러시아	−	−	1	258	−	−	22	12,070	−	−	22	12,527	45	24,855
	합계	325	14,998	198	118,939	480	14,197	255	171,205	43	2,531	85	68,627	1,386	390,497

284 韓國近代海運業史硏究

연대	국명	인천 범선 척	인천 범선 톤	인천 기선 척	인천 기선 톤	부산 범선 척	부산 범선 톤	부산 기선 척	부산 기선 톤	원산 범선 척	원산 범선 톤	원산 기선 척	원산 기선 톤	합계 척	합계 톤
'93	조선	141	6,133	76	24,186	7	579	27	6,638	1	92	38	3,838	290	41,466
	일본	139	6,774	99	73,305	394	12,366	235	155,939	41	3,429	49	52,411	956	304,224
	청	19	365	18	14,011	-	-	-	-	-	-	-	-	37	14,376
	독일	-	-	6	4,776	-	-	2	1,592	-	-	-	-	8	6,368
	영국	-	-	-	-	-	-	-	-	-	-	-	-	-	-
	노르웨이	-	-	-	-	-	-	-	-	-	-	-	-	-	-
	러시아	-	-	-	-	-	-	15	10,725	-	-	15	10,268	30	20,993
	미국	-	-	-	-	-	-	1	80	-	-	-	-	1	80
	합계	298	13,272	199	116,278	401	12,945	280	174,974	42	3,521	102	66,517	1,322	387,507
'94	조선	178	6,305	86	21,523	9	781	10	4,358	1	92	47	3,222	331	36,281
	일본	127	5,125	82	58,769	346	9,447	201	126,581	45	3,684	39	40,945	840	244,551
	청	20	372	15	10,172	-	-	-	-	-	-	-	-	35	10,544
	독일	-	-	19	14,086	-	-	19	14,155	-	-	11	8,191	49	36,432
	영국	-	-	6	3,307	-	-	4	5,695	-	-	2	2,710	12	11,712
	노르웨이	-	-	2	902	-	-	-	-	-	-	-	-	2	902
	러시아	-	-	1	258	-	-	21	12,271	-	-	21	12,271	43	24,800
	미국	1	79	-	-	-	-	-	-	-	-	-	-	1	79
	합계	326	11,881	211	109,017	355	10,228	255	163,060	46	3,776	120	69,339	1,313	365,301
'95	조선	53	2,124	83	22,452	1	92	30	9,719	-	-	31	6,232	198	40,619
	일본	438	11,669	116	47,480	495	14,095	146	76,475	61	5,029	12	13,014	1,268	167,762
	청	38	498	-	-	-	-	-	-	-	-	-	-	38	498
	러시아	-	-	-	-	1	113	15	10,559	-	-	10	6,659	26	17,361
	독일	-	-	31	22,650	-	-	54	39,747	-	-	10	8,335	95	70,732
	영국	-	-	9	15,172	-	-	27	44,284	-	-	30	49,277	66	108,733
	미국	2	158	3	267	-	-	-	-	-	-	-	-	5	425
	합계	531	14,449	242	108,021	497	14,300	272	180,784	61	5,029	93	83,517	1,696	406,130
'96	조선	111	3,572	51	10,375	9	500	16	5,900	8	572	28	4,840	223	25,759
	일본	307	10,278	154	118,145	537	17,035	292	210,645	41	3,227	58	65,654	1,389	424,984
	청	56	557	-	-	-	-	-	-	-	-	-	-	56	557
	러시아	-	-	2	2,202	-	-	13	10,381	-	-	10	10,234	25	22,817
	독일	-	-	1	808	-	-	5	4,732	-	-	4	3,612	10	9,152
	영국	-	-	3	3,381	-	-	5	5,635	-	-	5	5,635	13	14,651
	노르웨이	-	-	2	1,082	-	-	-	-	-	-	-	-	2	1,082
	미국	2	158	-	-	-	-	-	-	-	-	-	-	2	188
	합계	476	14,565	213	135,993	546	17,535	331	237,293	49	3,799	105	89,975	1,720	499,160

<附錄> 285

연대	국명	인천				부산				원산			
		범선		기선		범선		기선		범선		기선	
		척	톤	척	톤	척	톤	척	톤	척	톤	척	톤
'98 A	조선	173	4,100	92	19,969	1	3	37	14,179	–	–	69	17,395
	일본	306	11,926	185	111,981	722	28,835	292	194,469	47	4,200	115	79,748
	청	372	8,640	–	–	–	–	–	–	–	–	–	–
	러시아	–	–	11	10,643	–	–	8	7,804	2	160	13	11,166
	독일	–	–	16	13,942	–	–	3	2,655	–	–	8	6,929
	영국	–	–	1	1,908	–	–	–	–	–	–	–	–
	노르웨이	–	–	1	2,292	–	–	–	–	–	–	1	18
	하와이	1	958	–	–	–	–	–	–	–	–	–	–
	합계	852	25,624	306	160,735	723	28,838	340	219,107	49	4,360	206	115,256

연대	국명	진남포				목포				합계			
		범선		기선		범선		기선		범선		기선	
		척	톤	척	톤	척	톤	척	톤	척	톤	척	톤
'98 B	조선	158	3,797	116	18,059	45	1,134	30	11,457	377	9,034	344	81,059
	일본	170	5,576	47	7,579	114	3,132	119	54,699	1,359	53,669	758	448,476
	청	91	617	–	–	–	–	–	–	463	9,257	–	–
	러시아	–	–	–	–	–	–	–	–	2	160	32	29,613
	독일	–	–	–	–	–	–	–	–	–	–	27	23,526
	영국	–	–	–	–	–	–	–	–	–	–	1	1,908
	노르웨이	–	–	–	–	–	–	–	–	–	–	2	2,310
	하와이	–	–	–	–	–	–	–	–	1	958	–	–
	합계	419	9,990	163	25,638	159	4,266	149	66,156	2,202	73,078	1,161	586,982

연대	국명	인 천				부 산				원 산			
		범 선		기 선		범 선		기 선		범 선		기 선	
		척	톤	척	톤	척	톤	척	톤	척	톤	척	톤
1900 A	조선	204	5,232	131	22,767	15	445	21	8,791	-	-	44	9,736
	일본	317	14,369	248	141,832	627	22,937	521	247,377	46	4,101	152	87,391
	청	36	275	-	-	1	30	-	-	-	-	-	-
	러시아	-	-	21	14,556	-	-	19	7,316	9	735	23	8,147
	독일	-	-	2	1,459	-	-	1	663	-	-	-	-
	영국	-	-	1	2,208	-	-	-	-	-	-	-	-
	노르웨이	-	-	1	1,220	-	-	-	-	-	-	-	-
	미국	3	80	2	30	-	-	-	-	-	-	2	2,694
	합계	560	19,956	406	184,072	648	23,412	562	264,147	55	4,836	221	107,968

연대	국명	마 산				성 진				합 계			
		범 선		기 선		범 선		기 선		범 선		기 선	
		척	톤	척	톤	척	톤	척	톤	척	톤	척	톤
1900 B	조선	4	64	2	888	1	15	51	8,671	584	13,628	531	91,663
	일본	71	1,148	126	8,170	1	56	102	12,026	1,421	55,179	1,458	639,067
	청	-	-	-	-	-	-	-	-	275	2,327	-	-
	러시아	-	-	2	395	-	-	-	-	9	735	65	30,414
	독일	-	-	-	-	-	-	-	-	-	-	3	2,122
	영국	-	-	-	-	-	-	-	-	-	-	1	2,208
	노르웨이	-	-	-	-	-	-	-	-	-	-	1	1,220
	미국	-	-	-	-	-	-	-	-	23	580	38	3,234
	합계	75	1,212	130	9,453	2	71	153	20,697	2,312	72,449	2,097	769,928

전거 : B.C.R. COREA, 1887~1901년도판에서 작성.
자료미비로 통일적으로 작성하지 못함.

<附錄> 287

<附圖 1>   1876~1904년 조선의 對外航路

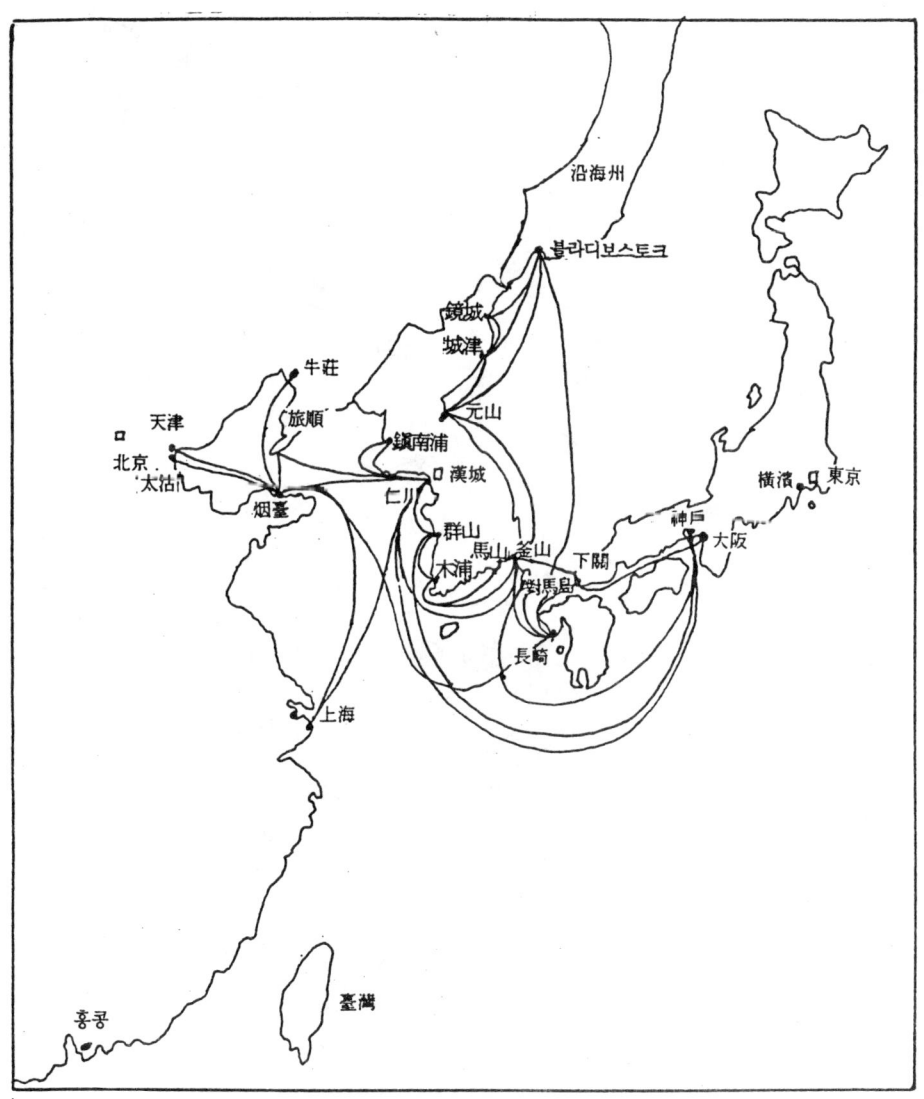

288 韓國近代海運業史硏究

<附圖 2> 1876~1904년 조선의 沿岸航路

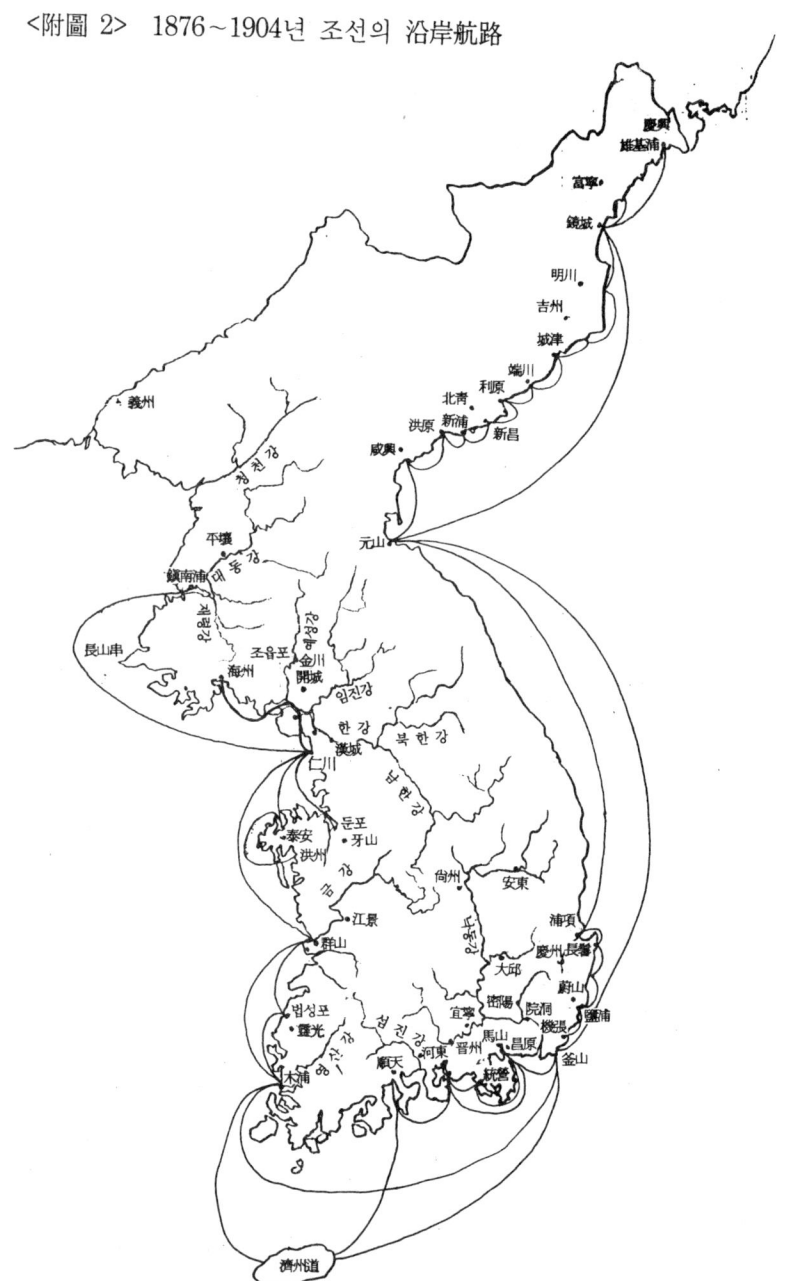

參考文獻

1. 史料

『肅宗實錄』 『英祖實錄』
『正祖實錄』 『純祖實錄』
『憲宗實錄』 『高宗純宗實錄』
『承政院日記』 『備邊司謄錄』
『日省錄』 『萬機要覽』
『各司謄錄』, 서울: 國史編纂委員會, 1981~1991.
『各廛記事』 『市弊』
『左捕廳謄錄』(奎藏閣 15145. 이하 奎로 줄임)
『龍洞宮謄錄』(奎 19573) 『所志謄錄』(奎 18015)
『受敎輯錄』(奎 1159) 『新補受敎輯錄』(奎 1158)
『公文日錄』(奎 18149) 『公文編案』(奎 18154)
『農商工部去牒存案』(奎 18152) 『農商工部來去文』(奎 17802)
『度支部各部院等公文來去文』(奎 17877)
『開城留營關牒』(奎 15118) 『刑房來報關錄』(奎 18103)
『內各司關草』(奎 18086) 『五都九道關草』(奎 18081)
『九道四都關草』(奎 18079) 『慶尙道關草』(奎 18069)

『京畿道關草』(奎 18067)　　　　『黃海道關草』(奎 18071)
『全羅道關草』(奎 18068)　　　　『咸鏡道關草』(奎 18073)
『忠淸道關草』(奎 18070)　　　　『平安道關草』(奎 18072)
『沿途各官關草』(奎 18084의 2)　 『沿路各官關草』(奎 18084의 1)
『三港口關草』(奎 18082)　　　　『釜山港關草』(奎 17256·18077)
『元山港關草』(奎 18076)　　　　『仁川港關草』(奎 18075)
『八道四都三港口日記』(奎 18083)　『甘結冊』(奎 17254)
『京畿道來去案』(奎 17981)　　　『外部全羅北道來去案』(奎 17982의 3)
『全羅南北來案』(奎 17982의 1)　 『忠淸南北道來去案』(奎 17989)
『海關往復照會存案』(奎 18114)　 『沃溝港案』(奎 17868의 1)
『仁川港案』(奎 17863의 2)　　　『忠淸道庄土文績』(奎 19300)
『京畿道庄土文績』(奎 19299)　　 『金等狀錄』(奎 18125)
奎古文 86896, 86928, 87023　　　『全羅監司啓錄』(奎 15095)
『書契所報關錄』(奎 18104)　　　『湖南啓錄』(藏書閣 2-3675)
『慶尙監營啓錄』(奎 15100)　　　『沃溝訓令』(奎 17868의 3)
『湖南啓錄』(奎古 4255.5-12)　　『德源港報牒』(奎 17866의 1)
『各郡狀題』(藏書閣 2-3620)　　 『東萊統案』(奎 18116)
『慶興報牒』(奎 17870의 2)　　　『城津報牒』(奎 17871의 2)
『務安報牒』(奎 17256·18077)　　『平壤報牒』(奎 17872의 2)
『東萊府啓錄』(奎 15105)　　　　『詞訟錄』(奎想百古 349.1035-sa78)
『東萊港報牒』(奎 17867의 2)　　『海營訟案』(奎古 5120.13)
『東萊監理各面署報告書』(奎 18147)『濟州太穀事報告案』(奎 20711)
『東萊關牒內案』(奎 18118)　　　『漕弊釐整事目』(奎 17206)
『三和港報牒』(奎 17865의 2)　　『沃溝港報牒』(奎 17868의 2)
『慶尙道 咸安郡 叢瑣錄』下, 韓國地方史資料叢書 18, 日錄篇 2, 驪江出版社, 1987.

『內各司(關草)』(奎 17835)　　　『宮內府去來文牒』(奎 17882)

『牒(呈)』(奎 24217・24401・24402・24491)

『訟案』(奎古 5125-113)　　　『統營誌』(奎 12186)

『龍洞宮屬德隱浦節目』(奎 18343)　『汽船會社章程』(奎 18135)

『仁川港警察署商船執照摘奸成冊』(奎 26196)

『統署日記』(高麗大 亞細亞問題硏究所 編, 『舊韓國外交關係附屬文書』)

『海關案』(위와 같음)

『大東輿地圖』　『鰈域地圖』

宋炳基・朴容玉・朴漢卨 編, 『韓末近代法令資料集』, 서울 : 大韓民國 國會圖書館, 1970~1972.

國會圖書館立法調査局 編, 『舊韓末條約彙纂』 上・中・下, 1964.

『漢城旬報』

『독립신문』　『皇城新聞』

『日案』(高麗大 亞細亞問題硏究所 編, 『舊韓國外交文書』에 수록)

『淸案』(위와 같음)　『英案』(위와 같음)　『德案』(위와 같음)

『美案』(위와 같음)　『俄案』(위와 같음)

姜萬吉 編, 『明治官報拔萃駐朝鮮日本國領事館報告』, 도서출판 新書苑 影印, 1988.

『朝鮮通商口岸貿易情形論』(奎 7558)

『朝鮮通商三關貿易冊』(奎 20204~20207)

日本外務省 編, 『通商彙編』

日本外務省報告課 編, 『通商報告』

日本外務省通商局第一課 編, 『通商彙纂』

日本外務省 編, 『日本外交文書』

『駐韓日本公使館記錄』(국역본), 서울 : 國史編纂委員會, 1986~1990.

日韓通商協會, 『日韓通商協會報告』

中國近代史資料彙 編(1972), 『淸季中日韓關係史料』 3, 臺北 : 中央硏究所.

러시아大藏省(1900), 韓國精神文化研究院 편역, 『國譯韓國誌』, 1984.
金允植, 『續陰晴史』上, 서울: 국사편찬위원회, 1960.
徐有榘, 『林園經濟志』
俞吉濬, 『俞吉濬全書』 4, 서울: 一潮閣, 1971.
李重煥, 『擇里志』, 京城: 朝鮮光文會, 1912.
鄭喬, 『大韓季年史』, 서울: 국사편찬위원회, 1957.
丁若鏞, 『經世遺表』
丁若鏞, 『牧民心書』
『慶州・東萊・昌原・大邱郡ニ於ケル調査報告書　附錄書類』(국사편찬위원회 소장, 中B16 BBC-10).
高尾新右衛門 編(1916), 『元山發展史』, 大阪: 啓文社.
大阪商船株式會社(1934), 『大阪商船株式會社五十年史』
木浦誌編纂會(1914), 『木浦誌』, 東京: 木浦誌編纂會.
白莊司芳之助(1900), 『韓國各港視察報告書』(大阪).
保高正記(1925), 『群山開港史』, 群山: 近澤商店.
仁川府(1933), 『仁川府史』
日本郵船株式會社(1935), 『日本郵船株式會社五十年史』
竹中康雄(1935), 『群山開港前史』
British Diplomatic and Consular Reports on Trade and Finance, Corea.

2. 연구서 및 연구논문

姜德相(1962), 「李氏朝鮮開港直後にぉける朝日貿易の展開」, 『歷史學研究』 265, 東京: 歷史學研究會.
姜萬吉(1971), 「京江商人研究」, 『亞細亞研究』 14-2, 高麗大 亞細亞問題研究所.

_____(1973),『朝鮮後期 商業資本의 發達』, 서울 : 高麗大學校出版部.

_____(1984) 『朝鮮時代商工業史研究』, 서울 : 한길사.

_____(1973),「大韓帝國時期의 商工業問題」,『亞細亞研究』 16-2.

古島敏雄・安藤良雄 編(1975),『流通史』 Ⅱ, 東京 : 山川出版社.

高嶋雅明(1978),『朝鮮における植民地金融史の研究』, 東京 : 大原新生社.

高東煥(1985),「18, 19세기 外方浦口의 商品流通發達」,『韓國史論』13, 서울대 국사학과.

_____(1992),「18세기 서울에서의 魚物流通構造」,『韓國史論』28, 서울대.

_____(1993),『18・19세기 서울 京江地域의 商業發達』, 서울대 국사학과 박사학위논문.

_____(1993),「朝鮮後期 船商活動과 浦口間 商品流通의 양상-漂流關係記錄을 중심으로-」,『韓國文化』 14, 서울대.

高秉雲(1978),「海運, 遞信の近代化と日本帝國主義」,『近代經濟史の研究』, 東京 : 雄山閣.

高炳翊(1963),「穆麟德의 手記」,『震檀學報』 24.

宮崎市定(1952),「招商局の略事」,『東洋史研究』 11-2.

近代史研究會(1987),『中世社會解體期의 諸問題』 上・下, 서울 : 한울.

吉野誠(1975), 「朝鮮開國後の穀物輸出について」,『朝鮮史研究會論文集』 12, 東京 : 朝鮮史研究會.

_____(1978),「李朝末期にぉける米穀輸出の展開と防穀令」,『朝鮮史研究會論文集』 15.

_____(1989),「領事館報告를 통해 본 朝鮮의 內地市場-1900년의 忠淸南道-」, 安秉直・中村哲等 編,『近代朝鮮의 經濟構造』, 서울 : 比峰出版社.

金敬泰(1972), 「對日不平等條約 改正問題發生의 一前提」, 『梨大史苑』 10.

_____(1985), 「甲申・甲午期의 商權回復問題」, 『韓國史研究』 50・51 합집.

_____(1986), 「大韓帝國期의 米穀通商構造-帝國主義形成期의 米穀問題-」, 『大韓帝國研究』 4, 梨花女大 韓國文化研究院.

_____(1987), 「대한제국기의 상권 자주성 회복운동」, 『한민족독립운동사』 1, 서울: 국사편찬위원회.

김광진・정영술・손전후(1973), 『조선에서 자본주의적 관계의 발전』, 평양: 과학백과사전종합출판사 ; 서울: 열사람, 1988.

金度亨(1983), 「大韓帝國의 改革事業과 農民層動向」, 『韓國史研究』 41.

_____(1984), 「大韓帝國時期의 外來商品, 資本의 浸透와 農民層動向」, 『學林』 6, 연대 사학과.

金容燮(1984), 『韓國近代農業史研究』(增補版) 上・下, 서울: 一潮閣.

_____(1988), 「近代化過程에서의 農業改革의 두 方向」, 『韓國資本主義性格論爭』, 서울: 大旺社.

金在瑾(1984), 『韓國船舶史研究』, 서울: 서울대 출판부.

_____(1994), 『續韓國船舶史研究』, 서울: 서울대 출판부.

金正起(1976), 「朝鮮政府의 淸借款導入(1882~1894)」, 『韓國史論』 3, 서울대 국사학과.

_____(1982), 「朝鮮政府의 獨逸借款導入(1883~1894)」, 『韓國史研究』 39.

金鍾圓(1975), 「朝淸商民水陸貿易章程의 締結과 그 影響」, 『한국사』 16, 서울: 국사편찬위원회.

_____(1983), 『朝淸交涉史研究-貿易關係를 中心으로-』, 서강대 사학과 박사학위논문.

金孝錄(1955),『海運經濟論』, 서울 : 章旺社.
羅燾承(1980),「錦江水運의 變遷에 關한 地理學的 硏究」,『公州敎大論文集』16.
_____(1984),「開港前後期 錦江水運 呑吐港 群山과 그 背後地 形成에 關한 硏究」,『公州敎大論文集』20.
羅愛子(1988),「開港後 淸·日의 海運業浸透와 朝鮮의 對應」,『梨花史學硏究』17·18합집, 梨大 梨花史學硏究所.
_____(1990),「개항기 유통구조연구의 현황」,『역사와 현실』3, 한국역사연구회.
_____(1991), "개항후 외국상인의 침투와 조선상인의 대응」, 한국역사연구회 편,『1894년 농민전쟁연구』1, 서울 : 역사비평사.
_____(1994),「대한제국의 권력구조와 광무개혁」,『한국사』11, 서울 : 한길사.
_____(1996) "상공업의 변화", 한국역사연구회 엮음,『한국역사입문』③, 풀빛.
도면회(1991),「화폐유통구조의 변화와 일본금융기관의 침투」,『1894년 농민전쟁연구』1, 서울 : 역사비평사.
藤永壯(1991),「開港後の「會社」設立問題をめぐって」,『朝鮮學報』140.
梶村秀樹(1968),「李朝末期綿業の流通および生産構造」,『朝鮮における資本主義の形成と展開』, 東京 : 龍溪書舍, 1977.
朴修卿(1986),「開港期 仁川港客主에 관한 硏究」,『大韓帝國硏究』5, 梨大 韓國文化硏究院.
朴元善(1968),『客主』, 서울 : 延世大 出版部.
朴赫淳(1984),「1883년 上海金融恐慌과 官督商辦企業」,『東洋史學硏究』20, 서울대 東洋史學科.
方基中(1984),「17·18세기 前半 金納租稅의 성립과 전개」,『東方學志』45.

_____(1986),「朝鮮後期 軍役稅에 있어서 金納租稅의 전개」,『東方學志』50.

서영희(1991),「개항기 봉건적 국가재정의 위기와 민중수탈의 강화」, 한국역사연구회 편,『1894년 농민전쟁연구』1, 서울: 역사비평사.

서울特別市史編纂委員會 編(1985),『漢江史』, 서울: 同委員會.

徐恩榮(1995), "大韓帝國時期 民營會社의 設立과 그 性格", 경희대 사학과 석사학위논문.

孫禎睦(1982),『韓國開港期 都市社會經濟史硏究』, 서울: 一志社.

孫兌鉉(1970),「舊韓末의 官營汽船海運에 關한 硏究」,『東亞論叢』7, 東亞大.

_____(1980),「舊韓末의 民間海運」,『韓國海運港灣史』, 서울: 海運港灣廳.

_____(1982),『韓國海運史』, 부산: 亞成出版社.

須川英德(1994),『李朝商業政策史硏究』, 東京: 東京大學出版會.

新納豊(1989),「鐵道開通前後의 洛東江船運」,『秋堰權丙卓博士華甲紀念論叢 2-韓國近代 經濟史硏究의 成果-』, 서울: 螢雪出版社.

安秉珆(1966),「李朝時代の海運業」,『朝鮮社會の構造と日本帝國主義』, 東京: 龍溪書舍, 1977.

_____(1975),『朝鮮近代經濟史硏究』, 東京: 日本平論社.

安龍植 編(1994・1995),『大韓帝國官僚史硏究』Ⅰ・Ⅱ, 서울: 延世大 社會科學硏究所.

楊尙弦(1985),「韓末 부두노동자의 存在形態와 勞動運動-木浦港을 중심으로-」,『韓國史論』14, 서울대 국사학과.

_____(1997),『大韓帝國期 內藏院 財政管理 硏究-人蔘・鑛山・庖肆・海稅를 중심으로-』, 서울대 국사학과 박사학위논문.

吳斗煥(1984),『韓國開港期의 貨幣制度 및 流通에 관한 硏究』, 서울대 경제학과 박사학위논문.

吳　星(1989),『朝鮮後期 商人硏究』, 서울：一潮閣.

李培鎔(1986),「開港以後 獨逸의 資本浸透와 世昌洋行」,『梨花100周年 紀念論叢』(『韓國近代鑛業侵奪史硏究』, 서울：一潮閣, 1989에 재수록).

＿＿＿(1990),「列强의 利權侵奪과 朝鮮의 對應」,『韓國史 市民講座』 7, 서울：一潮閣.

李炳天(1983),「朝鮮後期 商品流通과 旅客主人」,『經濟史學』 6.

＿＿＿(1985),『開港期 外國商人의 侵入과 韓國商人의 對應』, 서울대 경제학과 박사학위논문.

李世永(1983),「18, 9세기 穀物市場의 형성과 流通構造의 변동」,『韓國史論』 9, 서울대 국사학과.

李守龍(1988),「漢城旬報에 나타난 開化・富强論과 그 性格」,『孫寶基博士停年記念韓國史學論叢』, 서울：知識産業社.

李榮昊(1985),「19세기 浦口收稅의 類型과 浦口流通의 性格」,『韓國學報』 41.

＿＿＿(1986),「19세기 恩津 江景浦의 商品流通構造」,『韓國史論』 15, 서울대 국사학과.

＿＿＿(1992),『1894~1910년 地稅制度 연구』, 서울대 국사학과 박사학위논문.

李宇榮(1970),「韓末 海運의 實態와 日本海運業의 浸透」,『法大論叢』 8, 慶北大.

李潤相(1996),『1894~1910년 재정제도와 운영의 변화』, 서울대 국사학과 박사학위논문.

李憲柱(1991),『群山開港과 錦江流域 市場構造의 植民地的 再編』, 고려대 사학과 석사학위논문.

李憲昶(1985),「韓國開港期의 商品流通과 市場圈」,『經濟史學』9.
_____(1986),「우리나라 近代經濟史에서의 市場問題」,『泰東古典研究』2.
_____(1990),『開港期 市場構造와 그 變化에 대한 研究』, 서울대 경제학과 박사학위논문.
_____(1993),「開港期 忠淸南道의 流通構造」, 安秉直·中村哲 編,『近代朝鮮工業化의 研究』, 서울: 一潮閣.
李鉉淙(1975),『韓國開港場研究』, 서울: 一潮閣.
林明德(1969),『袁世凱與朝鮮』, 臺北: 中央研究院 近代史研究所.
全遇容(1997),『19世紀末~20世紀初 韓人 會社 研究』, 서울대 국사학과 박사학위논문.
鄭在貞(1982),「韓末·日帝初期(1905~1916) 鐵道運輸의 植民地的 性格-京釜·京義鐵道를 中心으로-(上·下)」,『韓國學報』28·29.
鄭昌烈(1982),「韓末 變革運動의 政治·經濟的 性格」,『韓國民族主義論』, 서울: 創作과 批評社.
趙璣濬(1974),「韓末의 民族商人團體의 性格考」,『學術院論文集』13.
_____(1977),『韓國資本主義成立史論』, 서울: 大旺社.
芝原拓自(1981),「明治維新と洋務運動」,『日本近代化の世界史的位置-その方法論的研究-』, 東京: 岩波書店.
村上勝彦(1975), 정문종옮김,『식민지: 일본산업혁명과 식민지조선』, 서울: 한울, 1984.
_____(1979),「日本資本主義による朝鮮綿業の再編成」,『日本帝國主義と東アジア』, 東京: アジア經濟研究所.
崔永俊(1987),「南漢江水運研究」,『地理學』35.
崔完基(1983),「朝鮮中期의 貿穀船商」,『韓國學報』30.
_____(1989),『朝鮮後期船運業史研究』, 서울: 一潮閣.

崔柳吉(1977),「日本における金本位制の成立と李氏朝鮮」,『社會經濟史學』제36권 6호, 東京 : 社會經濟史學會.
彭澤周(1969),『明治初期日韓淸關係の研究』, 東京 : 塙書房.
豊田武・兒玉幸多 編(1970),『交通史』, 東京 : 山川出版社.
河元鎬(1985),「開港後 防穀令實施의 原因에 관한 硏究(下)」,『韓國史硏究』50・51.
河智姸(1996),「타운센드 상회(Townsend & Co.) 연구」,『한국근현대사연구』4, 한국근현대사연구회, 한울.
韓榮國(1978),「大同法의 실시」,『한국사』13, 서울 ; 국사편찬위원회.
韓㳓劤(1964),「船運과 轉運使의 문제」,『韓國開港期의 商業硏究』, 서울 : 一潮閣, 1970.
_____(1970),「開港後 商業構造의 變遷」,『韓國開港期의 商業硏究』, 서울 : 一潮閣.
韓哲昊(1987),『韓末(1897~1910) 木浦開港과 貿易構造에 관한 연구』, 고려대 사학과 석사학위논문.
洪淳權(1985),「開港期 客主의 流通支配에 관한 硏究」,『韓國學報』39.
홍희유(1989),『조선상업사』(고대・중세편), 평양 : 과학백과사전종합출판사.

索引

(ㄱ)

加沙里會社　207, 208
間行里程　53
監官　191, 193, 202
甲申政變　80
甲午改革　214
甲午政權　70, 75, 105
江景　137, 170, 173~176, 179~181
江上米　28, 29, 146, 163, 277
開城　165
개성상인　168, 169, 182
開市貿易　48
開市場　37, 55, 73, 131, 142
개항장　37, 52
개항장 간 무역　159
개항장 객주　52, 56, 203, 217, 218, 250
개항장 증설　133, 146
개화파　197, 205
객주　214, 217
거류지규칙　269
乾口文　190
乾船價　82~85
格軍　19, 155

京江船　20~26, 60, 63, 64, 95, 157, 163, 164
京江船商　27~29, 36, 162~164
경강선인　22~26, 63, 83, 226, 272
경강선주　64, 85
경강주인　27, 28, 30~32
京江浦口　162
經理會社　248, 249
경인철도　144, 164
慶濟號　100
雇軍　263, 264
高浪浦　165
고종　111~113
庫板船　104
故敗　22, 24, 62
곡물객주　182
곡물의 對日流出　38, 63
共同運輸會社　116
公同會社　210, 214~216
公州　173, 174
官督商辦　100, 198
管船課　70, 75, 193
官營海運業　12, 69, 70
官辦 輪船會社　267, 268
官許會社　198, 202, 204~206, 213,

217, 273
光武政權 73, 111, 113, 208
廣城會社 204, 213, 214
廣濟號 119, 120, 123
廣通社 140, 238, 278
九萬浦 170, 176
口文 33~35
國內船稅規則 75, 193
軍門浦 170, 176
群山 174, 179, 180
宮內府 111, 193, 194, 241
均役法 35
均役廳 35
근대해운업 10
금강 강운업 146
금강 수운 173, 174, 179
금강 연안지역 173
金巾(카네킨, 玉洋木) 38, 122, 176, 178, 187, 188
기관사 94
기선도입 60, 61, 65, 79
汽船主人 231
기선취급계약 107
汽船會社 71, 230~233, 235, 274
기선회사 인준 73, 237
旗昌洋行 51
金珏鉉 222
金秉學 256
金炳翰 211, 221
金世萬 27, 28
金益昇 251, 263, 264
金一鎭 247
金載燦 229
金政敏 141

金正敏 249, 254
金潽九 265
金鶴羽 229
金亨俊 249
金弘集 48

(ㄴ)

나가사키(長崎) 43, 44, 50, 127
洛東(驛) 184, 185
낙동강 184
낙동강 강운(업) 14, 229
낙동강 수운상황 185
亂廛 32, 33
南陸號 47, 78, 115
南沿會社 71, 201, 230, 273
內藏院 194, 206
內地通商權 53
논산(포) 175, 176
農商工部 70, 76, 192, 193, 201, 206

(ㄷ)

唐刀里船 25
대동강 강운업 145, 146
大同米 20
대동미임운 21
大同商會 201, 202, 209, 222
待變船 61
대외무역 38, 146, 188
대외무역량 37
대외(외국)항로 102, 135, 136, 241, 259, 276, 279

大韓曳船會社　246
大韓運輸會社　207
大韓通運(會)社　244
大韓協同郵船會社　112, 208,
　240～243, 246, 268, 278
大興船　84, 226, 227
大興會社　69, 71, 226, 228,
　273
德利會社　224
都賈　29, 191, 202～204, 275
도고상업　30, 31
都賈潛商　203
도고혁파령　203
도량형　211
都旅客主人　191, 202
賭買文記　155
東京商船學校　107
동래상인　182
東幕　163
同順泰　74, 121, 131, 132
東淸鐵道汽船會社　134
屯浦　170, 176
뚝섬(纛島)　163

(ㄹ)

러일전쟁　147, 245, 279

(ㅁ)

마산　184
麻浦　55, 73, 163
麻布(삼베)　175, 187
마포사험소　56

麻浦查驗章程　56
麻浦海關分局　56
麻浦行帆船檢查假規則　131
萬頃江　178, 180
買辦資本　11, 239
메릴(Henry F. Merrill, 墨賢理)　88,
　118
명령항로　43, 116
明信社　141
명태　181, 187, 258
목면　175, 181
목포　177, 178
묄렌도르프(P. G. Möllendorf, 穆麟
　德)　49
貿穀船商　27, 30, 31, 163, 178,
　179, 182
貿穀活動　27～31, 63
무로다(室田義文)　106
무역구조　37
文明元　264
文山浦　165
物主　150, 153, 168
미들톤商社(Middleton and Co.)　67
米商會社　214～216
미쓰비시(三菱)會社　43, 44, 46,
　116
미쯔와(三ツ輪)商會　243
民間海運業　12, 13, 69, 71, 72
閔丙奭　245
閔商鎬　111, 194
閔氏政權　69
閔泳駿　99, 100, 248
閔泳喆　243
閔應植　209

民族資本　11, 245, 262, 263, 278, 279
밀무역　48, 55, 57, 76, 91~93, 103, 214

(ㅂ)

朴琪淙　231
朴有一　250
朴宗緖　94
防穀令　29, 202
防納　24, 62, 64
法聖浦　177
碧瀾渡　165
丙子修好條約　37
保人　210, 218
保險會社　204
蓬船　60, 103, 144, 145, 157, 164, 173, 271
芙江　173, 176
부산　183, 184
부산상업회의소　141
艀船　169, 263, 265, 173
扶安江　178, 180
北商　187
分稅 代錢納　33
不開港場　41
불개항장무역　256
불개항장 침투　54, 55, 76, 235
不平等條約　37, 204, 275
브라운(J. Mcleavy Brown, 柏卓安)　77, 110, 267
블라디보스토크(海蔘威)　46
憑票　74~76, 201

(ㅅ)

沙工　19, 152, 155
砂金　39, 187
私立會社　205
沙津浦　177
三浪場船　185
三山會社　222, 228
三千浦　183
商權　9, 13, 181, 207, 257, 258, 267
상권경쟁　39, 189
상권침탈　14, 60, 72, 146, 158, 203, 212, 274
상권확장　119, 125, 276
상납지체　61, 62, 65, 96
相生丸　254~256
商船執捉　36, 98
商船會社　61, 197, 245, 247
상업과 운송업의 분리　150, 158
상업진흥책　217
上海　117
商會(社)　10, 196~209, 217, 218, 224, 225, 272, 274, 275
상회사 설립자　219~221
상회사의 성격　203
西江　163
西氷庫　163
徐相集(潗)　210, 215, 259
徐午淳　207
船價　21, 22
船價米　85
船契　23, 24, 69, 189~191, 198

索引 305

선박집착 189, 195
船簿 77
선상 15, 26, 33~36, 52, 56, 209
선상(층)의 경영형태 150, 152
선상활동 150, 152, 153, 168
船商會社 224
船稅 35, 36, 75, 189, 193~195, 241
船稅委員 193, 194
船案 21, 35
船運業 19, 36, 150
선인의 신분 156, 157
船材都庫 26
船載票 154
船主 150, 153, 154
선주의 신분 156
船主人 103, 174
船牌 69, 73, 236, 237
城津 136
聲天會社 245
稅穀運送 21, 47, 61, 69, 70, 78~85, 90, 132
세곡운송량 62
세곡잠매 95
세베레브(Shevelev)기선회사 126, 128, 134
'賃卜爲業' 153
世昌洋行(E. Meyer & Co.) 70, 78~84, 86, 100, 102, 105, 110, 112, 222, 227, 228, 272, 276
소금 176, 184, 185
소금객주 184
소작료운송 25

宋秉畯 82
宋之善 250
輸運會社 222, 263, 264
수입품 38
수출입품의 유통구조 56
수출품 38, 39
順明號(丸) 131, 132
順信昌商會 209, 210, 218
順新號 240~242
쉐니케(J. F. Schoenicke, 史納機) 88
시장권 184
시전상인 30~33, 54
殖産興業政策 16
申箕善 209
紳董公司 268
新福商會社 223
愼順晟 94
新昌 187
新浦 187
沁稅契 190
쌀 178~180
쌀 유통로 179
쌀폭동 30
雙盛泰 119

(ㅇ)

俄館播遷 110, 206
아라키(荒木助太郎) 142, 144, 244
아사히(朝日)組 232, 233
安永基 240
安寅燮 266
藥令(大)市 174, 184
楊花津 55, 73

魚物船商　31, 32
어물전　32
魚允迪　239
嚴基元　229
旅客　33, 34
旅客主人　26, 27, 31~35
旅客主人權　28, 33, 218
연안무역　54, 127, 137, 146, 150, 159, 181, 182, 215, 223, 224, 257, 277
연안무역권　42
沿岸航路　135~138, 241, 259, 276, 277, 279
沿岸海運權　40, 42
鹽商　185
영산강　177
永信商會　222
영업독점권　71, 72
영업세　72, 203~205, 218, 221, 274, 275
領運監官　84, 96
永昌會社　249
禮山　170
曳引網　232
吳龜泳　108
오사카(大阪)　44
오사카(大阪)商船株式會社　89, 129, 135~138, 145, 180, 233, 235, 242
외국무역　137, 277
外務衙門　70, 104
外方浦口 船商　149, 151
外劃　64, 65
요시다(慶田)組　143

용산　131, 142, 163
龍山號　131, 132
禹慶善　92, 99, 100, 110, 139, 140, 229, 238, 278
牛莊　119
偶田川丸　89
郵程司　66, 272
牛皮　120, 181
運輸會社　229
운임　78, 80, 81, 89, 92, 101, 107, 111, 121~124, 128~130, 138~140, 144, 154, 164, 169, 177, 183, 242, 256
熊津　174
遠隔地 (간) 유통　26, 33, 52
元敬常　139
元山商會所(社)　223, 247, 248, 278
元山津　44
遠世凱　74, 117~119, 123, 132
元一會社　246, 252
兪吉濬　61, 197, 198
有文券主人　214
'有文券主人權'　30
兪星濬　108
裕盛泰(號會)社　141, 245
柳完秀　60
鍮油社　205
裕增祥　119
유통비용　39
尹德榮　243
윤번제　23
輪費　96
輪船雇用契約　80, 81
輪船商會社　226

輪船往來上海朝鮮公道合約章程　49
輪船從船會社　264
義信會社(商會)　201, 211, 212, 221, 222
李根澈　246
이노우에(井上 馨)　106
李丙善　226, 227
怡生號　132
李承載　248
25家 客主專管制　217
李泳均　240
利榮號　250, 254~256
利運社　12, 70, 75, 99~109, 133, 158, 238, 247, 275, 278
利運號　100~103, 105, 110, 112, 240
利原　187
李允用　240
李在璟　239
李載克　243
이치마루(市丸)運送會社　143
李鴻章　118, 124, 125
怡和洋行(Jardine, Matheson & Co.)　47, 66, 78, 115, 272
李義鳳　61
인천　46
仁川紳商會社　210
仁川港同盟運送會社　143
仁漢輪船合資會社　244
日本 貿易商組合　141
日本郵船(株式)會社　70, 89, 105~110, 116~118, 122~123, 126~129, 133, 135, 138, 180, 242, 276

日新號　240~242
臨溟場　186
賃船　21, 61~63, 85, 95, 97
賃船主　154, 155
壬午軍亂　48, 49
賃運業　150

(ㅈ)

자유주의 상업정책　105, 205, 275
'自邑賃船制'　95
作隊制　23, 24, 61
雜卜餘利米　96
雜稅　35, 36, 189, 192, 195, 202, 231, 274
잡세혁파　190, 194
長山串　51, 167
長淵　165
掌標　35
재래선박　51, 159~161, 180, 188
再運制　24
苧布(모시)　175
專管地域主人權　34
轉運局(署)　69, 70, 86, 89~92, 98, 99, 104, 272, 273
轉運(御)使　86, 96
全州　174, 177
電察會社　71, 229, 273
田宅保　250
鄭敎信　211
鄭秉夏　99, 100
政府允許洋船赴未通商口岸章程　69
情費　95, 97
鄭在洪　141, 245

丁致國　240, 246
濟江號　87, 89
濟通會社　223
濟興商會　217, 218, 222
조·러항로　134
조·일항로　116
조·청항로　117
租界　52, 209, 266~268
租界章程　267, 268
朝貢　48
趙秉植　248
漕船　20, 23, 25, 60~62, 95
造船都賈　25
造船所　259, 260
조선술　25
조선업　261
租稅金納化　25, 65, 70, 158, 214
조세상납 지체　22, 61
漕役　21
朝英修好通商條約　53~55
趙寧夏　48
漕運路　100
漕運制度　20, 23, 63, 95, 96, 158, 163, 214, 273
助邑浦　167
朝日修好條規　43
潮州府號→利運號　100
租借權　49
朝淸商民水陸貿易章程　49
趙弼永　100
趙義淵　228
從船業　259, 263
從船會社　265, 266
舟橋司　24, 59, 61, 163

주식회사　208
准單　70
중계무역　39, 44, 46, 50, 128
拯劣米　22
紙類　176
地土船　20, 26, 27, 36, 60, 61, 64, 95, 98, 153, 157
地土稅　35
274
直貿易　39, 72, 117, 136, 188, 210, 253, 276
직무역체제　40, 41
直通(定期)航路　40, 137, 146, 276, 277
鎭南浦　138
津船　25
陳樹棠　50
晋州　182, 183
執照　69
執籌船　24, 61, 63, 163
執籌制　24

（ㅊ）

차관　48, 94, 80, 100, 107, 132, 276
차관합동　49
差人　168
站船　25, 61
蒼龍號　86, 91, 92, 100, 104, 109, 110, 132, 240~243, 254
天一會社　224
청일전쟁　125, 130, 142, 208, 277
草梁　43

招商局　49, 51, 100, 119~124, 126
崔鳳俊　257
崔載淵　64
崔琛　63
萩(之)浦丸　250, 254~256, 262
親軍經理廳　248
稱于所　211

(ㅋ)

코오베(神戶)　43, 44
콩의 대일수출　129

(ㅌ)

타운센드(W. D. Townsend, 他運仙)　131
타운센드상회(Morse and Townsend & Co.)　86, 210
度支部　192, 193
度支衙門　104, 107
泰運會社　250
太平會社　211, 222
土亭　163
土貨구매권　55
'通共發賣'　218, 275
通過稅　153, 185
統理(交涉通商事務)衙門　65, 66, 70, 82~85, 191, 201, 231, 233, 272
統理機務衙門　59, 65
通信局　70, 75
通信院　70, 71, 76, 77, 111, 194, 263, 268, 279
統營　182
通惠公司　74, 100, 132
偸食　22, 62, 63
특권상인 육성책　204
特權會社　202, 206, 208, 275

(ㅍ)

板船　225, 230
평양　167
평양상인　169
폐정개혁안　99
포구세　35
風帆船　59, 75, 225

(ㅎ)

下端　184, 185
荷役業　259, 263, 264
河舟　173
河天泓　239
한강 江運(業)　131, 142, 145, 228
韓國沿海 및 內河의 航行에 관한 約定書　77, 147
韓國郵遞汽船會社　251~253
寒冷紗　38, 176
閑良　156
韓萬源　94, 244
漢城開棧權　53, 119
『漢城旬報』　198
漢城號　112, 240~243
漢陽號　74, 100, 101, 103, 131, 132
韓紙　38, 178
咸興府　186

合資會社　196
항해권　239, 240, 278
항해보조금　44, 47
항해사　94
해관세　78, 85, 92, 94
海路　51
海龍號　86, 87, 91~93, 104, 110, 228, 238
海防營收稅　190
海産會社　201, 204, 212
海稅　35, 192, 193
해운권　40, 48, 72, 276
해운업　10, 11
해운업무　70
해운업 助成金　43
해운정책　47, 61, 65, 67~69, 80, 272
海州　165
해주상인　169
行商稅　35
행상확대　53
許烓　229
許元栻　64
玄尙健　244

顯益號　100~105, 109, 110, 240~243, 254
協同汽船會社　246
協務會社　257
호리(堀久太郞)　131, 132, 138
호리商會(堀力回漕店)　138~141, 145, 180, 237, 238, 242, 245, 278
호움링거상회　134
護照　53
洪城孝　213
洪永觀　31
火輪船　59, 225
和船　42, 145, 164
和水　22, 24, 62
黃山浦　175
黃州　165
黃最性　240
後西江　165
欠遞　62, 64, 97
希和船　79, 82~85

韓國近代海運業史硏究

인쇄일 초판 1쇄　1998년 08월 25일
　　　　 2쇄　2015년 08월 20일
발행일 초판 1쇄　1998년 09월 05일
　　　　 2쇄　2015년 08월 23일

지은이 나 애 자
발행인 정 찬 용
발행처 국학자료원
등록일 1987.12.21, 제17-270호

서울시 강동구 성내동 447-11 현영빌딩 2층
Tel : 442-4623~4　Fax : 6499-3082
www.kookhak.co.kr
E-mail : kookhak2001@hanmail.net
ISBN 978-89-8206-279-7[03910]
가 격 16,000원

*저자와의 협의 하에 인지는 생략합니다.